Fritz Sitte

HONDURAS

Waspan

Puerto Cabezas

Bonanza
Jalapa
Siuna
Prinzapolca

Jinotega
Matagalpa

Corinto
Chinandega   León   NICARAGUA

Boaco
MANAGUA   Bluefields
Masaya   Juigalpa
Granada
La Flor
Rivas   *Nicaraguasee*
San Juan
del Norte

COSTA RICA

KUBA

MEXIKO

Karibisches Meer

GUATEMALA
HONDURAS

EL
SALVADOR   Nicaragua

COSTA
RICA

PANAMA

Pazifischer Ozean

FÜR ELSY –
wen sonst?

INHALTSVERZEICHNIS

Vorbemerkung des Autors

Über Mittelamerika – der schmalen Landbrücke zwischen Nord- und Südamerika – scheint ein nicht enden wollender Fluch zu liegen, weil selbst die Naturgewalten sich verschworen haben und im Sommer und Herbst durch verheerende Hurrikans weite Landstriche verwüsten.

Kolumbus fand den Weg dorthin, nach ihm aber kamen die Eroberer, Freibeuter, Glücksritter, und was dann im Namen der Könige und anderer Mächtiger dort geschah, ist ein unbeschreiblicher Leidensweg. Von Völkermorden und Indianermassakern angefangen bis zur systematischen Plünderung und Versklavung mußten diese Völker die ganze Skala grauenhafter Peinigung erdulden. Mittel dazu waren militärische Interventionen, Geheimdienstaktionen, Putsche sowie die wirtschaftliche und politische Degradierung zum »Hinterhof« der Vereinigten Staaten. Es gibt kaum eine Region auf unserer Erde, die in der ganzen Geschichte pausenlos und so gnadenlos geschunden wurde seit ihrer Entdeckung wie Mittelamerika. Die verteufelten »Multis« (Multinationale Konzone) diktierten die Politik, und US-Präsidenten setzten oftmals Armee und Flotte in Marsch, um mit der Kanonenboot- und »big-stick«-Politik nichtwillfährige, unliebsame Regierungen hinwegzufegen und so die Interessenwahrung wiederherzustellen.

Als jedoch die Revolution in Kuba gesiegt hatte und diese Karibikinsel von der Sowjetunion politisch und militärisch zum Sprungbrett ausgebaut wurde, begann in die Mittelamerikaproblematik ein völlig neues Element einzusickern: Kuba exportierte als verlängerter Arm der Russen die Revolution und den damit verbundenen Marxismus-Leninismus nach Lateinamerika und speziell auch nach

Mittelamerika (Achillesferse der USA). Befreiungsbewegungen werden seitdem kreiert und durch subversive Aktivitäten: Propaganda, Schulung, Training, Indoktrination, Logistik und Waffen, systematisch gesponsert – auch heute noch. Das in der strategisch wichtigen Panamakanalzone präsente »US-Southern-Command« hat alle Hände voll zu tun, um die Antiguerilla-Ausbildung und Guerillabekämpfung in ähnlicher Weise, nur von der anderen Frontseite her, voranzutreiben.

Das zentralamerikanische Kernstück ist jedoch Nicaragua, hatte es doch als kleiner »David« 1979 – nach einem jahrelangen Guerilla- und Bürgerkrieg – die von den USA unterstützte Somoza-Diktatur gestürzt und es gewagt, dem großmächtigen Amerika zu trotzen. Ohne kubanische Waffenhilfe und logistische Unterstützung wäre dies den Sandinisten allerdings kaum gelungen. Diese Bewegung hatte nicht nur die Ideologie, sondern auch das politische Dominokonzept des Kremls hinter sich, was sich nach dem Sieg der Sandinisten immer deutlicher zeigte.

Mehr als fünf Jahre nach dem Sieg der sandinistischen Revolution besuchte ich Nicaragua abermals, um mich mit eigenen Augen über die Situation zu informieren, nachdem ich dieses Land zuvor bereits zweimal besucht hatte. Ich wurde nicht von der Regierung in Managua offiziell eingeladen und herumgereicht wie andere ideologisch »verläßliche« und linientreue Journalisten, sondern ich sah mich selbst um. Erschüttert und enttäuscht stand ich vor den Trümmern dieser verratenen Revolution.

Nicaragua steht heute völlig abgewirtschaftet vor einem Staatsbankrott. Es ist außenpolitisch isoliert, von der pluralistischen Gesellschaftsordnung findet man keine Spur, da die Sandinisten die Macht nicht mehr aus den Händen geben und teilen wollen. Die gepriesene Pressefreiheit ist einer rigorosen Zensur gewichen, in vielen Landesteilen herrscht Bürgerkrieg mit den »Contras«, und die Versorgung mit Lebensmitteln, Gebrauchsgütern und Benzin bricht oftmals völlig zusammen. Eine Pleite auf vielen

Gebieten, die auch hausgemacht und nicht nur von den USA – die dort kein zweites Kuba entstehen lassen wollen – verursacht ist. Die Bevölkerung ist apathisch, enttäuscht und unzufrieden, fast alle Befragten sind der Überzeugung, daß die Revolution zwar notwendig war, um den verhaßten brutalen Diktator Somoza und seine Clique zu vertreiben, doch heute herrschen nach Ansicht vieler ärgere Zustände als vorher unter Somoza. Die Gefängnisse sind wieder voll mit politischen Gefangenen, und gefoltert wird von den Sandinisten genauso wie früher unter Somoza.

Die Kernfrage, ob die Sandinisten ein marxistisches Regierungssystem installiert haben oder nicht, beantwortete der ehemalige Volksheld der Sandinisten, »Comandante Cero« (Edén Pastora), der Somozas Nationalpalast in Managua im Handstreich erstürmt hatte und heute mit seinen Guerillas gegen die Sandinisten kämpft, weil diese angeblich die Revolution verraten haben: »Die FSLN*) ist ohne Zweifel marxistisch-leninistisch. Ein Ding, das wie eine Ente schwimmt, wie eine Ente gefiedert ist und wie eine Ente quakt, ist eben eine Ente!« Gerade dieser sandinistische Nationalheld muß eigentlich am besten wissen, wovon er spricht.

Viel ist in den letzten Jahren über Nicaragua geschrieben und veröffentlicht worden, aber meist sind es von Emotionen und »einäugiger« Begeisterung überschattete »Jubelbücher«, die nicht *beide* Seiten zu Wort kommen lassen.

Ich will mit diesem Buch klarzumachen versuchen, daß Nicaragua nicht nur ein höchst wackeliger politischer Dominostein ist, der viele andere umfallen lassen kann, sondern vielmehr – ebenso wie viele andere lodernde Weltecken – ein blutendes Mosaiksteinchen in der globalen Auseinandersetzung zwischen den Supermächten in West und Ost.

---

*) Frente Sandinista de Liberación Nacional (Nationale Sandinistische Befreiungs-
front)

Ankunft in Managua

In Mexiko stieg ich in eine heruntergekommene Düsenmaschine der nicaraguanischen Luftverkehrsgesellschaft »Aeronica«, um auf dem schnellsten Weg nach Managua zu kommen. Diese Fluggesellschaft besitzt – wie mir eine Stewardeß ganz stolz versicherte – nur zwei uralte, zerlemperte Düsenjets sowie einige noch ältere Propellerflugzeuge. Es sind so richtige »Schrotthaufendeserteure«, in denen man sich ganz vorsichtig zurücklehnen muß, weil man sonst dem Hintermann auf dem Schoß liegt. Mein Klapptisch war mit einer improvisierten Kette, an welcher normalerweise Badewannenstöpsel hängen, und mit Hilfe einer großen Büroklammer vergeblich an der Rücklehne des Vordersitzes befestigt. Bei Start und Landung knallte der Klapptisch wie eine Mausefalle schlagartig herunter. Die Tapezierung auf den Sitzen fehlte stellenweise, als hätte sich der eine oder andere Fluggast für den Eigenbedarf Stoffreste besorgt. Aber die Maschinen fliegen mit ohrenbetäubenden ausgeleierten Triebwerken, mitunter pechschwarze Abgasfahnen hinter sich herziehend.

Als die Stewardessen gerade – wie es die internationale Vorschrift gebietet – den Gebrauch der Sauerstoffmasken demonstrierten, wettete der neben mir sitzende spanische Berufskollege, daß die ober unseren Köpfen normalerweise verpackten Sauerstoffmasken gar nicht vorhanden seien. Mit seinem Schweizer Taschenmesser öffnete er gekonnt die Maskenklappen . . ., ich hatte die Wette prompt verloren! Nachher gestand er mir, daß er sehr oft mit der »Aeronica« nach Nicaragua fliege und immer wieder mit ahnungslosen gutgläubigen Passagieren erfolgreich diese Wette abschließe. Unweit des Flughafens von Managua sah ich dann später Kinder mit solchen gelben Sauerstoff-masken spielen.

Vor uns saß eine Gruppe kaugummikauender Ameri-kaner, die sich sehr temperamentvoll und lautstark unter-hielten. Ein Lehrer erzählte mir ganz begeistert, daß sie eine »Protest-Pauschalreise« gebucht hatten – wie im Vorjahr – und diese sehr kostengünstig sei. Eine etwas außerhalb der Hauptstadt liegende Hotelunterkunft sei billig, und die erforderlichen Transparente, Handlautsprecher, Bustrans-porte und Polizeiabsperrung während der Demonstration vor dem großen schmiedeeisernen Haupteingangsportal der US-Botschaft stellten die Sandinisten an Ort und Stelle gratis bei. Es waren etwa zwei Dutzend Frauen und Männer aller möglichen Berufsgruppen, die auch bereits einmal bei der Einbringung der Kaffee-Ernte geholfen und darüber in ihren heimischen Lokalzeitungen berichtet hatten, wie sie gleich mit Zeitungsausschnitten bewiesen.

Daß man zur Landung in Managua ansetzt, merkt man am deutlichsten in der Dämmerung, sobald die riesigen weißen Buchstaben FSLN auf den Hängen eines nahen Bergkegels sichtbar werden.

Die Einreisekontrolle auf dem Flughafen Managuas ist höflich, aber bis zur Perfektion gründlich, als wären für diese Formalitäten die Sicherheitsspezialisten Kubas und der DDR Pate gestanden. Schon allein die Paßkontrolle ist erlebenswert. Einzeln und mit Abstand zur der dahinter-stehenden Schar der wartenden Ankommenden reicht man den Reisepaß zu einer etwas erhöht angebrachten kleinen Öffnung, wo man den amtshandelnden Grenzpolizeibeam-ten kaum sehen und erkennen kann. Es wird lange und gewissenhaft in wie Telefonbücher dicken Fahndungs-büchern geblättert und gesucht, Bemerkungen geschrieben und gestempelt. Die Paßkontrollkabine hat vorne oben lange schräge Spiegel und Lampen angebracht, mit deren Hilfe der Grenzbeamte unauffällig jeden Einreisenden von oben bis unten besichtigen und kontrollieren kann. Hat man kein spezielles Visa, wird das ganze Gepäck bis zum letzten Winkel durchsucht, jede Filmrolle abgezählt und registriert. Der Sicherheitsdienst amtiert in Nicaragua so peinlich genau wie kaum in einem anderen Land. Bevor dann die letzte Kontrollstation passiert ist, müssen alle Einreisenden noch einen Zwangsgeldumtausch vornehmen. Für 60 US-Dollar bekommt man zu einem unverschämten und völlig unrealistischen Wechselkurs (10 Prozent vom wirklichen Wert) einige heimische Córdoba-Banknoten, die außerhalb des Landes nicht einmal das Altpapier wert sind und von niemandem mehr umgewechselt werden. Damit ist der Weg frei durch die letzte Tür, man steht auf dem spärlich erleuchteten Vorplatz und sucht – wenn man Glück hat – nach einem Taxi.

Die staatliche Taxi-Kooperative hat eine Flotte von uralten, riesigen amerikanischen Limousinen, die meist verbeult, aber geschickt zur Fahrtüchtigkeit zusammengebastelt sind. Die Dinger fahren, wenn auch manchmal nur mit halber Fahrzeugbeleuchtung, denn Glühlampen für Fahrzeuge und Wohnräume sind in Nicaragua schon seit langer Zeit gesuchte Mangelware. Der Fahrer sprach tadellos Englisch und erklärte mir gleich, daß die Straßenbeleuchtung aus Öleinspargründen abgeschaltet worden sei. »Devisen . . .«, flüsterte er mir immer wieder geheimnisvoll beschwörend zu, ». . . Devisen brauchen wir. Hast du keine Dollar für den Umtausch?« Es existiert natürlich ein Schwarzmarkt für das Geld, auf dem man für Dollarbanknoten märchenhaft große Bündel von Nicaragua-Córdobas bekommt. Das weiß und nützt natürlich jeder, und es ist anscheinend offiziell geduldet, um zumindest auf diese Weise die heißbegehrte Yankee-Währung in das Land sickern zu lassen.

In der sandinistischen Nationalhymne Nicaraguas ist in einer Strophe der Satz »Der Yankee ist der Feind der Menschheit . . .« enthalten. Unwillkürlich ist man versucht, eine Ergänzung vorzunehmen: ». . . aber der Dollar ist die schönste Währung«, denn als Ausländer muß man die Rechnungen größtenteils in Dollar bezahlen, und selbst die

13

verstaatlichten Hotels haben wenig Vertrauen zur eigenen Landeswährung.

Im einst luxuriösen, pyramidenförmig gebauten »Intercontinental« herrscht nunmehr spartanische Einfachheit und macht sich der Mangel wie ein Schimmelpilz überall breit. Auch in diesem Hotel fehlt es überall an Glühlampen, Schäden können nicht mehr repariert werden, weil es an Ersatzteilen fehlt, und lust- und interesselos bewegt sich das ganze Hotelpersonal. Beim Hoteleingang ist ein kleiner Verkaufsstand, der einige verstaubte, kitschige Souvenirs und sandinistische Propagandaschriften vergeblich zum Verkauf anbietet. Auf dem etwas tiefer liegenden Vorplatz parkt allerdings eine ganze Taxischar, auf die man angewiesen ist, weil Managua – durch das Erdbeben zerstört – ebenerdig und weitläufig auseinandergezogen gebaut ist, so daß man zu Fuß kaum weiterkommen könnte.

Um in Nicaragua als Journalist oder Fotoreporter unterwegs sein zu dürfen, braucht man zu allererst einen heimischen Presseausweis vom »Interpren« (CENTRO DE PRENSA INTERNACIONAL), einer Art Filiale des Außenministeriums. Bevor man aber den Ausweis, der zehn Dollar kostet, in die Hand bekommt, wird man von einem Beamten eingehend ausgefragt. Nicht nur über die eigene Person, sondern auch über die politische Linie der Zeitung, für die man arbeitet. Auflageziffern sind ebenso wichtig wie die grundsätzliche Stellung zu Problemen wie Nicaragua, Afghanistan oder Raketenrüstung. Mit welchen Nachrichtenagenturen die Zeitung zusammenarbeitet, wollen sie auch erfahren. Ein wahres Protokoll entsteht bei dieser inquisitorischen Befragung, denn die Sandinisten wollen haargenau wissen, welcher Journalistentyp da versucht, in ihrem Machtbereich herumzuschnüffeln. Zwei Tage später, wenn die »Chefin« die Unterschrift daruntergesetzt hat und der große Rundstempel daneben prangt, bekommt man gegen Barzahlung und Quittung den begehrten Ausweis mit Nummer, Lichtbild und dem Rückseitenvermerk, daß man das Dokument beim Verlassen des

Landes auf dem Flughafen der Grenzpolizei abzuliefern habe. Ohne diesen Ausweis eckt man über kurz oder lang unweigerlich an und landet auf einem Polizeiposten, denn in Nicaragua sind selbst die belanglosesten Gebäude oder Uniformierte tabu und geheim, denn es herrschen Unbehagen und Angst gegenüber den »Contras«, die bereits in den Städten ihre geheimen Zellen und Informationsbasen haben.

Die Inflationsrate pendelt zwischen 60 und 80 Prozent, was nach lateinamerikanischen Verhältnissen (Bolivien hat eine Inflationsrate von 100.000 Prozent – da wird das Geld in Bündeln und Säcken nur noch gewogen und nicht mehr gezählt) zwar nicht schockierend ist, aber die ganze Lebensmittel- und Gebrauchsgüterversorgung der Bevölkerung zusammenbrechen ließ. Vor allen Geschäften stehen in langen Warteschlangen die Käufer – es ist abwechselnd immer alles Mangelware. Ob das ein Stück Seife, eine Zahnpastatube, Fleisch oder andere Lebensmittel sind, man muß sich stundenlang vor fast leeren Geschäftsregalen anstellen. Viele gehen natürlich trotzdem leer aus. Frauen stellen sich grundsätzlich bei jeder Warteschlange an, sie wissen oft gar nicht, was es gerade zu kaufen gibt, und schicken ihre Kinder nach vorne, um zu erfahren, was an diesem Tag gerade geboten wird, gebraucht wird alles. Nicht einmal Obst und Gemüse gibt es in diesem Paradies, wo Klima und Boden allein schon einen Überfluß garantieren. Aber die große Landreform mit den riesigen Kooperativen führte in vielen Fällen zur wirtschaftlichen Pleite, dieses marxistisch-leninistische Agrarmodell griff in keiner Weise. Wenn es nicht die verbliebenen – relativ wenigen – Privatbauern gäbe, die auf einem stillschweigend geduldeten Schwarzmarkt ihre Produkte zu weit höheren als den amtlichen Preisen anbieten, wäre die Katastrophe perfekt. Die so gepriesene Planwirtschaft führt – wie in den Ostblockländern – zwangsläufig zur Interesselosigkeit der Beschäftigten und in weiterer Folge zu höchst bescheidenen wirtschaftlichen Ergebnissen. Alle Ratschläge von landwirtschaftlichen Entwicklungshilfeexperten, die bereits seit fünf Jahren permanent erzielten Fehler künftighin zu vermeiden und eine ausreichende Selbstversorgung des Landes und zusätzliche Exportmöglichkeiten zu schaffen, stoßen auf taube Ohren in Managua, wenn diese gutgemeinten Vorschläge nicht in das weltanschauliche politische Konzept hineinpassen. Der ursprüngliche Hurra-Patriotismus ist inzwischen spürbar leiser geworden, nachdem die Menschen nun bald sechs Jahre vergeblich auf die immer wieder versprochenen Erfolge gewartet haben und es nicht besser, sondern eher immer schlechter geworden ist. Was nützt da den Betroffenen der geflüsterte Hinweis, daß auch die große Sowjetunion mit ihren Kornkammern immer wieder Millionen Tonnen Weizen im verteufelten kapitalistischen Westen einkaufen muß, weil sonst ihre eigenen Leute verhungern würden. Diese russischen Weizenimporte sind jedoch ausschließlich für den Konsum in der Sowjetunion und keineswegs für hilfsbedürftige befreundete Satellitenländer bestimmt.

Wegen dieses Versorgungsdilemmas haben sich die »volksnahen« sandinistischen Regierungsleute für den Eigenbedarf ihrer elitären Führungsschichte einen privilegierten Funktionärsladen eingerichtet, wo man sich nicht in Schlangen anstellen muß und wo es faktisch alles zu kaufen gibt, wovon gewöhnliche Nicaraguaner nur noch träumen. Mit Sonderausweisen holen sich die Auserwählten alles an Lebensmitteln und Gebrauchsgütern – zum Verdruß der scheel dreinschauenden Normalverbraucher. Die sandinistische Volksbewegung, die ehedem so tapfer gegen diese privilegierten Schichten im Land gekämpft hat, züchtet sich jetzt ungeniert selbst eine eigene Klasse mit allen nur wünschenswerten Vor- und Sonderrechten. Auch in diesem speziellen Punkt wird ähnlichen oder gleichen Einrichtungen in der Sowjetunion und in den Ostblockländern nachgeeifert.

Propangasflaschen werden gelegentlich mit großen Lkw-Zügen angefahren, und man verkauft sie gleich vom Wagen weg, wo sich die Menschen blitzschnell zu endlos langen Kolonnen anstellen, weil dies fast die einzige Koch-möglichkeit für die Haushalte garantiert.

Viel ärger ist die Situation bei den Tankstellen, die nur fallweise mit Treibstoff versorgt werden. Stundenlang warten Autofahrer oft mit ihren Fahrzeugen, bis schließlich die Tafel »geschlossen« auf die Zapfsäule gesetzt wird und die Tankwarte heimgehen, weil der letzte Tropfen Benzin verkauft worden ist. Viele Tankstellen sind überhaupt wochenlang mit dieser Tafel versehen, und es kursieren telefonische Geheimtips, bei welcher Tankstelle gerade noch getankt werden kann.

Das Exportvolumen Nicaraguas liegt bei ca. 400 Millionen US-Dollar, was bei einem 3-Millionen-Volk nicht gerade überwältigend ist. Nicht weniger als 40 Prozent dieser Exporterlöse wandern aber zum Militär, das auf allen Gebieten Vorrang hat. Eine Armee mit 100.000 Mann und weitere 150.000 Mann (und Frau) mobilisierte Miliz, also eine Viertelmillion Menschen, stehen unter Waffen, das ist mit Abstand das größte militärische Potential in ganz Mittelamerika und läßt Nachbarstaaten etwas mißtrauisch werden, denn ein Grund, um über die Grenze zu marschie-ren, kann erfahrungsgemäß leicht gefunden oder provo-ziert werden.

Die Sandinisten sind in ständiger Existenzangst, weil die Operationen der »Contras« faktisch von allen drei Nachbarländern (Honduras, El Salvador und Costa Rica) über die Grenze hinweg mit Guerillagruppen erfolgen. Die großen Brüder Kuba und Sowjetunion liefern zwar die gewünschten Waffen und Ausrüstungsgegenstände, aber alles muß in harter Währung bezahlt werden. Das hält auf die Dauer kein Staat dieser Größenordnung finanziell durch. Nicaragua hat allein für Ersatzteile einen Import-bedarf von 800 bis 900 Millionen US-Dollar, damit Maschi-nen, Erzeugungsanlagen verschiedenster Art sowie Trak-toren und Fahrzeuge wieder repariert werden können. Die Situation wird von Tag zu Tag ärger und keinesfalls besser.

Comandante Ortega erklärte ganz offen, daß Nicaragua

– mehr als fünf Jahre nach dem Sieg der Revolution – vor einem Staatsbankrott stehe. Daß die USA sämtliche Kredite für Nicaragua sperrten und andere westliche Länder diesem Beispiel folgten, verschärft die wirtschaftliche Situation im Lande beträchtlich. Andererseits scheint es eine Zumutung für die Amerikaner zu sein, ein zweites Kuba zu finanzieren und einen Staat wirtschaftlich zu unterstützen, der in seiner Nationalhymne den schon erwähnten Satz »Der Yankee ist der Feind der Menschheit« stehen hat, was von instinktloser Diplomatie ohne Beispiel zeugt. Die Reagan-Administration steht auf dem Standpunkt, daß die Sandinisten wohl nicht erwarten können, ihr marxistisches Modell vom Westen finanziert zu bekommen. Daß Banken und Finanzkreise – ganz abgesehen von der völlig unsicheren und unüberschaubaren politischen Situation und Zukunft – in Nicaragua nicht investieren wollen, wo über allen Projekten der Pleitegeier der Verstaatlichung schwebt, müßte man auch verstehen. Der Kreml aber befaßt sich grundsätzlich nicht mit Wirtschaftshilfen für seine Satellitenländer, weil die Sowjets von ihrer globalen Expansionspolitik allmählich überfordert sind und ökonomisch daran verbluten (Afghanistan, Kambodscha, Laos, Vietnam, Südjemen, Äthiopien, Angola, Mozambique). Sicherlich liegt die wirtschaftliche Pleite Nicaraguas im Konzept der USA, weil die Zeit anscheinend gegen die Sandinisten arbeitet.

In diesem ganzen Zusammenhang darf man nicht vergessen, daß die Sandinisten seit ihrem Revolutionssieg auch drei absolut positive Erfolge zu verzeichnen haben. Sie bekämpften mit großem Erfolg das Analphabetentum (von 62 auf fast 10 Prozent), sie verbesserten das Gesundheitswesen, und die allgemeine Sicherheit in den Städten wurde durch nächtliche Milizpatrouillen größer, die Kriminalitätsrate sank erfreulich ab.

Dennoch nützt das beste Gesundheitswesen wenig, wenn es an den nötigen Medikamenten mangelt. Ärzte stellen ihren Patienten Rezepte mit vier oder fünf Ersatzmedikamenten aus, aber selbst die sind oft nicht zu bekommen.

Inzwischen hatte sich im Hotel Intercontinental herausgestellt, daß die Regierung sämtliche Hotelräume für die anläßlich der bevorstehenden Präsidenten-Inaugurationsfeiern anreisenden ausländischen Delegationen beschlagnahmt hatte, so wurden kurzerhand sämtliche Hotelgäste auf die Straße gesetzt. Es gab peinliche Proteste und heftige Diskussionen der zahlenden Gäste mit dem Hotelmanagement, aber es nützte letzten Endes nichts. Scharen von Taxis mit delogierten Gästen und derem Gepäck schwirrten aus, um irgendwo eine zweit- oder drittklassige Ersatzunterkunft zu finden. Ich hatte Glück und konnte gerade noch im kleinen Hotel »Estrella« unterschlüpfen.

Ein Taxichauffeur sah mich nachdenklich prüfend an, erkundigte sich vorsichtshalber, aus welchem Land ich käme, und wollte anschließend wissen, was ich alles zu sehen und zu fotografieren wünsche. Da ich einige Male trotz Nicaragua-Presseausweis bei Fotoaufnahmen mit den an allen Ecken anzutreffenden Polizisten – die anscheinend auf Sichtverbindung postiert sind – Schwierigkeiten bekam, raunte mir mein Taxifahrer den gutgemeinten Tip zu: »Sag einfach zu den Polizisten, daß du Russe bist, dann fragt und hindert dich keiner mehr!« Gesagt – getan, ein paar unwirsche russische Worte wirkten wahre Wunder, kein Polizist wollte mehr meinen Ausweis sehen, sondern sie ließen mich fotografieren . . .

Nach 22 Uhr gleicht Nicaraguas Hauptstadt einer toten Stadt, in der man höchst selten Fußgänger antrifft. Die Trostlosigkeit wird unterstrichen durch die spärliche Straßenbeleuchtung, als lägen drohende Schatten über Managua.

In der kleinen Hotelhalle saß eine Runde russischer Berater mit einer mitgebrachten Wodkaflasche grölend um einen Tisch und blickte nur gelegentlich grinsend auf die Propagandasendungen, die farbig über den Fernsehschirm flimmerten. Die meisten Russen und Kubaner sind zwar – je nach Rang oder Dienstgrad – mit ihren Familien in Villen oder eigens errichteten Bungalowsiedlungen einquartiert, viele aber auch in den Hotels. Sie führen sich selbstbewußt und protzig wie die eigentlichen Herren dieses Landes auf, als wären sie gerade dabei, eine neue Kolonie einzurichten und aufzubauen. Die meisten Russen sprechen Spanisch, man begegnet ihnen auch in manchen Ämtern, wo sie »beraten«, aber oftmals auch die Entscheidungen treffen. »Kolonialherren können sich nicht ärger aufführen als die Russen, die sich bei uns als Herrenmenschen vorkommen und dementsprechend taktlos benehmen ...«, kommentierte ein neben mir sitzender Nicaraguaner wütend und blickte haßerfüllt zur Wodka-Gruppe hinüber.

Es gab auch bereits Unmutsäußerungen von Entwicklungshelfern aus verschiedenen westlichen Ländern, die gekommen waren, um bei der Kaffee-Ernteeinbringung zu helfen, und die bei der Landbevölkerung in primitiven Hütten wohnten. Sie kritisierten den Unterschied zwischen ihnen und den kubanischen und russischen »Helfern«, die größtenteils in den komfortablen Städten bleiben. Böse Zungen behaupteten, daß es in Nicaragua sogar »Klassenunterschiede« bei den Entwicklungshelfern gäbe.

Fensterlose Hauswände oder Feuermauern sind mit bunten, riesigen sandinistischen Gemälden bepinselt, und die gigantischen überlebensgroßen Köpfe der Revolutionshelden blicken unbeachtet von riesigen Plakatwänden auf den Straßenverkehr herunter. Man will das Volk an allen Ecken und Enden und in allen Lebensbereichen an die siegreiche Revolution erinnern.

Konquista:
Eroberung – Plünderung – Völkermord

Wohl selten hat eine Region unserer Erde seit ihrer
Entdeckung eine derart blutige Geschichte und Entwicklung aufgezwungen bekommen, wie Mittelamerika.

Seitdem Kolumbus den Weg in die Karibik und nach
Zentralamerika gefunden hatte, setzten sich pausenlos
Scharen von Konquistadoren mit ihren Schiffen auf seine
Spuren. Speziell das spanische Herrscherhaus rüstete ganze
Flotten aus, um Länder zu erobern und auszuplündern.
Gold und Silber – das war der Motor für alle Abenteurer,
Glücksritter und sonstigen habgierigen Gesellen, die zu
diesen Expeditionen drängten. Oftmals traten die Indianer
diesen weißhäutigen Neuankömmlingen ahnungslos mit
Geschenken entgegen, sahen sie mitunter auch als Götter
an und huldigten ihnen. Die Kaziken (Stammeshäuptlinge
der Indianer) wurden oft gefangengenommen und gefoltert, um an das Gold heranzukommen. Die Indianer
wurden durch die spanischen Reiterscharen brutal niedergemetzelt. Pferde waren den Indianern ebenso unbekannt
wie die Arkebusen und Pulver, außerdem nutzten die
Eroberer Intrigen zwischen Stämmen und deren Herrschern geschickt aus, um immer weiter vorzudringen.
Erstaunliche Hochkulturen der Tolteken, Azteken und
Maya gingen bei diesen Auseinandersetzungen zugrunde,
ganze Stämme wurden nahezu ausgerottet, Spaniens Konquistadoren wateten buchstäblich in Blut, nur mit dem
einzigen Ziel: das Gold der Indianer zu erbeuten! Mit
Dekreten, Urkunden und Privilegien des Königs ausge-
stattet, hatten sie einen Freibrief in der Hand, alles zu
unternehmen, um die Schiffe vollbeladen mit Reichtümern
nach Spanien zu senden.

Kaziken wurden als Geiseln genommen, und die Stammesangehörigen wurden erpreßt, ihre Häuptlinge mit enormen Goldmengen freizukaufen. Oder aber mußte jeder Indianer monatlich eine festgelegte Goldmenge abliefern, wonach er eine Kupferscheibe als Kennzeichen für die erfolgte Ablieferung um den Hals gehängt bekam, andernfalls wurde er einfach gefangengenommen und als Sklave nach Europa verfrachtet. Mit Waffengewalt und Folter zwang man die Indianer, die Spanier an die Flüsse oder zu den Minen zu bringen, wo diese Edelmetalle vorkamen. Ganze Stämme wurden versklavt, um in Gold- und Silberbergwerken zu schuften; sie starben weg wie die Fliegen. Sobald sich Kaziken mit ihren Stämmen zur Wehr setzten oder zu rebellieren versuchten, setzten die waffenüberlegenen Spanier alle Mittel ein, um alle Aufmüpfigen niederzumachen. Vergeltungsfeldzüge fanden statt, bei denen erbarmungslos Massaker stattfanden.

Aber auch unter den Konquistadoren gab es Eifersüchteleien, Intrigen am Königshof, Meutereien und Feldzüge in Eigenregie. Finanzstarke Persönlichkeiten rüsteten mitunter auch Privatexpeditionen aus, um am Goldrausch mitzunaschen. Gunst und Mißgunst lagen in Madrid oft sehr dicht beisammen, und viele standen unter einem erbarmungslosen Erfolgszwang, Goldladungen heimwärts zu verfrachten, weil sie sonst in Ungnade gefallen und vor Gericht gestellt worden wären.

Die Kirche verfolgte zwar keine materiellen Vorteile in diesen entdeckten oder eroberten Ländern, doch waren die Ordensgeistlichen immer mit dabei, und im Zeichen des Kreuzes wurde diese neue Indianerwelt oft mit Gewalt zum Christentum bekehrt. Es ist eher ein düsteres Kapitel der Christianisierung Zentralamerikas, wo heiliger Eifer und Stückzahlen geretteter Seelen als besonders lobenswert galten.

In jenen Jahren verteilte gewissermaßen der Papst die Länder der Neuen Welt, um die Rivalitäten der katholischen iberischen Herrscherhäuser abzustecken. Im Jahre

1494 kam es unter Mitwirkung von Papst Alexander VI. zu einem Staatsvertrag zwischen Spanien und Portugal. Die Hemisphären wurden abgegrenzt, weil sich die damaligen beiden Super-Eroberungsmächte in die Quere kamen. In Tordesillas einigte man sich dahingehend, daß alle Länder und Inseln (östlich) einer Demarkationslinie 370 Meilen westlich der Kapverdischen Inseln Portugal und die Gebiete auf der anderen Seite dieser Trennlinie Spanien gehören sollten. Das waren ähnliche Hemisphärenprobleme wie heutzutage zwischen den beiden Supermächten. So blieb speziell der afrikanische Bereich vorerst dem portugiesischen Einfluß vorbehalten, während sich Spanien in Lateinamerika ungestört austoben konnte. Der nicht übertrieben tugendsame Papst Alexander VI. verschenkte da einen Teil der Welt, der ihm gar nicht gehörte. Es gab natürlich Proteste, speziell von Frankreich, doch änderte dies wenig an der grausamen Wirklichkeit.

Aber auch die Grausamkeit verlangte nach »gesetzlichen« Regelungen, die ein Hofjurist aus der unmittelbaren Umgebung König Ferdinands II. ausgetüftelt hatte und die offizielle Bezeichnung »Requerimiento« (Aufforderung) mit folgendem Wortlaut trug:

»Unter allen diesen Menschen erteilte Unser Herr einem, der Sankt Peter hieß, den Auftrag, Fürst, Herr und Oberster aller Menschen auf Erden zu sein. Alle sollten ihm gehorchen, er sollte das Oberhaupt des gesamten Menschengeschlechtes sein, wo auch immer die Menschen lebten und sich aufhielten, unter welchem Gesetz, in welcher Glaubensgemeinschaft oder Religion auch immer. Und er übergab ihm die ganze Welt als sein Reich, seine Herrschaft und seinen ihm botmäßigen Besitz.«

Diese Epistel mußte vor jeder Kampfhandlung und Gewaltanwendung – sozusagen als letzte Warnung oder Mahnung vor dem Tode – den Indianern verlesen werden. Die Spanier verlasen diese Aufforderung manchmal im Morgengrauen unter den Bäumen, ohne daß ein Indianer zuhören konnte, oder es fehlte an Dolmetschern, um den

Inhalt des Requerimiento den ratlos zuhörenden Einge-
borenen überhaupt verständlich machen zu können. Oft
wurde auch alles darangesetzt, um die Verlesung ohne
Indianer durchzuführen, denn nach dieser Ankündigung –
die einzige Auflage – war faktisch alles erlaubt, jedes
Massaker bekam einen hochoffiziellen Anstrich. Wenn sich
die Heiden nicht zum rechten Glauben bekennen wollten,
mußte man sie eben dazu zwingen. Daß sie dabei auch
beraubt wurden, war bereits Routine. Man riß ihre Götzen
von den Sockeln und pflanzte das Kreuz auf. In Mittelamerika und besonders in Nicaragua waren es die beiden
Spanier Pedrarias und Alvarado, welche die Herrschaft
Spaniens in unmenschlichster Art und Weise einführten.
Laut authentischen Berichten aus jener Zeit soll Pedrarias
bei seinen Feldzügen an die zwei Millionen Indianer
abgeschlachtet haben.

Das Requerimiento bekam noch einen deutlichen Zusatz, der keine Zweifel über Sinn und Zweck aller Aktionen
offenließ, denn da hieß es nachdrücklich:

»Wenn ihr es nicht tut und die Angelegenheit in böser Absicht
hinauszögert, gebe ich euch kund, daß ich mit Gottes Hilfe
gewaltsam über euch herfallen, mit euch in allen Gebieten und
auf jede Art, wie ich kann, Krieg führen, euch unter das Joch
und den Gehorsam der Kirche und Ihrer Hoheiten zwingen,
euch eure Frauen und Kinder wegführen und zu Sklaven
machen und sie als solche verkaufen und über sie so befinden
werde, wie es in Zukunft Ihre Hoheiten befehlen. Ich werde
euch eure Habe fortnehmen und euch jedes Leid und jeden
Schaden, wie ich vermag, zufügen, als Vasallen, die ihren
Herrschern nicht gehorchen oder sie nicht annehmen wollen,
ihnen Widerstand leisten oder ihnen widersprechen. Ich
versichere feierlich, daß Tod und Schaden, die hieraus
entstehen sollten, euch zur Last und nicht zu Lasten Ihrer
Hoheiten noch meiner oder mit mir gekommenen edlen
Herren fällt. So bitte ich den anwesenden Notar, mir meine
Worte und Forderungen durch eine gesiegelte Urkunde zu
bestätigen.«

Es war die reinste Farce, wie man diese Aufforderung in
der Praxis handhabe. Die Verlesung vollzog man immer

häufiger noch in den Nachtstunden ohne indianische Zuhörer, aber mit amtlichen Zeugen. In der Morgendämmerung überrannten die spanischen Soldaten dann die Indianersiedlungen. Wer sich zur Wehr setzte, wurde erschlagen, die Überlebenden beraubte man und schleppte sie als Sklaven zur nächsten Sammelstelle.

Sobald die Plünderung nicht mehr genügend Gold und Silber brachte, füllte man die Schiffe mit Sklaven. Zusammengepfercht auf engstem Raum, ohne genügend Nahrungsmittel, wurden die Ärmsten in ferne Länder verfrachtet. Erst als man merkte, daß auf diesen unmenschlichen Transporten zu viele Indianer starben, wurde aus Profitgründen eine Transportreform angeordnet, nach der sich die Verpflegung besserte. Der mittelamerikanische Sklavenhandel mit den Indianern wuchs zu einem einträglichen Geschäftszweig.

Wie radikal und rücksichtslos die Spanier in Nicaragua vorgingen, ersieht man aus den Zahlen. Ursprünglich besaß das Land eine Bevölkerung von 600.000 Menschen, 20 Jahre später nur noch 28.000 Überlebende. Nicht weniger als 20 Schiffe befaßten sich nur mit den Sklaventransporten, die ein Drittel aller Indianer aus Nicaragua außer Landes brachten. Der Großteil der restlichen Menschen kam durch eingeschleppte Krankheiten um. Nur wenige Sklavenschiffe liefen aber nach Europa aus, denn es war wesentlich lukrativer, die Sklaven nach Panama und Peru zu verkaufen, wo sie entweder als militärische Hilfstruppen oder als kostenlose Arbeitskräfte in den Bergwerken eingesetzt wurden. Sobald Nicaragua nicht mehr genügend Menschen für diesen unmenschlichen Transport liefern konnte, weil die Gebiete fast völlig entvölkert waren, verlegten die Spanier den Sklavenfang nach Guatemala und El Salvador.

Jeder Spanier konnte Schürfrechte zugeteilt bekommen, quadratische Parzellen mit einer Seitenlänge von 12 Fuß. Die Spanier selbst verrichteten grundsätzlich keine manuellen Arbeiten, in diesen Schürf-Claims sperrten sie daher ihre Sklaven ein, die dort für sie arbeiten mußten. An allem, was Mittelamerika an geschürften oder geplünderten Erträgen einbrachte, war der spanische König mit seinem »quinto real« (Königliches Fünftel) beteiligt. Hielt sich jemand nicht an diese amtliche Verordnung, wurde er in Ketten nach Spanien zurückgebracht. Dennoch genossen diese spanischen Eroberer einen sehr hohen Lebensstandard, den sie in ihrer Heimat nie erreicht hätten. Es bildete sich eine Art Geldadel in Mittelamerika, der den heimischen echten Adel zu übertrumpfen versuchte. Auf diese Art entstand der lateinamerikanische Titel »Hidalgo«, – was wörtlich übersetzt nichts anderes als »hijo de algo« – »Sohn von etwas« – heißt.

Es gab in jener erbarmungslosen Zeit auch Priester, die bei den verübten Greueltaten ihre Augen schlossen und an diesen Bereicherungen mitpartizipierten, aber auch wieder andere, welche offen und mutig von ihren Kanzeln predigten und den Weißen in Mittelamerika die Leviten lasen, indem sie ihnen vorhielten, was sie mit unschuldigen Indianern trieben, wie diese ermordet oder versklavt wurden. Solche Priester hatten einen sehr schweren Stand in der Gesellschaft, teilweise aber auch in der Kirche. Entrüstet reagierten die angesprochenen Weißen, weil sie sich im Recht fühlten. Doch innerhalb der Kirche bildeten sich Strömungen, diesem Treiben endlich Einhalt zu gebieten.

Besonders erwähnenswert war Las Casas, der als Sohn eines jüdischen Geschäftsmannes in die Neue Welt gekommen war, Theologie studiert hatte und dann im reifen Alter von 40 Jahren plötzlich vehement für die Indianer eintrat. Mit Hilfe und Unterstützung des am spanischen Hof amtierenden Kardinals Cisneros gelang es schließlich, Las Casas im Jahre 1516 höchst offiziell als »Beschützer der Indianer« zu installieren. Er sollte nunmehr alles daransetzen, um noch zu retten, was zu retten war, die Indianer vor dem Aussterben zu bewahren.

Wie doppelbödig die damalige Moral der Herrschenden

war, geht aus der Tatsache hervor, daß der König 1517 ein
Gesetz erließ, daß ab sofort und künftighin die indianischen
Sklaven durch afrikanische (Neger) Sklaven zu ersetzen
seien. Nicht die Sklaverei als solche verdammte man,
sondern man fand nur heraus, daß die schwarzafrikanischen
Sklaven wesentlich gesünder, kräftiger und profitbringen-
der als die mehr oder weniger krankheitsanfälligen
indianischen Sklaven waren. Als Las Casas, inzwischen
Mitglied des Dominikanerordens, 1537 seine Missions-
arbeit nach einem Fehlschlag in Venezuela nunmehr in
Nicaragua fortsetzte, erklärte der Papst die Indianer zu
»wahren Menschen« und hob sie somit aus ihrem Unter-
menschentum heraus. Las Casas eckte mit seinen humanitären und christlichen Bemühungen für die Indianer immer
wieder bei den spanischen Siedlern und Kolonisten an. Er
war als Querulant und Störenfried in einer sonst doch so
»gut funktionierenden« Gesellschaftsordnung verschrien,
er wurde kritisiert und beschimpft, als er die schändliche
Ausbeutung der Indianer immer wieder anprangerte und
schärfstens verurteilte. Ein Bischof wurde von den Spa-
niern außer Landes verjagt, und den Bischof Antonio de
Valdivieso von Nicaragua ermordeten die spanischen Kolonisten auf heimtückische Weise. Erbittert marschierte Las
Casas mit seinen Ordensbrüdern dann nach Guatemala, um
dort fortzusetzen, was ihm bisher nicht gelungen war. Sein
Missionswerk »Verapaz« zog er – trotz aller Schwierigkei-
ten – volle 20 Jahre durch. Las Casas wurde zum Bischof
von Chiapas ernannt und behielt seine Missionsregion
Tuzulutlán. Er versuchte den Indianern beizubringen, ein
Volk zu sein und in Freiheit zu entscheiden – auch ob sie
Christen werden wollten –, und verurteilte gleichzeitig die
These, daß man durch Schwert und Gewalt Ungläubige zu
Gläubigen machen könne. In jenen Jahren waren solche
Ansichten bei vielen weltlichen und kirchlichen Kreisen
reinste Ketzerei. Die aufrichtigen Bemühungen von Las
Casas scheiterten beim Indianerstamm der Chol, die sich
dem Christenglauben nicht beugen wollten, sondern die

Missionstätigkeit bekämpften und eines Tages in Acalan zwei Ordensgeistliche und 30 indianische Christen mit Giftpfeilen umbrachten. Die menschenverbindende christliche Verbrüderung zwischen Weißen und Indianern gelang Las Casas nicht.

Erst König Karl V. nahm sich die Empfehlungen von Las Casas zu Herzen und verfügte 1550, daß künftige Eroberungen erst nach eingehender Prüfung eines eigens dafür eingesetzten Ausschusses durchgeführt werden dürfen. Viel zu spät wurde damit die grausame Kriegführung gegen die Indianer verboten.

In der Zwischenzeit hatten die Franzosen und Briten ein vereinfachtes Verfahren praktiziert, um am Gold- und Silberrausch der Spanier mitzunaschen, indem sie Kaperschiffe aussandten, um spanische Gold- und Silberschiffe aufzubringen. Viele Schätze wurden so abgefangen und landeten in ganz anderen Bestimmungshäfen als vorgesehen, der Krieg gegen die Indianer fand eine Fortsetzung auf hoher See, wo sich die Weißen gegenseitig die kostbare Beute streitig machten.

Es existieren ziemlich exakte Aufzeichnungen über die aus den eroberten Gebieten »exportierten« Schätze: Zwischen 1503 und 1660 wurden in Spanien 16,000.000 Kilo Silber und 185.000 Kilo Gold ausgeladen. Zu dieser Bilanz sollte man aber auch nicht vergessen, daß in Mittelamerika nur ein Zehntel der Indianer diese Ausbeutung überlebt hat.

Die Eroberung der »Neuen Welt« war wahrlich keine heroische Heldentat, sie war kein Ruhmesblatt in der Geschichte der Weißen in Zentralamerika, sondern ein grauenhaftes und verabscheuungswürdiges Kapitel der Geschichte.

Wachablösung am Isthmus

Die spanischen Eroberer und die später eingewanderten Kolonisten führten in Mittelamerika ein feudales Leben, da – wie bereits angeführt – als kostenlose Arbeitskräfte Indianer oder importierte Negersklaven aus Afrika in ausreichender Zahl zur Verfügung standen. Es entwickelten sich in diesem spanischen Kolonialreich regelrechte Familienimperien, deren »Steuern« – das Fünftel für den König – mit 20 Prozent im Vergleich zu heutigen Einkommensteuersätzen geradezu paradiesisch waren.

Auch die Kirche partizipierte am Kolonialreichtum und vermochte mit diesen enormen Einkommenszuwächsen die prächtigsten Kirchen- und Klösterprunkbauten aufzuführen. Man baute Schulen und Universitäten und stellte bereits 1660 die erste Druckerpresse auf. Die christlichen Orden der Dominikaner, Augustiner, Franziskaner und Jesuiten, aber auch die Nonnenorden Santa Clara und Concepción waren höchst aktiv. Der Dominikaner Thomas Gage hinterließ Aufzeichnungen, aus denen hervorgeht, daß die Klöster beachtliche Einkünfte von Silberminen, Farmen und Indianerdörfern – die ihnen gehörten – erzielten und wahre Schätze anzuhäufen begannen. In den Nonnenklöstern gab es indianische Dienerinnen und auch Sklavinnen, die alle niederen Dienste verrichteten. Kolonisten und Kirche zogen am selben Strang und hatten in weltlichen Dingen oft dieselben Interessen und Ziele. Hand in Hand damit wuchs nicht nur der Reichtum, sondern auch die Korruption.

Mit dem Niedergang des spanischen Herrscherhauses wurden den zentralamerikanischen Kolonien aber auch Reformen einschneidender Art aufgezwungen und die finanziellen Daumenschrauben angelegt. Das Mutterland brauchte für seine Kriege Geld, und im Zuge der Reformen mußten auch einige Orden – mit Ausnahme der Jesuiten – verschiedene zentralamerikanische Länder verlassen. Als Spaniens Flotte geschlagen war, nützten die Kolonien in Südamerika den günstigen Augenblick und sagten sich vom Mutterland los.

Die Kreolen – die Einwanderer Mittelamerikas, die bereits in den Kolonien geboren waren – sahen der europäischen Entwicklung mißtrauisch zu. Auslösendes Moment für das Lossagen von Spanien war der Befreiungskrieg Mexikos, der eine ganze Lawine lostreten sollte. Bereits 1783 hatten die Briten mit Spanien über die neu zu verteilenden wirtschaftlichen und politischen Einflußsphären in Zentralamerika verhandelt, 1796 waren sie dann an der Miskito-Küste (Nicaragua) und in Belize gelandet. Sie besetzten auch die zu Honduras gehörige Bay Islands.

Als 1810 Mexiko um seine Unabhängigkeit zu kämpfen begann, war dies ein nachahmenswertes Beispiel für die mittelamerikanischen Staaten, wo Schlag auf Schlag auch Befreiungskriege begannen. Bereits ein Jahr später rebellierten Honduras und Nicaragua, die Kämpfe dauerten bis 1812. Als würde dieser »Brand« durch den Busch eilen, erhoben sich auch Guatemala und El Salvador gegen die spanische Herrschaft. Als König Ferdinand VII. von Spanien seine einschneidenden Kolonialreformen 1814 rückgängig machte, weil er darin den Grund dieser Rebellionen sah, war es bereits zu spät.

Inzwischen hatten sich die Briten in Mittelamerika festgesetzt und ein Protektorat an der Miskito-Küste (Nicaragua) errichtet, wobei sie klugerweise den Miskito-Indianer-König George Frederick II. in Belize feierlich krönten und in sein Amt einsetzten.

Es war naheliegend, daß sich das damals (1822/23) tonangebende Mexiko vorerst einmal mit Zentralamerika zusammenschloß, weil man sich in dieser Vereinigung stärker fühlte. Aber bereits in jenen Jahren begannen die

Rivalitäten jener zentralamerikanischen Länder untereinander, die bis zum heutigen Tage die Zerrissenheit des Isthmus charakterisieren. Von 1823 bis 1839 dauerte die Föderation Zentralamerikas, und das war genau der historische Zeitpunkt, zu dem die Amerikaner erstmals die strategische Bedeutung Mittelamerikas erkannten und sich in die politischen Vorgänge höchst aktiv einzuschalten begannen.

1823 verkündete US-Präsident James Monroe die in die Geschichte eingegangene »Monroedoktrin«, die noch heute zum großen Teil Gültigkeit besitzt und die besagt, daß die weitere Erwerbung von Kolonien auf amerikanischem Boden durch europäische Mächte und deren Einmischung in die inneren Verhältnisse amerikanischer Staaten den Interessen der Vereinigten Staaten zuwiderlief. Anlaß für diesen politischen Warnschuß war die Bedrohung durch das zaristische Rußland, dem damals Alaska noch gehörte, aber gleichzeitig dehnten die Amerikaner damit ihre Hegemonieansprüche bis zur Karibik und nach Zentralamerika aus. Sie wollten auch dort keine Einmischungen dulden. Das war speziell gegen die Briten gerichtet, nachdem der spanische Einfluß größtenteils durch die Befreiungskriege der einzelnen Länder abgeschüttelt worden war.

Später erhielt die gefürchtete Monroedoktrin noch einen Zusatz, wo unzweideutig herauszulesen ist:

»Die Vereinigten Staaten haben keinerlei Absicht, neue Gebiete zu erwerben, und sie hegen bezüglich der übrigen Nationen der westlichen Hemisphäre keinen anderen Wunsch, als daß es ihnen wohlergehen möge. Alles, was dieses Volk herbeisehnt, sind beständige, geordnete und glückliche Nachbarstaaten. Jedes Land, dessen Volk sich wohl verhält, kann mit unserer innigen Freundschaft rechnen. Wenn eine Nation erkennen läßt, daß sie ihre Belange mit Vernunft und Anstand zu regeln weiß, wenn sie die Ordnung aufrechterhält und ihren Verpflichtungen nachkommt, braucht sie die Einmischung der Vereinigten Staaten nicht zu fürchten. Ständiges Fehlverhalten jedoch und die Unfähigkeit, die Zügel der Zivilisation in der Hand zu haben, können, in

Amerika ebenso wie in jedem anderen Teil der Erde, die Intervention einer zivilisierten Macht unumgänglich machen. Und das Bekenntnis der Vereinigten Staaten zur Monroedoktrin kann sie dazu verpflichten, auch gegen ihren Willen, die Rolle einer internationalen Polizei in den Fällen zu übernehmen, wo die besagten Verfehlungen auftreten.«

Die Monroedoktrin mit diesem Zusatz ist seither für alle anderen US-Präsidenten der Leitfaden der amerikanischen Außenpolitik seit nunmehr 162 Jahren. Viel hat sich an dieser grundlegenden Auffassung bis heute nicht geändert. Der »Weltpolizist« war geboren und trat seither in vielen Teilen der Welt in Aktion – von vielen verteufelt oder verdammt, von anderen wiederum herbeigesehnt und als letzte Rettung herbeigerufen.

Es gab dann in Zentralamerika eine ganze Reihe von Revolutionsführern und Befreiungshelden, die Ideale hatten oder bezahlt wurden, die Revolutionen auch wieder umkehrten und bekämpften – ein nicht enden wollender Krieg überzog die Landbrücke mit mehr oder weniger kurzen Unterbrechungen. Ein Augustin de Iturbide, Miguel Hidalgo y Costilla, José Maria Morelos, Anastasio Tzul, Morazán, Cascara, der 21jährige Indianer Carrera, der Morazán besiegte und 25 Jahre lang als erster mittelamerikanischer Diktator Guatemala beherrschte, sind nur einige Namen.

Außenminister John Quincy Adams, der die Monroedoktrin mitentwickelt hatte, definierte die amerikanische Meinung über Mittelamerika: »Ich sehe auch jetzt noch keine Aussicht darauf, daß sie (Mittelamerikastaaten, Anm. d. Verf.) freiheitliche oder liberale Staatseinrichtungen hervorbringen ... Es ermangelt ihnen an den grundlegenden Voraussetzungen für eine gute oder freiheitliche Regierung. Willkürliche Macht – militärische und kirchliche – hat ihre Erziehung, ihre Gepflogenheiten und alle ihre Institutionen geprägt. Ihren in der Ausbildung begriffenen Normen wohnte von Anfang an der Keim der Zerwürfnisse inne. Krieg und gegenseitige Vernichtung – im moralischen, politischen und physischen Sinn – waren in allen Mitgliedern ihrer Organisation . . .«

Das Verlangen nach Expansion war in jenen Jahren das Grundverlangen der Amerikaner, die allerdings einen Großteil der in Nordamerika gelegenen ehemaligen spanischen Gebiete kauften und nicht eroberten, so wie sie es später im Norden auch machten, indem sie Alaska von Rußland abkauften. Die Briten reagierten bei derartigen Gebiets- und Machtzuwächsen der Vereinigten Staaten immer nervös und beunruhigt.

Nach Beendigung des Krieges mit Mexiko versuchten die USA, weiter nach Süden vorzudringen. Dabei hatten sie Nicaragua im Auge, weil sich dort eine günstige geographische und geologische Möglichkeit bot, über Flüsse und Seen einen schiffbaren Kanal zwischen Pazifik und Karibischer See zu erbauen, um so den langen Weg um das Kap Hoorn abzukürzen. An den beiden Endpunkten dieses geplanten Kanals – in der Bucht von Fonseca sowie an der Miskito-Küste – hatten sich aber bereits die Engländer festgesetzt. Nach langwierigen Verhandlungen einigten sich 1850 die Engländer und Amerikaner mit dem historischen Clayton-Bulwer-Vertrag, wo es unter anderem hieß:

>>Die Regierungen von Großbritannien und den Vereinigten Staaten erklären hiermit, daß weder der eine noch der andere jemals für sich die ausschließliche Kontrolle über den besagten Kanal in Anspruch nehmen darf; sie verpflichten sich, daß keiner von beiden jemals irgendwelche Befestigungsanlagen, die den Kanal oder seine Nähe beherrschen, errichten oder unterhalten noch in irgendeiner Weise Nicaragua, Costa Rica, die Miskito-Küste oder irgendeinen anderen Teil Zentralamerikas besetzen, befestigen, kolonisieren oder beherrschen wird; und keiner von beiden darf Gebrauch machen von irgendeinem Schutz, den er gewährt oder gewähren mag, noch einem Bündnis, das er mit irgendeinem Staat oder Volk unterhält oder eingehen mag, um solche Befestigungen zu errichten oder zu unterhalten oder Nicaragua, Costa Rica, die Miskito-Küste oder irgendeinen anderen Teil Zentralamerikas zu besetzen, befestigen oder kolonisieren oder eine

Herrschaft darüber auszuüben. Noch werden Großbritannien oder die Vereinigten Staaten irgendeine Verständigung, ein Bündnis oder eine Beziehung, die sie mit irgendeinem Staat oder einer Regierung, durch deren Territorium der besagte Kanal führen mag, unterhalten, dazu nutzen, direkt oder indirekt für die Untertanen oder Bürger des einen irgendwelche Rechte oder Vorteile hinsichtlich Handel oder Schiffahrt auf dem besagten Kanal zu erwerben oder zu besitzen, ohne daß diese, unter denselben Bedingungen, nicht auch den Untertanen oder Bürgern des anderen angeboten werden...«

Der Kanal wurde in Nicaragua nie gebaut, sondern aus verschiedenen Gründen erst später in Panama. Aber etwas hatte dieser Vertrag ganz entscheidend bewirkt: die Wachablöse in Zentralamerika. Die Briten zogen sich auf Belize zurück und überließen den Amerikanern die Vorherrschaft über Mittelamerika, der geographisch vorgezeichneten Stoßrichtung der amerikanischen Hemisphärenausweitung.

Mit Nicaraguas Geschichte ist eine schillernde amerikanische Persönlichkeit verbunden: William Walker, ein Jurist, der sich aber als »moderner« Abenteurer und Freibeuter verstand und mit Privatarmeen verschiedene Karibikküsten unsicher gemacht hatte. Er war in Mexiko mit seinen Revolverhelden abgeblitzt und hatte schließlich über einen Mittelsmann von liberalen Kreisen in Nicaragua das Angebot erhalten, mit seinen Bewaffneten die Konservativen von der Macht zu vertreiben. Als Honorar wurden Walker weite Ländereien versprochen, die er nach seinem Sieg erhalten sollte. Dem Unternehmen Walkers stand der mit den Briten abgeschlossene Clayton-Bulwer-Vertrag im Wege, was der clevere Jurist und Abenteurer genau wußte. Mit Söldnern durfte er also nicht operieren, aber amerikanische Siedler hatten das verbriefte Recht, Waffen zu tragen. Unter diesem »Deckmantel« startete er sein Unternehmen mit lächerlichen 60 Schwerbewaffneten. Damit gelang ihm allerdings nicht viel, doch kamen aus Kalifornien nach und nach weitere Verstärkungen, bis es Walker schließlich

wirklich schaffte, mit 2650 Mann die Hauptstadt einzunehmen und die Regierung zu stürzen. In der ersten Phase blieb
Walker bescheiden und behielt lediglich den Oberbefehl
über seine wilden Truppenscharen, aber dann ließ er sich
zum Präsidenten von Nicaragua wählen. Seine Herrschaft
dauerte lediglich ein knappes Jahr, denn es hatten sich bald
fast alle gegen ihn verschworen. Im Zuge der folgenden
Kampfhandlungen trieb man Walker dann so in die Ecke,
daß er sich schließlich ergeben mußte und an die Vereinigten Staaten ausgeliefert wurde. Daheim empfing man ihn
wie einen Volkshelden, die Titelseiten der Zeitungen waren
ihm gewidmet.

Es gab auch Vermutungen, daß Walker von der USA-
Regierung heimlich für sein Unternehmen in Nicaragua
gesponsert wurde. Den Amerikanern war eine offizielle
Invasion durch den Clayton-Bulwer-Vertrag versperrt, und
so versuchten sie, ihren eigenen Vertrag auf diese Art und
Weise mit Walker zu unterwandern. Diese Walker-Version
blieb aber sehr umstritten. Walkers zweiter Invasionsver-
such, als abenteuerlicher Draufgänger im Norden Nicaraguas zu landen, wurde durch ein amerikanisches Kanonen-
boot vereitelt. Man brachte den unverbesserlichen Rebellen
zurück in die Staaten, wo er vor ein Gericht gestellt wurde.
Diesen öffentlichen Prozeß mußten die Amerikaner veran-
stalten, weil die Briten auf den Vertrag pochten und den
Amerikanern krumme Methoden vorwarfen. Walker ver-
teidigte sich selbst als Jurist gegen die Anklage, die ihm
Verletzung der Neutralitätsgesetze vorwarf, und erzielte
einen Freispruch.

Er konnte es nicht lassen und war kurz darauf wieder
unterwegs, seinen uralten Wunschtraum – Herrscher in
einem mittelamerikanischen Staat und in der Folge Herrscher über ganz Mittelamerika zu werden – endlich zu
verwirklichen. Sein Ruf war inzwischen so gewachsen, daß
sich von selbst Angebote einstellten. Diesmal kamen sie
von den zu Honduras gehörenden Bays Islands, von wo
aus er Honduras unter seine Gewalt bringen wollte. Das

Unternehmen ging – wie zu erwarten – schief, und Walker wurde 1860 von den Engländern gefangengenommen und an die Regierung von Honduras ausgeliefert, die ihn im selben Jahr am 12. September an die Wand stellte und erschoß. Damit war dieser Traum endgültig ausgeträumt.

Die wirtschaftliche Großmacht Vereinigte Staaten erwachte, ein Ausspruch von Senator Beveridge trifft am besten den Kern der Sache: »Wir Amerikaner produzieren mehr, als wir selbst benötigen, und auf unserem Boden wächst mehr, als wir selbst essen können. Das Schicksal hat uns Wege vorgeschrieben, die wir zu gehen haben. Der Welthandel wird und muß uns gehören.«

Theodore Roosevelt, der Cowboy und Führer eines Freiwilligenkorps auf Kuba, wurde nach dem Tode des 25. US-Präsidenten McKinley, der ermordet worden war, nicht gewählt, sondern automatisch Präsident. Seine unverblümten und rüden Aussprüche waren bekannt und Tagesgespräche. Er war der typische »Weltpolizist« und ließ auch keine Zweifel offen, daß der Einfluß der Europäer in Amerika der Vergangenheit angehörte. Was fortan in dieser Hemisphäre abrollte, bestimmten die USA. Nicht nur die wirtschaftliche Kapazität, sondern auch die militärische Stärke der Amerikaner ließ alle Einsprüche und Wünsche der europäischen Mächte allmählich verstummen.

Die großen US-Konzerne sickerten langsam in die zentralamerikanischen Staaten ein, kauften riesige Ländereien auf und beschränkten sich absolut nicht immer auf ökonomische Projekte. In den mittelamerikanischen Ländern hatten sich die Strukturen inzwischen ganz unangenehm entwickelt. Grund und Boden gehörten Großgrundbesitzern, während die Landarbeiter – »campesinos« – so schlecht bezahlt wurden, daß sie niemals eigenes Land kaufen konnten. Es bildeten sich regelrechte Oligarchien, die sich die Macht und den Einfluß untereinander aufteilten. Der spätere amerikanische Außenminister Henry L. Stimson erklärte dazu offenherzig: »Es bleibt buchstäblich wahr, daß keine nicaraguanische Wahl jemals ein Ergebnis gebracht hat, das den Wünschen des herrschenden Mannes oder der herrschenden Partei widersprochen hätte. Unter solchen Umständen bestand für diese Leute, wenn sie einen Mann oder eine Partei aus der Herrschaft verdrängen wollten, keine andere Möglichkeit, als es gewaltsam zu tun. Revolutionen wurden somit – und sind es seit nunmehr fast einem Jahrhundert geblieben – zu einem regulären Element ihres politischen Systems ...«

In einem wütenden Augenblick polterte Roosevelt: »Diese elenden Staaten bereiten mir eine Menge Unannehmlichkeiten. Ich denke oft, daß eine Art Protektorat über Mittel- und Südamerika der einzige Ausweg ist!« Das war auch die Meinung von vielen Konzernen, die aber letztlich auf eine andere, unauffälligere, aber wirkungsvolle Methode verfielen.

Ohne zu zögern schickten die Amerikaner ihre Expeditionskorps immer wieder in verschiedene Länder, um dort die Ordnung und Stabilität wiederherzustellen und zu garantieren, ob dies in Kuba, Haiti, Honduras, Mexiko, Santo Domingo oder Nicaragua war. Man wollte sich damit nicht nur Respekt, sondern vor allem auch Willfährigkeit verschaffen. Der Interventionismus wurde zu einem regelrechten politischen Instrument, das immer dort eingesetzt wurde, wo die normale Politik versagte. Mehr oder minder kleine Besatzungstruppen blieben oft Monate oder Jahre in den betreffenden Ländern, so auch in Nicaragua. In Washington interpretierte und begründete man den Verbleib solcher Interventionstruppen damit, daß sonst in diesen Staaten das Chaos ausbrechen könnte.

1924 fanden endlich Wahlen in Nicaragua statt. Als Ergebnis gab es eine Koalitionsregierung mit Carlos Solórzano als Präsidenten und Vertreter der konservativen Gruppierungen und Dr. Juan Sacasa als Vizepräsidenten und Angehörigen der Liberalen. Das war genau zum Zeitpunkt, als Washington seine Interventionstruppen aus Managua heimrief. Typisch für Mittelamerika, fand wenige Wochen nach den Wahlen bereits der Putsch der Wahlverlierer statt, die beiden Koalitionspräsidenten mußten ins Exil nach Mexiko verschwinden, sonst wären sie erschossen worden. Der amerikanische »Weltpolizist« reagierte sofort und schickte die Marineinfanterie mit dem Auftrag nach Nicaragua, eine Demokratie in irgendeiner Form zu etablieren. Adolfo Diaz wurde als Regierungschef eingesetzt, der Wahlen abhalten sollte. Sacasa hingegen beging einen groben politischen Fehler und wandte sich um Hilfe an Amerikas Erzfeind: Mexiko. Verblüffend ähnlich mit der heutigen Situation in Zentralamerika, analysierte der damalige US-Unterstaatssekretär Robert Olds 1927 den amerikanischen Standpunkt: »Das Territorium Zentralamerika bis hinunter zur und einschließlich der Landenge von Panama verkörpert eine legitime Einflußsphäre der Vereinigten Staaten, wenn wir es mit der Sorge um unsere eigene Sicherheit und unseren Selbstschutz ernst nehmen wollen. Wir kontrollieren in der Tat die Entwicklung in Zentralamerika, und wir tun dies aus dem einfachen Grunde, weil unser nationales Interesse einen solchen Kurs absolut erfordert. Es gibt in dieser Region keinen Platz für irgendwelche anderen äußeren Einflüsse als die unseren. Das Verhalten in der Nicaragua-Krise stellt eine direkte Herausforderung der Vereinigten Staaten dar ...«

Diesen Ausspruch könnte in unseren Tagen mit demselben Wortlaut Präsident Ronald Reagan gemacht haben, und er hat es auch. War der Ursprung der Bedrohung Mexiko, so sind es heute Kuba und die Sowjetunion – der Brennpunkt war in beiden Fällen Nicaragua.

Sacasa erhielt von Mexiko tatsächlich Hilfe und marschierte mit einem kleinen Rebellenheer unter Führung von General José Maria Moncada im östlichen Teil Nicaraguas mit der Absicht ein, die Herrschaft im Land wieder an sich zu reißen – legitimiert durch die Wahlen von 1924.

Diese neuerliche Unsicherheit in Nicaragua war für Washington unerträglich. Mit einem gerissenen politischen Schachzug nahmen die Amerikaner die Verhandlungen mit der Sacasa-Bewegung auf, um Ordnung und Frieden in

Nicaragua wieder einziehen zu lassen. Sie verhandelten aber keineswegs mit dem politischen Führer Dr. Sacasa, sondern vielmehr mit dessen General Moncada, der sich selbst bereits als Machtträger mit amerikanischem Segen in Managua einziehen sah. Ausschlaggebend für Moncada war die Zusicherung der Amerikaner, ihn als Präsidentschaftskandidaten bei der in Aussicht gestellten nächsten Wahl – die von den Amerikanern »beaufsichtigt« wurde – an die Macht zu hieven. Allen Offizieren der Moncada-Armee wurden dem Rang entsprechende Posten in der Verwaltung garantiert, und den restlichen Sold von 10 Dollar pro Kampftag zahlten gleichfalls die Yankees. Alle Mauleseln und Pferde der so aufgelösten Armee gehörten den zu ihren Familien heimziehenden Offizieren. Moncada selbst zog rasch die ordenstrotzende Uniform aus und führte die restlichen Verhandlungen nur mehr im hellen Sommeranzug und in Lackschuhen. Derartige Vorteile vermochte der politische »Noch-Präsident« Dr. Sacasa niemals gewähren, und so war diese militärische Auflösung das beste Geschäft für fast alle Beteiligten. Die Amerikaner holten den Hauptbuchhalter Adolfo Diaz von der in Nicaragua stark vertretenen amerikanischen Rosario & Light Mines Company als vorläufigen Regierungschef wieder aus der Versenkung, den Moncada jedoch nicht akzeptierte. Diaz, ein mittelmäßiger Minenangestellter mit einem Tageslohn von ursprünglich 2,65 Peso, war nur die Marionette bis zur nächsten Wahl.

Zu dem Zeitpunkt gehörte fast alles in Nicaragua bereits den Amerikanern, die sich in Mittelamerika wie ein Schimmelpilz mit ihren Konzernen breitgemacht hatten, mit »United Fruit Company«, »Baccaro Brothers & Co.«, »J. & W. Seligman«, »U.S. Morgage Trust Company« und wie sie alle hießen. Von den Eisenbahngesellschaften bis zu den bereits verpfändeten Zoll- und Steuereinnahmen gehörte fast alles bereits den Yankees, die bestimmten, wer Minister wurde oder gehen mußte. Sie stolzierten durch die Regierungs- und Ministerbüros, als wären sie dort daheim, und suchten sich die willfährigen Männer aus, die US-Interessen vertraten und Nicaragua regelrecht verschacherten. Es war eine trostlose und entwürdigende Situation. Anleihen mußten in den Vereinigten Staaten aufgenommen werden, die niemand brauchte und deren Gelder Nicaragua nie erreichten, weil sie entweder zur Schuldentilgung verwendet wurden oder gleich wieder auf amerikanischen Konzernkonten landeten. An diesem Tiefstpunkt Nicaraguas legte sich bei der Auflösung der Armee Moncadas ein einziger General quer und verweigerte die Ablieferung seiner Waffen: General Augusto César Sandino. Der Mann verstand es, im Hauptquartier General Moncadas nicht verhaftet oder umgebracht zu werden, indem er Moncada sagte, er möge in seinem Namen das Waffenniederlegungsprotokoll unterzeichnen, er aber begab sich zu seinen Truppen.

Sandino wurde zu einem Symbol, nicht nur in Nicaragua und in der lateinamerikanischen Welt, sondern auch in Europa und Asien – sogar die Chinesen benannten nach ihm eine Militäreinheit, und sein Name geisterte durch die Schlagzeilen der Weltpresse. Die Welt horchte auf, als es Sandino wagte – ein kleiner Bauer und Mechaniker –, der Weltmacht USA und der in Mittelamerika allmächtigen Wallstreet die Stirn zu bieten. Sandino erklärte den in Nicaragua stationierten amerikanischen Marinetruppen den offenen Krieg und posaunte aus, daß er mit seinem zerlumpten Haufen so lange kämpfen wolle, bis der letzte US-Soldat Nicaragua verlassen habe. Er hatte keine Ideologie oder politische Parteidoktrin anzubieten, sondern war ein überzeugter und fanatischer Nationalist. Sandino sagte sowohl den im Land befindlichen Amerikanern als auch allen Nicaraguanern, die sich von Yankees hatten kaufen lassen und als deren Kreaturen die Schmutzarbeit dieser »blonden Piraten und Bestien« – wie er die Amerikaner gerne nannte – leisteten, den entschlossenen Kampf bis aufs Messer an.

Anfangs nahm diesen großsprecherischen Sandino

niemand ernst, in amerikanischen Zeitungen erschienen Karikaturen und Witze über den »General«, der diesen Titel von keiner Regierung, sondern nur von seinen eigenen Soldaten verliehen bekommen hatte. Aber es sollte anders kommen, er brachte vielen das Fürchten bei und er machte Geschichte, indem er Vorbild wurde und zeigte, wie man auch gegen den mächtigsten Gegner mit nichts als blanken Macheten erfolgreich kämpfen konnte.

General Sandino –
der größte Freiheitsheld

Am 18. Mai 1895 wurde in dem kleinen Dorf mit dem zungenbrechenden Namen Niquinohomo Augusto César Sandino als uneheliches Kind geboren. Sein Vater war ein wohlhabender Mestize, seine Mutter eine arme Kaffeepflückerin. Als seine Mutter dann später – durch Krankheit verursacht – in Schulden geriet und das Geld nicht mehr zurückzahlen konnte, wurde sie samt ihrem neunjährigen Sohn ins Gefängnis geworfen, wie das damals üblich war. Der Junge stand zutiefst erschüttert daneben, als seine Mutter hinter Gittern bei einer Fehlgeburt verblutete.

Wegen eines Raufhandels mußte Sandino dann aus seiner Heimat Nicaragua nach Honduras fliehen, wo er bei einer amerikanischen Firma als Lagerverwalter eine Stellung fand, dann aber wegen einer etwas komplizierten Liebesaffäre abermals die Flucht ergriff und so nach Guatemala kam, um bei der »United Fruit Company« zu arbeiten. Aber auch dort hielt er es nicht allzulange aus und begab sich schließlich nach Mexiko, damals ein Eldorado für mittelamerikanische Gastarbeiter. Bei zwei verschiedenen Ölfirmen fand er Arbeit und blieb nach wie vor ein aufrichtiger und garadezu fanatischer Nationalist seiner Heimat, wobei er die nicaraguanischen Politiker wegen ihrer Unterwürfigkeit gegenüber den Amerikanern verachtete. Er konnte einfach nicht begreifen, daß Nicaragua seine ganze Selbstachtung verloren hatte und daß für Geld miserable Verträge willenlos unterschrieben wurden, die das ganze Land an die Konzerne auslieferten.

Die liberale Partei kämpfte damals gegen die von den USA eingesetzte Marionettenregierung. Sandino entschloß sich, seine ersparten 5000 Dollar »freiheitsliebend« einzusetzen, er ging nach Managua zurück, arbeitete in den Minen von San Albino und versuchte, eine Hundertschaft von Gleichgesinnten für den Kampf anzuwerben. In Eigenregie startete er mit seiner kümmerlich bewaffneten Truppe am 2. November 1926 den ersten Angriff auf die von Regierungstruppen besetzte kleine Ortschaft El Jiraco und wurde jämmerlich geschlagen. Das machte diesem Rebellenführer aber nichts aus, er suchte seine Fehler zu analysieren und künftighin zu vermeiden. Da der Kampf auf eigene Faust nicht viel zu bringen schien, marschierte Sandino auf sehr schwierigen langen Wegen zum Rio Grande zu Dr. Sacasa und dessen General Moncada, wo diese Exilregierung ihren Sitz hatte. General Moncada hatte vom ersten Moment an eine Abneigung gegen Sandino, die bis zum letzten Augenblick der Trennung in späteren Jahren anhielt. Mag sein, daß Moncada in Sandino einen überlegenen Widersacher, eine größere Persönlichkeit, als er selbst eine war, erblickte.

Die Amerikaner waren gerade dabei, diese Zone zu neutralisieren, und kippten Waffen und Munition dieser »Armee« ins Meer. In der Nacht tauchte Sandino mit seinen Männern, wobei ihm eine kleine Gruppe von Freudenmädchen half, um eine Beute von 30 Gewehren und 7000 Patronen herauszuholen. Moncada wollte ihm diese nicht lassen, und erst nach Intervention von Dr. Sacasa durfte er die Gewehre behalten und marschierte damit zurück in die Gegend von El Chipote, wo Sandino von seinen restlichen Leuten mit Begeisterung empfangen wurde. Damit begann ein recht abenteuerlicher und erstaunlich erfolgreicher Krieg. Sandino verlor keine Zeit und erzielte wenige Tage danach bereits seinen ersten Sieg, als er San Juan Segovia einnahm. Die Regierungstruppen zogen wegen mangelnder Verpflegung auch gleich aus der Stadt Ocotal ab. Als Besonderheit zeichnete sich vom Beginn dieser Kampfhandlungen ab, daß Sandino in seinen eroberten Gebieten sofort eine Zivilverwaltung einsetzte, also nicht nur auf den militärischen Sieg allein vertraute. Mit den eroberten

Waffen nach den folgenden Siegen vermochte Sandino nach und nach seine Kämpfer auszurüsten, die bereits nach den ersten Siegesmeldungen von allen Seiten herbeiströmten. Allmählich bildete sich um Sandino und seine Mitkämpfer ein geheimnisvoller Nimbus. Sandino zögerte auch nicht, den inzwischen in arge Bedrängnis geratenen General Moncada, der ihn immer geringschätzig behandelt hatte, herauszuhauen, als dieser bereits hoffnungslos umzingelt war. Die Eliteeinheit der »Rebellen« bestand aus einer 800 Mann starken Kavallerieeinheit, die oft aus dem Nichts orkanartig daherstob, alles niederritt und zusammenschlug, was sich ihr in den Weg stellte. Sie brachten es zuwege, in offene Artilleriestellungen einzubrechen, oder sie überrumpelten Ortschaften, kleinere Städte oder Garnisonen ihrer Feinde. Überall tauchten die rot-schwarzen Fahnen der »Sandinoisten« – wie sie damals genannt wurden, später taufte man sie in »Sandinisten« um – auf. In den Segovia-Bergen hatten die Rebellen ihre Basis.

Als es dann zur bereits erwähnten Kapitulation und zum Überlaufen der Moncada-Armee kam, nachdem die Amerikaner den Sold für ihre ehemaligen Feinde bar bezahlt und alle Offiziere angemessene Regierungsposten erhalten hatten, machte sich Sandino auf in seine Berge, wo er vorerst unsichtbar blieb. Moncada wollte Sandino noch den Rat erteilen, doch den Regierungsposten in Jinotega, der schriftlich zugesichert war, anzunehmen. In dieser neuen Situation schickte Sandino viele verheiratete Männer zurück zu ihren Familien und machte seine Leute mit der nun veränderten Lage bekannt. Er stellte es jedem seiner Soldaten frei, heimzukehren, wenn sie die bevorstehenden Opfer nicht freiwillig auf sich nehmen wollten.

Bevor der neue Abschnitt im Befreiungskrieg Nicaraguas begann, heiratete Sandino noch die neunzehnjährige Telegrafistin Blanca Arauz von San Rafael del Norte. Er selbst war genau 32 Jahre alt. Schon wenige Tage nach der Hochzeit mußte er seine junge Frau zurücklassen und marschierte mit seinen Soldaten zurück in die Berge.

Im Juni 1927 versuchten die Amerikaner mittels einer großangelegten Flugblattaktion – von Flugzeugen über dem strittigen Gebiet abgeworfen –, die Bevölkerung von Sandino abzuspalten, indem sie den Rebellenführer – und alle, die ihm helfen – für vogelfrei erklärten und bekanntgaben, nun radikal gegen diese Aufständischen vorgehen zu wollen.

Die Leute hielten jedoch zu ihrem Nationalhelden, versorgten Sandinos Truppen mit Informationen und Verpflegung. Diese begannen politisch aktiv zu werden, indem sie Manifeste, Rundschreiben und Anweisungen an die Bevölkerung und Regierungsstellen verschickten, Telegrafen- und Radiostationen besetzten und den Nicaraguanern zum erstenmal einhämmerten, daß sie ihre Würde und ihren Stolz noch nicht verloren hätten. Große und kühne Worte wurden dabei verwendet, die Amerikaner bezeichnete der Nationalheld grundsätzlich nur als »Horde von Morphinisten« oder »Blonde Piraten und Bestien«, während seine Feinde Sandino die schlichte Bezeichnung »Bandit« gaben. Die Disziplin innerhalb der Sandino-Armee war streng, die Soldaten hatten den strikten Befehl, der Zivilbevölkerung nichts wegzunehmen, sondern zu helfen, wo es nur ging. Verstöße wurden rigoros vor Kriegsgerichten abgehandelt. Nur so vermochte Sandino die Disziplin sowie das gute Einvernehmen mit der Zivilbevölkerung, auf die er ja in höchstem Maße angewiesen war, aufrechtzuerhalten.

Überhebliche Briefe von amerikanischen Offizieren, die ihn kategorisch zur Übergabe der Waffen aufforderten, beantwortete er sofort, meist mit dem Kernsatz, daß er seine Feinde erwarte und sie ihn holen mögen. Er wolle ein freies Vaterland oder sterben!

In seinen Kriegsberichten beklagte sich Sandino wiederholt, daß seine Feinde leider meist von großer Statur waren und die erbeuteten Uniformen und Stiefel deshalb seinen Männern nicht paßten.

Im November 1927 erließ Sandino einen Erlaß über die

Verräter des Vaterlandes, in dem die einzelnen Arten des Verrates ganz genau umrissen wurden. Es hieß da:

»Verräter am Vaterland ist

1. jeder Nicaraguaner, der in politischer Absicht mit der Ehre der Nation seinen Handel treibt, die Eroberer Nicaraguas wie auch die Regierung des Weißen Hauses um offizielle Hilfe ersucht oder als Repräsentant der Bastardregierung des Verräters Adolfo Diaz das Land verläßt;

2. wer geheime Abkommen mit dem Feind abgeschlossen hat, sei es als militärischer oder politischer Chef;

3. wer den Invasoren und Verrätern beim Mord an den nicaraguanischen Patrioten, die die nationale Souveränität verteidigen, Hilfe leistet;

4. wer Informationen schriftlicher oder mündlicher Art gibt, die gegen seine Mitbürger aussagen;

5. wer die Invasoren um Schutz ersucht, unter dem Vorwand, daß sie seine Interessen verteidigen. Das gilt für Einheimische und Ausländer.

Diese Verbrecher erhalten die gleichen Strafen, wie die, die in der Verfassung für die Verräter am Vaterland vorgesehen sind . . .«

In diesem Freiheitskampf gab es eine Wende, als die Sandinoisten bei zwei Kämpfen empfindlich geschlagen wurden, weil Sandino in der herkömmlichen Kampfestaktik angriff oder sich verschanzte. Durch Funk schnell herbeigerufene amerikanische Kampfflugzeuge brachten ihm enorme Verluste. Sandino hatte keine militärische Ausbildung genossen und hatte auch keine regulär ausgebildeten Offiziere in seiner Rebellenarmee. Durch die Verlustserie gezwungen, sattelten die Rebellen zur Guerillakampfweise um. Sie legten Hinterhalte, griffen schnell und überraschend an und zogen sich gleich wieder in Sicherheit zurück. Mit den ersten Schüssen brachten sie dem Feind schon Verluste bei, ohne daß ihre Gegner wußten, woher die Guerillas kamen. Unsichtbare Feinde wirken immer demoralisierend. Mit dieser neuen Kampftaktik kehrte die Glücks- und Siegessträhne wieder zurück. Sandino hatte nicht mehr als 6000 Bewaffnete, manchmal noch weniger, die in acht verschiedene Einheiten unterteilt waren und jeweils unter dem Kommando eines Generals standen. Jede Einheit operierte in einer anderen Region, wo der kommandierende General volle Handlungsfreiheit besaß, was die militärischen Angriffe betraf.

Es war ein grausamer und unmenschlicher Krieg von beiden Seiten, bei dem Verwundete mit Benzin überschüttet und verbrannt wurden oder wo man Menschen mit Macheten regelrecht in Stücke zerhackte. Sandinos Generale waren für ihre Grausamkeiten, die sie persönlich vollbrachten, bekannt und gefürchtet. General Sandino selbst ging auch nicht immer schonend vor, denn es sind Berichte bekannt, daß er Zivilisten – die sich weigerten, seiner Armee Hilfsdienste zu leisten – eigenhändig und auf der Stelle mit einer Machete tötete. Regierungstruppen und die amerikanischen Marinesoldaten gingen aber ebenso grausam vor, in dieser Hinsicht hat sich keine Seite besser oder schlechter verhalten.

Sandino geisterte durch die gesamte Weltpresse, und die Welt staunte, daß der kleine unscheinbare und bisher völlig unbekannte Nicaraguaner mit seiner zerlumpten Guerillatruppe der Großmacht USA nicht nur mutig, sondern vor allem auch erfolgreich entgegentrat und nacheinander militärische Erfolge zu verzeichnen hatte, die ihm kein militärischer Fachmann je zugetraut hätte.

Sandino unterhielt eine rege In- und Auslandskorrespondenz mit verschiedenen Politikern, besonders mit lateinamerikanischen Regierungschefs und Staatsoberhäuptern, denen er Unterwürfigkeit und Tatenlosigkeit vorwarf, weil sie sich vom amerikanischen Imperialismus ausbeuten und alles gefallen ließen und ihm – General Sandino – in keiner wirksamen Weise in seinem Befreiungskampf – den er ja für ganz Mittelamerika zu führen glaubte – halfen. Er fand wohl Versprechungen und Anerkennungen, aber sonst blieb er auf sich allein gestellt. Selbst Mexiko, der alte Widersacher der Vereinigten Staaten, wagte es nicht, den Sandinoisten zu helfen, nachdem Washington energische Pressionen für einen solchen Fall angekündigt hatte.

So war General Sandino gezwungen, sich die nötigen Waffen und Munition beim Feind zu holen. Unbewaffnete nahmen oftmals an Kämpfen teil und warteten nur auf den Augenblick, einem Gefallenen die Waffen abnehmen zu können. Kinder waren bei dieser Guerillaarmee, sie verrichteten Hilfsdienste und Vorbereitungsarbeiten für Hinterhalte. Die Amerikaner gingen allmählich dazu über, Luftangriffe zu starten, bei denen sie Bomben über Dörfer und Städte wahllos abwarfen, wenn irgendwelche Feindansammlungen bekannt wurden. Die Zivilisten waren dabei die Leidtragenden, denn die Guerillas selbst waren viel zu flink und wichen den Bombenangriffen meist rechtzeitig aus.

Besonders begeistert zeigte sich Sandino bei der Aufteilung der Kriegsbeute über die amerikanischen Feldstecher, die von ausgezeichneter Qualität waren und sogar einen Kompaß eingebaut hatten.

Inzwischen hatten die Amerikaner durch Aufklärungsflugzeuge ausgekundschaftet, wo sich die Basis und das Hauptquartier General Sandinos befanden, sie konnten mit Luftbildern El Chipote mit den Guerillas deutlich dokumentieren. Ein wahrer Feldzug setzte daraufhin ein, denn die Marionettenregierung und die Amerikaner waren daran interessiert, daß diesen Sandinoisten endlich das Handwerk gelegt wurde. Die massiven Truppenzusammenziehungen sowie die Aufklärungsflugzeuge blieben Sandino jedoch nicht verborgen, und so befahl er, Strohpuppen, die auf größere Entfernung lebenden Menschen ähnlich sahen, anzufertigen und überall zu postieren. Als die US-Bomber ihre tödlichen Lasten abwarfen und die Marineinfanteristen konzentriert angriffen, brannte in El Chipote nur Stroh. Sandino war mit seinen Männern rechtzeitig entkommen und suchte sich ein neues Versteck in der unwegsamen Bergwelt.

Aus Sandinos Briefen und Berichten sind oftmals tiefe Depression und Verzweiflung herauszulesen, denn er hatte sich vorgestellt, daß sein Beispiel und sein erfolgreicher Kampf der auslösende Funke im Pulverfaß Zentralamerika sein könnten und sich auch andere gegen die Unterdrückung und Ausbeutung erheben würden. Nichts geschah, die Konzerne und die Administration des Weißen Hauses behielten alle Fäden außerhalb des Kampf- und Einflußgebietes der Sandinoisten fest in ihrer Hand. Sandino schrieb im Jänner 1928 den bezeichnenden Satz: »Der Kampf geht weiter, hart, immer intensiver, doch das nordamerikanische Geld korrumpiert und schiebt sich zwischen uns und die Außenwelt, so daß sich Schweigen über unseren Kampf ausgebreitet hat.«

In einem Interview mit einem ausländischen Journalisten erklärte General Sandino, daß er so lange kämpfen wolle, bis der letzte amerikanische Soldat Nicaragua verlassen habe. Er würde niemals ein Regierungsamt in Nicaragua annehmen, denn sein Beruf sei Mechaniker.

Im Zuge dieses Bürgerkrieges war Sandino gezwungen, immer härter durchzugreifen, um die eiserne Disziplin unter seinen Männern zu wahren. Einer der grundsätzlichen Befehle an seine acht Gruppengenerale war, daß jeder Soldat, der sich am fremden Eigentum der Bevölkerung vergriff (Plünderung, Diebstahl, Beute), sofort zu erschießen sei. Das wurde auch so gehandhabt.

Wenn auch keine ausschlaggebende Hilfe aus dem Ausland eintraf, so kamen doch Freiwillige aus verschiedenen lateinamerikanischen Ländern, die mit den Sandinoisten zusammen kämpfen wollten. Es war ein Heer aus Bauern und Arbeitern, die ihr Land liebten und wußten, warum und wofür sie kämpften. Es war relativ leicht, diese einfachen Leute zu motivieren und zu überzeugen. Verraten fühlte sich Sandino jedoch von den Intellektuellen Nicaraguas, die sich kaum an diesem Befreiungskampf beteiligten, weil sie das leichtere und angenehmere normale Leben in den Städten vorzogen und dem Mann in den

Bergen oben kaum eine Chance für den Sieg einräumten. Auch mit der Kirche hatte der General keine allzugroße Freude, weil sie zu sehr auf der Seite der Mächtigen im Lande stand.

In manchen beschaulichen Stunden der Rast oder Ruhe begann dieser seltsame Mann zu träumen, er sprach auch oft mit seinen engsten Kampfgefährten über ein selbständiges und souveränes Mittelamerika, wobei er bereits das Wappen für dieses Fünf-Länder-Staatsgebilde vor Augen hatte: Eine Hand hält fünf Bergspitzen, und auf dem höchsten Gipfel sitzt der Vogel Quetzal, der bekanntlich einen Tag, nachdem er seine Freiheit verloren hat, unweigerlich stirbt.

Es ging Sandino nicht nur um Kampf und um Vernichtung, sondern er kümmerte sich auch um die Zivilverwaltungen, die er in seinen Gebieten einsetzte. Er etablierte eine Art Alternativregierung und ließ Gold aus den nächstgelegenen Minen zusammentragen, um damit eigene Münzen zu prägen. Wenn der mit breitem Strohhut einherschreitende General in besondere Wut geriet, weil er gerade böse Nachrichten erhalten hatte, begann er lauthals zu fluchen über die »blonden Bestien« und setzte dann fort: »Oh verfluchter Dollar! Du bist der Holzwurm, der die Grundfesten des Yankee-Imperialismus zerfrißt, du selbst wirst die Ursache seines Zerfalls sein ...«

Mit Erschießungsbefehlen war Sandino schnell zur Hand. Sobald sich jemand weigerte, den Truppen auf Befehl eines Offiziers Lebensmittel oder Materialien auszufolgen, wurde er ebenso hastig an die Wand gestellt wie diejenigen Leute, die von den Sandinoisten nichts annehmen wollten, weil man an dieser Haltung bereits den Verräter zu erkennen meinte.

Die modernste Militärmaschinerie Amerikas schien letzten Endes nichts auszurichten, denn Sandinos Rebellenarmee blieb nach wie vor siegreich. In amerikanischen Zeitungen erschienen in regelmäßigen Abständen die Listen mit den Namen der gefallenen amerikanischen Marinesoldaten und Offiziere. So war es nicht verwunderlich, daß nicht nur der internationale Druck, sondern vor allem auch der inneramerikanische Unmut über dieses militärische Engagement immer lauter wurden. Siege im fernen Ausland vermag man der eigenen Bevölkerung viel leichter schmackhaft zu machen als permanente Niederlagen und Fehlschläge. Regierung und Militärs der USA mußten es sich gefallen lassen, von der eigenen Presse unbarmherzig und bissig kritisiert zu werden. Karikaturen brachten die hilflos in Nicaragua agierenden Marinesoldaten nahezu an den Rand der Lächerlichkeit, weil sie mit einer Bande von »Banditen« seit etlichen Jahren kämpften und es zu keinem entscheidenden Sieg reichte. Es gab zahlreiche antiimperialistische Komitees sowohl in Europa als auch in den Vereinigten Staaten, die General Sandinos heldenhafte Leistungen bewunderten und unterstützten. Intellektuelle und Schriftsteller verfaßten Manifeste und Erklärungen. Für Hilfsaktionen wurde gesammelt, und die öffentliche Meinung stand in aller Welt hinter diesem Freiheitshelden.

Washington entschloß sich deshalb zu einer Änderung der politischen und militärischen Taktik in Nicaragua, indem es versuchte, eine »Nicaraguanisierung« dieses Bürgerkrieges in die Wege zu leiten. Die amerikanischen Militärs griffen nicht mehr direkt in die Kampfhandlungen ein, sondern sie wurden nur mehr als »Berater« und Ausbildner zur Verfügung gestellt. Die »Nationalgarde« mußten die Nicaraguaner selbst aufstellen, die fortan für die Bekämpfung der Sandinoisten zuständig war. Die harte Ausbildung besorgten amerikanische Offiziere und Unteroffiziere. Die zeitgemäße Bewaffnung und Ausrüstung wurde geliefert, doch die Toten wurden von der »Nationalgarde« beigestellt. Nach einem zwischenstaatlichen Vertrag zwischen den USA und Nicaragua hatte diese Nationalgarde nunmehr die Suppe auszulöffeln.

Die Regierung Präsident Moncadas mußte alle Schulen im Land schließen lassen, weil kein Geld mehr für die Lehrergehälter da war, die innenpolitischen Zustände wurden unerträglich. Meutereien bei den Regierungstruppen gingen so weit, daß die Soldaten ihre Offiziere erschlugen und geschlossen zur Rebellenarmee Sandinos überliefen.

Am 31. Dezember 1930 griff eine Sondereinheit der Sandinoisten eine ahnungslos dahinmarschierende Kolonne amerikanischer Marineinfanteristen an und töteten fast alle. Es gab nur zwei verwundete Überlebende, die nach diesem Angriff – wie durch ein Wunder – entkommen konnten. Diese Niederlage und diese Menschenverluste schlugen in den Vereinigten Staaten wie eine Bombe ein und waren höchstwahrscheinlich auch der auslösende Grund dafür, daß der amerikanische Präsident Herbert J. Hoover plötzlich im Feber 1931 öffentlich erklärte, daß die US-Interventionstruppen nur noch bis zu den im November 1932 stattfindenden Wahlen in Nicaragua verbleiben würden. Die Wahlen sollten noch ordnungsgemäß überwacht und kontrolliert werden.

General Sandino kam mit seinen Guerillatruppen immer näher an die Städte und Wirtschaftszentren heran, so daß sich die Amerikaner in Managua schließlich mit einem Aufruf an ihre in Nicaragua lebenden Staatsbürger wandten und ihnen mitteilten, daß sie nicht mehr in der Lage seien, ihr Leben und Eigentum zu schützen. Das kam einer politischen und militärischen Bankrotterklärung gleich und betraf natürlich auch die verschiedenen US-Konzerne im Land.

Nacheinander fielen den Sandinoisten Städte in die Hand, wo sie stürmisch bejubelt wurden. Bei den im November 1932 stattgefundenen Wahlen siegte erwartungsgemäß der schon einmal an der Macht gewesene und vertriebene Dr. Sacasa. Bevor die amerikanischen Soldaten jedoch Nicaragua verließen, wurde General Anastasio Somoza zum Oberkommandierenden der Nationalgarde bestellt. Somoza hatte in den USA die Handelsschule besucht, sprach Englisch wie ein Dockarbeiter, war aber in der US-Botschaft in Managua gerngesehener Gast.

Mit dieser neuen Sacasa-Regierung und dem Berufsheer

der Nationalgarde war der letzte Grund für die Anwesenheit der US-Besatzungsmacht weggefallen, die US-Marinesoldaten konnten ohne Gesichtsverlust Nicaragua verlassen. Am 1. Jänner 1933 gingen die letzten amerikanischen Soldaten im Hafen von Corinto an Bord ihrer Schiffe.

Nicaragua jubelte und mit ihm unzählige Menschen in der Welt. Niemand hätte es für möglich gehalten, daß diese zerlumpte sandinoistische Rebellenarmee, die ja zum Großteil nur aus Bauern und einfachen Arbeitern bestand, die verhaßten Amerikaner faktisch außer Landes getrieben hatte. Sechs Jahre Kampf hatten nun ihren grandiosen Erfolg, der in der ganzen zentralamerikanischen Geschichte einmalig war. Die Amerikaner waren heilfroh, daß sie ihren Kopf auf diese Art und Weise aus der Schlinge hatten ziehen können, wobei sie sich bei ihrem Truppenabzug auf Verträge und Beschlüsse berufen konnten, daß alles so aussah, als hätten sie einst ihr Wort gegeben und dieses nunmehr eingelöst.

General Sandino begann sofort, mit dem ihm bekannten neuen Präsidenten Dr. Sacasa zu verhandeln, denn auch Sandino hatte ein öffentliches Versprechen abgegeben, daß er nur so lange kämpfen wolle, bis der letzte US-Soldat Nicaragua verlassen hätte. Nun war es so weit, Sandino stand zu seinem Wort. Schon im gleichen Monat, am 23. Jänner 1933, wurden alle Kampfhandlungen im Land eingestellt. Am 2. Feber erreichte Sandino mit einem Flugzeug, das man ihm geschickt hatte, Managua. Für den Rebellenführer und Freiheitshelden war es der schönste Triumph, als ihm das Volk zujubelte und ihn sehen wollte. Legenden und Anekdoten hatten sich um diesen Befreier gebildet, der fertiggebracht hatte, was sich die meisten sehnsüchtig wünschten: die Amerikaner zu vertreiben. Verblüfft sahen ausländische Beobachter, als die sandinoistischen Guerillatruppen in langen Kolonnen nach San Rafael marschierten, wo sie vereinbarungsgemäß ihre Waffen ablieferten, daß viele dieser Helden barfuß und nur mit Fetzen und Fragmenten von Gewandstücken bekleidet waren. Überall flatterten die rot-schwarzen Fahnen der sandinoistischen Einheiten. Sandino entwaffnete seine Armee und behielt nur eine Gruppe von 100 ausgesuchten und bestbewaffneten Männern als eigene Leibwache zurück, die auch dem Präsidenten unterstellt wurde. Mit dieser wilden und verwegenen Schar wollte er im Urwald am Coco-Fluß Farm- und Bergwerksbetriebe errichten. Er glaubte, seinen Teil der Arbeit für ein freies Nicaragua getan zu haben.

Nach der Entwaffnung begann die Nationalgarde jedoch Jagd auf ehemalige Sandino-Offiziere zu machen, die entweder umgebracht oder eingesperrt wurden. Somoza hatte freie Hand, denn Präsident Dr. Sacasa war viel zu weich und nachgiebig, um diesen verschlagenen und raffinierten Offizier einbremsen zu können. Somoza suchte sich die Leute und Offiziere sehr sorgfältig für seine Zwecke aus und wußte nur zu genau, was er in Zukunft wollte, nachdem das Haupthindernis – General Sandino mit seinem siegreichen Heer – nunmehr als Machtfaktor ausgeschaltet war.

Im Grunde genommen war die Zukunft schon längst geplant, denn Somoza war die neue »Dame« in diesem Nicaragua-Schachspiel, mit dem man das zu erreichen versuchte, was auf die bisherige Art nicht möglich war. Was Somoza als Chef der Nationalgarde im Lande machte, war alles vorher mit den Amerikanern abgesprochen und abgesegnet worden, er hatte freie Hand. Niemand war da, der ihm hätte Einhalt gebieten können. Somoza war mit seiner Nationalgarde nunmehr die einzige und rechtmäßige Exekutivgewalt in Nicaragua, weil General Sandino einen gewaltigen Fehler gemacht hatte, indem er zwar militärisch gesiegt hatte, aber seine ganze Revolution den Politikern, den Intellektuellen überließ. Alle Toten dieses sechsjährigen Bürgerkrieges waren für hehre Ziele gestorben, die dann von den Männern in Managua verraten wurden. Die Vereinigten Staaten spielten mit anderen Figuren das gleiche Spiel weiter, obwohl das erst etwas später zum Vorschein kam.

Ein Revolutionär – selbst wenn er noch so erfolgreich in seinem Kampf ist – muß auch die Politik verwirklichen, für die er bereit war zu sterben. Eine erschütternde Tragik ergab sich für General Sandino persönlich und für sein befreites Nicaragua, weil der Freiheitsheld im guten Glauben und im Vertrauen auf die Politiker seine Armee entwaffnet hatte.

Somoza
ließ Sandino ermorden

Sobald die Sandinoisten entwaffnet waren und die amerikanischen Truppen Nicaragua verlassen hatten, vollzog sich eine merkbare Veränderung in der politischen Landschaft des leidgeprüften Landes. Die mit Billigung der liberalen und konservativen Partei und mit Zustimmung – bzw. auf Wunsch – der Amerikaner ins Leben gerufene Nationalgarde als Berufsheer wurde immer mehr zu einem eigenen Staat im Staat, ihr Oberbefehlshaber Somoza kümmerte sich immer weniger um Weisungen der gewählten Regierung oder ihres schwächlichen Präsidenten Dr. Sacasa.

General Sandino beklagte sich in Briefen an seine Freunde und ehemaligen Kampfgenossen, daß die Nationalgarde immer mehr zum ausgesprochenen Feind der Regierung werde, sich an keine Gesetze halte, gegen die Verfassung verstoße und zu einer anwachsenden Gefahr für das ganze Land werde. Somoza erdreistete sich, schriftliche Befehle des Präsidenten lächelnd vor Zeugen zu zerreißen. Er sandte seine Greiferkommandos aus, um kritisierende Politiker oder ihm unbequeme Persönlichkeiten zu verhaften. Viele dieser Leute wurden gefoltert oder überhaupt nie mehr gesehen. In der einstigen Stammprovinz General Sandinos wütete die Nationalgarde ganz besonders hart, weil Somoza bemüht war, dieses ehemalige Sandinoistengebiet auszuräuchern, um Sandino bei einem Eventualfall den Rückhalt bei seinen Anhängern zu nehmen.

Sandino kritisierte immer wieder, daß die Nationalgarde in dieser Form und mit derartigen Vollmachten in der Verfassung nicht vorgesehen sei. Der einstige Rebellengeneral hoffte nach wie vor, daß sich die Regierung mit ihren Gesetzen durchzusetzen vermochte, und erklärte gleichzeitig, daß er unter keinen Umständen mehr in Nicaragua zur Waffe greifen würde, eher ginge er freiwillig ins Exil. Die Leibwache von 100 Mann entwaffnete Sandino jedoch nicht, er sicherte auch seine landwirtschaftlichen Kooperativen mit Bewaffneten, nachdem die Nationalgarde mehrmals versucht hatte, bis nach Wiwili vorzudringen, um so alle Regionen Nicaraguas unter ihre Kontrolle zu bringen.

Sandinos Vertrauen zu den nicaraguanischen Politikern war naiv. Er überschätzte seine Landsleute in der Regierung und in den Parteien und traute ihnen dieselbe nationale Begeisterung zu, die er selbst besaß. Andererseits war General Sandino genau so kampfesmüde wie seine entwaffneten Guerillakämpfer, sie alle wollten endlich Frieden und Arbeit. Sandino hatte weder eine gesetzliche noch eine praktische Möglichkeit, sich gegen die permanenten Übergriffe und Verfolgungen gegen seine Leute durch die Nationalgarde zur Wehr zu setzen. Sandino befand sich in einer verzweifelten Situation. Er ließ in Gesprächen immer wieder durchblicken, daß ihm die eigenmächtige Nationalgarde große Sorgen bereite, weil niemand in der Regierung gegen sie auftrete. Sandino bekam auch Warnungen zugespielt, daß man ihn beseitigen wolle, aber er tat dies lächelnd mit einer Handbewegung ab und betrachtete es als vergeblichen Versuch, ihn zu einer Flucht in ein ausländisches Exil zu bewegen.

Somoza hingegen hatte seine Nationalgarde fest im Griff. Dieses bestausgerüstete Berufsheer war schon nach den ersten Jahren ein scharf gedrilltes Exekutivinstrument gefährlichster Art geworden, das auf einen Wink bereit war, jede Tat oder Untat zu vollbringen. Für die Nationalgarde galt nur das Wort ihres Befehlshabers Somoza, nicht einmal die höchsten Regierungsfunktionäre hatten die Möglichkeit, auf diese Armee Einfluß zu nehmen, zu kontrollieren oder Rechenschaft zu verlangen. Somoza duldete keinen Widerspruch von seinen Offizieren und war auch kein Freund von Diskussionen, sondern traf meist einsame Entscheidungen. Die tatsächliche höchste Gewalt im Land besaß er folglich bereits mit seiner Nationalgarde, was ihm noch fehlte, das war die politische Macht, die Legitimierung. Seine Meinung war von allem Anfang an, daß die mittelamerikanischen Völker für westliche Demokratievorstellungen, von denen immer gefaselt wurde, noch nicht reif genug seien und deshalb auch Nicaragua eine starke Führungshand brauchen würde. Was ihm dabei in erster Linie im Wege stand, war nicht sosehr die Regierung mit Präsident Dr. Sacasa, sondern vielmehr General Sandino, der ihn mit seiner Kritik besonders störte. Sandino war ein Faktor im Land, den man schwer übergehen konnte, denn seine Anhänger saßen überall, und selbst wenn dieser Rebellengeneral keine bewaffnete Macht mehr besaß, so war er sicherlich jederzeit in der Lage, die Volksmassen zu mobilisieren und zu motivieren. Davor hatte Somoza Angst, mit allen anderen Widerständen getraute er sich fertig zu werden. Das nach wie vor vorhandene Charisma Sandinos in der Öffentlichkeit und die offenkundigen Sympathien der breiten Bevölkerung für den Freiheitskämpfer unterschätzte Somoza keineswegs. Das war auch der Grund dafür, daß Somoza seinen gefährlichen Widersacher aus dem Weg räumen wollte. Der Chef der Nationalgarde wußte jedoch genau, daß dies nur heimlich geschehen konnte, weil er sonst auf eine Empörungswelle gestoßen wäre. Außerdem mußte eine derartige hochbrisante Maßnahme mit den Amerikanern vorher genau abgesprochen werden, um so den nötigen außenpolitischen Rückhalt zu gewinnen.

Somoza war am 21. Feber 1934 vier Stunden in der US-Botschaft in Managua, von wo aus während dieser Zeit ein längeres Telefonat mit Washington geführt wurde, wie aus nachträglichen Aussagen von Botschaftsangehörigen hervorging. Somoza besprach anscheinend einen konkreten Plan mit den Amerikanern oder bekam von diesen entsprechende Anweisungen oder Rahmenbedingungen. Was anschließend abrollte, schilderte ein Offizier der Nationalgarde, Leutnant Abelardo Cuadra, der an diesem Komplott teilgenommen hatte, dann später selbst einen Putschversuch gegen Somoza unternahm, der jedoch fehlschlug und zur Verurteilung des Offiziers führte, wobei die Todesstrafe nachher in eine lebenslängliche Gefängnisstrafe umgewandelt wurde. Dieser Leutnant schrieb am 10. Oktober 1935 sowie am 11. November 1935 an seinen Bruder zwei Briefe mit Details, die er mit Hilfe von Freunden aus dem Gefängnis schmuggeln konnte. Seine Ausführungen wirken erschütternd, und da er unmittelbarer Augenzeuge war, wurden sie auch nie angezweifelt. Kurz zusammengefaßt der Inhalt der beiden vorerwähnten Briefe:

Nachdem Somoza von der US-Botschaft am Nachmittag in sein Hauptquartier zurückgekehrt war, ließ er durch Boten und Telefon 15 verläßliche Offiziere um 18 Uhr zu sich bitten. Niemand dieser Männer ahnte, worum es sich bei dieser hastigen Zusammenkunft drehen sollte.

Somoza scharte die Offiziere im Halbkreis um sich, während die Tür zum Konferenzraum verschlossen wurde und zwei Leibwächter davor als Wache blieben. Somoza schilderte den Anwesenden die Schwierigkeiten und Kontroversen zwischen Sandino und der Nationalgarde, was auf die Dauer nicht hingenommen werden könne und einen energischen Schritt erfordere. Nicht unerwähnt ließ er seinen Besuch beim amerikanischen Botschafter Blis Lana, der ihm sein wohlwollendes Einverständnis zugesichert habe. Der Friede in Nicaragua müsse gesichert bleiben, und aus diesem Grunde müsse General Sandino ausgeschaltet werden. Somoza ließ dann nacheinander die Offiziere ihre Vorschläge erklären, wobei sich eigentlich alle einig waren, daß General Sandino getötet werden müsse. Einer schlug eine Zeitbombe vor, die in das Flugzeug gelegt werden sollte, das Sandino am nächsten Tag zurück zu seinen Leuten bringen sollte. Raffinierte Hinterhalte standen zur Diskussion, bis schließlich Somoza selbst das Wort ergriff und seinen Plan darlegte. Es wurde ein Protokoll in dreifacher Ausfertigung geschrieben und von allen Beteiligten unterzeichnet, das anscheinend die Rechtfertigung gegenüber den Amerikanern darstellen sollte.

Während Somoza im »Marsfeld«-Stadion als Alibi einer Rezitation der Poetin Zoila Rosa Cárdenas zuhörte, rollte das Unternehmen – das in allen Einzelheiten vorher zwischen fünf ausführenden Offizieren besprochen worden war – ab. Der Zeitpunkt schien deshalb günstig und drängte zur Eile, weil General Sandino noch in Managua weilte.

Durch pausenlose Überwachung wußten Somoza und seine Nationalgarde jederzeit den genauen Aufenthaltsort General Sandinos, der sich an jenem Abend mit einigen Getreuen in der Residenz des Präsidenten befand. Kapitän Delgadillo war mit der Ausführung der Geheimaktion betraut und baute mit seinen Leuten auf freier Straße zwischen dem Fort El Hormiguero und der Staatsdruckerei einen Hinterhalt auf. Ein Militärauto wurde quergestellt, und ein Unteroffizier mußte so tun, als würde er eine Reifenpanne beheben.

Bald darauf waren die Scheinwerfer von zwei hintereinander fahrenden Autos zu erkennen. In den Wagen fuhren die beiden sandinoistischen Generale Estrada und Umanzor, Don Gregorio Sandino, Minister Salvatierra und General Sandino, die sich auf der Fahrt zum Wohnhaus von Minister Salvatierra befanden, das ebenfalls umstellt worden war.

Als Kapitän Delgadillo die Fahrzeuge angehalten hatte, wollten die beiden Generale – nichts Gutes ahnend – zu ihren großkalibrigen Revolvern greifen, doch General Sandino winkte ab und meinte, daß es sich nur um ein Mißverständnis handeln könne. Alle wurden aufgefordert, ihre Waffen abzugeben, da sie auf höheren Befehl verhaftet seien. Widerstandslos gaben sie ihre Waffen den Nationalgardisten ab, man brachte sie sofort in das Fort El Hormiguero.

General Sandino wahrte eisige Ruhe und verlangte vom

wachhabenden Offizier, daß er mit dem Präsidenten tele-
fonieren könne, was abgelehnt wurde. Auch ein Telefonat
mit Somoza wurde verweigert. Sandino sprach auf den
Wachhabenden ein, eine Nachricht an Somoza zu schicken,
weil er wissen wollte, was dieser mit den Gefangenen
vorhabe. Somoza wies den Kapitän Delgadillo, dem anscheinend der Auftrag nicht mehr ganz geheuer schien,
zurecht und forderte ihn mit scharfen Worten auf, den
bereits besprochenen Befehl endlich zur Ausführung zu
bringen.

Mit einem Lkw der Nationalgarde wurden die drei
Gefangenen im Fort El Hormiguero abgeholt. Zehn
Soldaten und Unteroffiziere sowie Kapitän Delgadillo
bildeten das Todeskommando. General Sandino mußte sich
mit seinen beiden Freunden auf der offenen Ladefläche
niedersetzen. Die Fahrt in dieser mondhellen Nacht dauerte
nicht lange, denn der Wagen erreichte bald die Exekutions-
stelle. General Sandino versuchte – um Zeit zu gewinnen –
bei den Wachen noch etwas Wasser zu bekommen, was man
ihm aber verweigerte. Die drei Todeskandidaten wurden
von den Wachsoldaten noch gründlich durchsucht, wobei
man ihnen vom Ehering bis zur Uhr und zum Bargeld alles
wegnahm. General Estrada bat Sandino noch leise, von
diesen Mördern nichts mehr zu erbitten. Sie wußten, daß
ihre Ermordung beschlossen war und kurz bevorstand. Der
so erfolgreiche Freiheitskämpfer Sandino stieß noch einen
wütenden Fluch über den Verrat der politischen Führer aus
und setzte sich dann auf einen niederen Erdhügel neben
seine zwei Freunde. Die zehn Wachen standen mit ihren
Gewehren und Maschinengewehren in der kurzen Entfernung von drei Metern, während sich der für die Mord-
durchführung zuständige Offizier Kapitän Delgadillo zu
Fuß etwa 30 Meter zurückbegab, so als wollte er nicht
unmittelbarer Augenzeuge für dieses Verbrechen sein. Mit
einem Pistolenschuß gab er seinen Leuten dann das
Zeichen, die drei prominenten Gefangenen zu erschießen,
was die Nationalgardisten auch ohne zu zögern prompt

taten. Sandino wurde von drei Kugeln getroffen: an der rechten Brustseite, an der linken Schläfe und im Bauch. Er war auf der Stelle tot.

Nun stürzten sich die Soldaten auf die drei Toten, durchwühlten nochmals alle Taschen und entdeckten tatsächlich einen Brillantring, den sie am nächsten Tag am Markt um 70 Córdobas verkauften. Sie rissen Fetzen aus der Bekleidung und schnitten Haarbüschel als Souvenirs ab, die später reißenden Absatz fanden. Diese Leichenplünderung war den Soldaten noch vor der Aktion zugesichert worden, damit die Männer diese Schmutzarbeit auch wirklich gründlich erledigten. Als wäre dieser Tod nicht genug, wurden dem Körper des General Sandino noch die restlichen Kleider heruntergerissen und mit Gewehrkolben auf die Geschlechtsteile geschlagen.

Während diese Untat programmgemäß abrollte, bekam die zweite Exekutionstruppe unter Führung von Kapitän Gutiérrez durch das Hören der Schüsse das vereinbarte Kommando, das bereits umstellte Haus von Minister Salvatierra anzugreifen und die Bewohner zu erschießen. Der Bruder von General Sandino erfaßte blitzschnell die Situation, schoß mit seinem Maschinengewehr unentwegt gegen die Angreifer, aber die Übermacht war zu groß. Er erlitt nacheinander mehrere schwere Schußverletzungen, an denen er unmittelbar darauf neben seinem Freund Murillo starb. Nur einer entkam – Oberst López –, der seit dem Guerillakrieg die Gewohnheit hatte, völlig bekleidet zu schlafen, um jederzeit einsatzbereit zu sein. López reagierte schnell, schoß sich mit seiner Waffe einen Weg frei, sprang über die Verandabrüstung und konnte mit nur einer nicht allzuschweren Durchschußverletzung bis in die Segovianer Berge zu seinen Freunden entkommen. Ein kleiner Junge, der als Bediensteter im Hause des Ministers lebte, kam gleichfalls mit den Männern um. Das Haus wurde nach Dokumenten und wichtigen Aufzeichnungen durchsucht, während die Soldaten den ganzen Wohnsitz plünderten. Die Männer wurden alle in der Nähe des

Hospiz Zacarias Guerra begraben oder, besser gesagt, verscharrt.

Ein ganz großer und bewundernswerter Mann hatte ein unverdientes Ende gefunden. Blanker Mord war von einer staatlichen Sicherheitsinstitution am wohl bedeutendsten Helden Mittelamerikas begangen worden. Somoza hatte sich damit ein Symbol gesetzt, das bezeichnend für seine ganze weitere politische Laufbahn bleiben sollte. In diesem nächtlichen Kugelhagel starben nicht nur diese Freiheitshelden, sondern auch ein großer Wunschtraum aller zentralamerikanischen Völker, der beinahe Wirklichkeit geworden wäre.

Für Somoza war damit der Weg frei zu einer der brutalsten Diktaturen in der Geschichte. Schon nach wenigen Monaten arrangierte er eine Staatskrise, während er gleichzeitig seine Machtposition im ganzen Lande ausbaute. Zwei Jahre dauerte es noch, bis Somoza sich als Präsident auch an die politischen Machthebel hievte. Somoza, ein Meister der Korruption, ein rücksichtsloser und brutaler Charakter, suchte mit einem ganz eigenen negativen Gespür seine Vertrauensleute aus, die er auf verantwortliche Positionen setzte – besonders natürlich seine Familie und Verwandschaft.

Mit Brachialgewalt setzte er überall die auf ihn eingeschworene Nationalgarde ein, wenn sich irgendwo auch nur der Hauch einer Kritik oder eines Widerstandes bemerkbar machte. Die Nationalgarde hatte sämtliche Vollmachten, konnte verhaften oder von der Waffe Gebrauch machen, sie konnte Leute für Jahre ins Gefängnis werfen oder auch für immer verschwinden lassen. Gefürchtet waren die Folterkeller in den Gefängnissen, wo der Sicherheitsdienst Somozas die Häftlinge nach einem Katalog von Foltermethoden bis aufs Blut oder bis zum Tod peinigte, um alle gewünschten Antworten und Namen aus den Ärmsten herauszuquetschen. Mit Elektroschocks, Gefängniszellen mit zehn Zentimeter hoch überfluteten Böden oder Fingernägelabziehen quälten diese

Schergen ihre Mitbürger, wenn es ihnen zweckmäßig erschien.

Somoza an der Spitze des Staates erlaubte den verschiedenen amerikanischen Firmen auch wieder, ihre Geschäfte in Nicaragua auszuweiten. Bei ihm war es nicht nötig, Putsche zu inszenieren, denn er stand ohnehin ganz auf ihrer Seite, er verlangte nur persönlich die üblichen Provisionen, Schmiergelder oder Beteiligungen, so daß einige größere Firmen dazu übergingen, bei neuen Firmengründungen in Nicaragua Somoza grundsätzlich zu beteiligen. Auf diese Art und Weise gab es kaum mehr Schwierigkeiten, und auch die Steuerfrage regelte sich meist von selbst. Stück für Stück holte sich der brutale Diktator vom kärglichen Kuchen Nicaraguas und transferierte sehr geschickt Gewinne und Wertzuwächse in das währungssichere Ausland, speziell auf Konten in den USA sowie in der Schweiz.

Für die Vereinigten Staaten bildete die Somoza-Diktatur die gewünschte »Stabilität« in dieser Region, es herrschte bestes Einvernehmen mit dem Chef der nicaraguanischen Oligarchie. Somoza war gerissen wie ein Winkeladvokat, wenn es darum ging, die verschiedenen oppositionellen Gruppen im Land gegeneinander auszuspielen. Amerikanische Ranger kamen als Berater und Instrukteure für seine Nationalgarde nach Managua, um Somozas Machtinstrument zur vollsten Schärfe zu bringen. Die Verfassung änderte der Diktator verschiedene Male, so wie er sie für seine privaten Interessen jeweils brauchte. Nicaragua schlitterte allmählich in eine private Familiendiktatur ärgster Art. Somoza hatte überall seine Spitzel und Vertrauensleute und raffte für sein Privatvermögen zusammen, was nur möglich war. Pleitegegangene Betriebe oder Haciendas, an denen der Somoza-Clan interessiert war, waren für andere Interessenten tabu – sie wurden von Somoza und seinen Leuten für Beträge von 100 bis 200 Dollar ersteigert, obwohl sie oft ein Vermögen wert waren. 1941 erklärte Somoza Hitler-Deutschland und Italien rasch den Krieg, um mit diesem Schachzug alle Farmen und Betriebe, die Deutschen und Italienern gehörten, beschlagnahmen zu können.

Somoza war in der Bevölkerung verhaßt, die zwischen grollendem Unmut und abgrundtiefem Haß schwankte. Sporadisch machte sich da und dort Widerstand gegen dieses unmenschliche Gewaltherrschaftssystem bemerkbar, doch fehlte es an der zentralen Organisation und Führung.

Am 21. September 1956 wurde der Diktator Somoza während einer Wahlrede in einem Ballsaal in León von dem jungen Poeten Rigoberto López Perez vor aller Augen erschossen. Dieser junge Freiheitsheld, der sein Leben opferte, schrieb noch an seine Mutter: »Angesichts der Tatsache, daß alle friedlichen Versuche, ein freies Nicaragua zu schaffen, gescheitert sind, habe ich gegen den Willen meiner Kameraden entschieden, das Ende der Tyrannei einzuleiten. Bitte, Mutter, weine nicht. Ich bringe ein Opfer. Es ist die Pflicht, die ich erfüllen muß.«

Bei Oligarchien nützen auch solche Tyrannenmorde nichts, denn wie bei einer Hydra, der man den Kopf abschlägt, wachsen gleich mehrere andere Köpfe nach. So auch in diesem Fall. Die beiden Söhne Luis und Anastasio Somoza Debayle traten gleich die »verfassungsgemäße« Nachfolge ihres ermordeten Vaters an und nahmen grausame Rache an der Bevölkerung. Unzählige Verhaftungen und Erschießungen betrafen oft völlig unschuldige Menschen, und mit Folterungen wollte man Hintermänner und Verschwörungen aufdecken. Nacheinander fanden bewaffnete Aufstände in verschiedenen Landesteilen statt, die aber von der Nationalgarde immer ohne Schwierigkeiten niedergeschlagen werden konnten. Über diese Mini-Bürgerkriege sickerten meist nur kümmerliche oder gar keine Informationen an die Weltöffentlichkeit. Die Bevölkerung in Nicaragua selbst wußte wegen der rigorosen Pressezensur noch weniger, was sich innerhalb ihrer eigenen Landesgrenzen abspielte.

Die USA unterstützten den korrupten Diktator und

sahen gelangweilt über die Gewaltherrschaftsmethoden und grausamen Unmenschlichkeiten ihres Schützlings hinweg. Aus jener Zeit stammt der Ausspruch eines US-Präsidenten, der von einem Journalisten der New York Times auf die Zustände in Nicaragua hin angesprochen und befragt wurde: »Somoza ist ein Hurensohn, aber er ist *unser* Hurensohn!«

Kuba als Vorbild
für die Sandinisten

Nicht nur die korrupte Gewaltherrschaft Somozas ließ nach und nach den Widerstand in der Bevölkerung anwachsen, sondern im nahen Kuba zeigte Fidel Castro mit seinen »Comandantes«, wie man eine Revolution gegen einen Diktator und gegen den amerikanischen Machteinfluß erfolgreich durchführen konnte. Die Entwicklung auf der Zuckerinsel ließ um 1959 die Welt aufhorchen und ganz Lateinamerika aufjubeln. Es ist müßig nachzudenken, ob z. B. in einer Regierungsperiode Reagans alles ebenso gelaufen wäre, wie es damals passierte, aber es ist unbestreitbar, daß die Revolution in Kuba ihre soziale und politische Berechtigung besaß und vom Volk getragen war. Alles, was sich dann später ereignete in Verbindung mit der Sowjetunion, deckt andere Ursachen, Zusammenhänge und wohl auch eine verfehlte amerikanische Außenpolitik auf.

Die Sandinisten sahen den grundlegenden Unterschied zwischen den Revolutionen Fidel Castros und Sandinos, der letztlich Erfolg oder Untergang bedeutete: Fidel Castro und seine Comandantes, die den militärischen Sieg der Revolution errungen hatten, übergaben ihre Macht nicht irgendwelchen Politikern, sondern sie standen nun selbst an den politischen Rudern und versuchten, ihre Politik zu realisieren. Wenn Sandino denselben Weg in Nicaragua eingeschlagen hätte – was er aber nachweisbar ausdrücklich ablehnte –, wären wahrscheinlich die Amerikaner aus dem Land nicht abgezogen.

1962 wurde die FSLN (= Frente Sandinista de Liberación Nacional) gegründet, eine politische Bewegung und Partei, die sich aus naheliegenden Gründen den Namen beim großen Volks- und Freiheitshelden General Sandino holte. Sandino war ein Begriff und gleichzeitig ein Symbol und Synonym für Erfolg und Sieg. So nahm die neue sandinistische Bewegung mit dem Namen des Helden einen Erfolgsvorschuß für ihren eigenen Kampf.

Die Sandinisten unterhielten rege Beziehungen zu Kuba, nachdem Fidel Castro sich bereit erklärt hatte, die Befreiungsbewegung tatkräftig zu unterstützen, indem er Sandinisten in Kuba für den Guerillakrieg ausbilden ließ und auch »Berater« zu den sich formierenden sandinistischen Kadern entsandte. Mit Fischkuttern wurden solche illegale kubanische Einwanderer an verabredeten Punkten an Land gesetzt oder nach Monaten wieder abgeholt. Kuba hat heute noch Ausbildungscamps für Angehörige verschiedener lateinamerikanischer Länder, die dort sowohl politisch als auch militärisch in der Guerillakriegführung hart gedrillt werden. Diese Spezialisten werden nach absolviertem Training wieder für Aktionen in ihre Heimatländer eingeschleust. Für marxistische Gruppen und Bewegungen ist Kuba der Garant für eine erfolgreiche Revolution, deshalb ist es aus Havanna-Sicht nur allzu verständlich, daß dieser revolutionäre Fortschritt in die lateinamerikanische Welt regelrecht exportiert werden muß. Kuba verdankt seine politische und wirtschaftliche Existenz natürlich den Russen, die Milliarden in diesen »Flugzeugträger« in der Karibik investiert haben. Es geht nicht allein um die strategisch so wichtige Position Kubas nahe dem amerikanischen Festland, sondern vor allem um die marxistische Infektionsfunktion für ganz Lateinamerika. Kuba ist das einzige Land, das von der Sowjetunion Wirtschaftshilfe erhält, weil es als wichtigster verlängerter Arm der sowjetischen Interessen auf allen Gebieten gilt. Daß sich Fidel Castro aus allen diesen Gründen für bestimmte Gegenleistungen bereit erklären mußte, ist nur allzu verständlich. So stehen heute etwa 50.000 kubanische Soldaten in verschiedenen afrikanischen Ländern, um dortigen Volksdemokratien die Existenz ihres Systems zu ermöglichen, wie zum Beispiel in Angola, Mozambique, Äthiopien, Benin usw. Kuba markiert die Stoßrichtung der marxistischen Expansion nach Lateinamerika, wobei man sorgfältig auf politische Kosmetik Wert legte. Daß man Kuba als neutrales, blockfreies Land bezeichnet, ist auf dem Papier zwar völlig richtig, liegt aber nach dem realpolitischen Wahrheitsgehalt völlig daneben. Über derartige plakative Feststellungen lächeln selbst linientreue Ostblockleute.

Kuba sitzt heute an einer Schlüsselstelle, um die marxistische Ideologie weiterzureichen, und könnte geographisch gar nicht günstiger liegen, um dieser Aufgabe gerecht zu werden. Das Elend und die Armut auf der einen Seite und die Oligarchien, Militär- oder sonstigen Diktaturen auf der anderen Seite sind der beste Nährboden für radikalpolitische Veränderungen. Daß die meist völlig instinktlose und inkonsequente amerikanische Außenpolitik in diesen Regionen die marxistischen Bestrebungen geradezu herausforderten und teilweise auch indirekt förderten, kann man bereits in jedem Geschichtsbuch nachlesen. Die Amerikaner unterstützten mit einer geradezu krankhaften Vorliebe Diktatoren und kriminelle Staatsführer, welche die Menschenrechte mit Füßen traten und sich selbst bereicherten. Das hing schon seit jeher von den Interessen der verschiedenen Lobbys und multinationalen Konzerne ab.

Somoza bildete dabei ein Musterbeispiel, der speziell von den USA und der Weltbank immer wieder Entwicklungshilfeanleihen erhielt, die der Diktator willkürlich seinen eigenen Firmen und Betrieben zugute kommen ließ. Somoza, der vor seinem Machtantritt arm wie eine Kirchenmaus war, scheffelte sich im Laufe der Jahre ein beachtliches Millionenvermögen – man spricht sogar von einer Milliarde Dollar –, das ein Somoza dem nächsten Somoza weitergab und vermehrte. Zehn Prozent aller kultivierten Landflächen in Nicaragua befanden sich im Privatbesitz der Familie Somoza, aber dazu kamen noch zahlreiche Firmen in allen Bereichen:

Luftfahrtgesellschaft: LANICA
Schiffahrtsgesellschaft: MAMENIC
Hafenservice: MARITIMA MUNDIAL
Hafenanlagen: PUERTO SOMOZA
Tourismus: HOTELES DE NICARAGUA S. A.
Zeitungen: DIARIO NOVEDADES
Fernsehen: TELEVISION DE NICARAGUA
Radiostation: ESTACION X
Schlachthöfe: CARNIC
Fischerei: PESCANICA
Zuckerraffinerie: CENTRAL DE INGENIOS
Baugeschäft: CASANICA
Asbestzement: NICALIT
Zement: CEMENTERA NACIONAL
Asphalt: CONCRETOS PRETENSADOS
Metallverarbeitung: METASA
Textilien: EL PORVENIR
Papierfabrik: ENVASES Y CARTONES
Blutexport: PLASMAFERESIS
Handel mit Pkw: CARIBE MOTORS (MERCEDES-BENZ)
Bankwesen: BANCO DE CENTROAMERICA
Versicherung: CIA. NACIONAL DE SEGUROS.

Außerdem gehörten Somoza noch eine ganze Reihe von Plantagen für Reis-, Tabak- und Kaffeeanbau.

Somoza kontrollierte mit seinem Anhang die gesamte Alkoholverteilungsszene, die Prostitution sowie die Spielsalons. Die während des Zweiten Weltkrieges konfiszierten Firmen und Plantagen der Deutschen und Italiener zog Somoza für sein Privatvermögen ein, oder er kaufte Millionenwerte für ein Butterbrot. An nahezu allen amerikanischen Firmen, die in Nicaragua mit den von ihm erteilten Lizenzen arbeiten durften, war Somoza mit mehr oder minder großen Anteilen beteiligt. Um als ausländische Firma eine Lizenz zu erhalten, waren vorher beträchtliche Schmiergeldüberweisungen auf Somoza-Konten in Miami nötig.

Als nach dem Erdbeben 1972 Managua zerstört wurde, trafen an die 500 Millionen Dollar an Spenden in Nicaragua ein, wovon Somoza mehr als die Hälfte in seine private Tasche steckte. Er kannte keine Skrupel und konnte nicht genug kriegen. Somoza war mit seinen schmierigen Fingern immer beteiligt und richtete die Gesetze so, wie er sie brauchte. Als seine beiden Textilfabriken Absatzschwierigkeiten bekamen, ließ er einfach eine Importsperre für alle Textilwaren verhängen. Schon florierte sein Textilumsatz wieder.

Am Ende hatte Somoza bereits 30 Prozent des bebaubaren Bodens, 40 Prozent der Industrieanlagen sowie 14 Radio- sowie zwei TV-Stationen seinem Vermögen einverleibt.

Somoza war gegenüber seinen engsten Vertrauensleuten und höheren Offizieren nicht kleinlich, er räumte ihnen ähnliche Bereicherungsmethoden ein, wie er sie selbst praktizierte. Auf diese Art und Weise schaffte er sich treu ergebene Abhängige, die auf seine Person eingeschworen waren und zu ihm halten mußten, ob sie nun wollten oder nicht. Personen oder Firmen, die seinen Wünschen nicht offen gegenüberstanden, setzten sich ärgsten Pressionen und Nachteilen aus. Notfalls war die Nationalgarde ein williges Instrument, das er für seine Privatinteressen einsetzen konnte, wie und wo er wollte.

Obwohl die Situation in Nicaragua zum Himmel stank, gelang es der »Frente« (FSLN) – wie sie im Sprachgebrauch kurz benannt wird – nicht richtig, die Massen der Bevölkerung entsprechend zu mobilisieren. Es kam zwar immer wieder zu bewaffneten Überfällen durch die Sandinisten (Sandinistas), aber diese militärischen Aktivitäten der »Rebellen« erschütterten das Somoza-Regime nicht im geringsten, sondern verursachten lediglich blutige Vergeltungsschläge der Nationalgarde unter der Zivilbevölkerung. Mit einem raffinierten Spitzelsystem spürte Somozas Sicherheitsdienst immer wieder Fäden zu den Sandinisten auf, die den »langen Volkskrieg« proklamiert hatten, ähnlich wie

Mao seinen langen Marsch 20 Jahre bis zum Sieg durchgestanden hatte.

Auf dem Seeweg brachten harmlose Fischkutter in nächtlichen Stunden Waffen, Munition und Sprengmaterial für die Sandinisten, um den Kampf gegen den Tyrannen weiter in das Land vordringen zu lassen. Die Bevölkerung stand zweifellos auf der Seite der »Frente« und half, wo es nur möglich war, aber sie mußte auch die blutige Rechnung für jeden Sandinistenanschlag oder -überfall bezahlen. Unbarmherzig wurden verdächtige Männer, Frauen und Kinder aus den Häusern geholt, verhört und gefoltert oder wahllos ohne Gerichtsverfahren erschossen.

Es waren kubanische »Berater«, die den Sandinisten eine spektakuläre Aktion empfahlen und auch mithalfen, diese vorzubereiten. Sinn und Zweck war, Somoza bloßzustellen und als ohnmächtigen Machthaber zu blamieren, aber gleichzeitig eine Tat zu setzen, die durch den internationalen Blätterwald rauschen sollte.

Zu Weihnachten 1974 überfielen am 27. Dezember Guerillas einige Regierungsfunktionäre und entführten diese als Geiseln, um eine Amnestie für die in den Gefängnissen sitzenden politischen Häftlinge zu erpressen. Somoza blieb nichts anderes übrig, als klein beizugeben, noch dazu, weil sich unter den Geiseln auch Verwandte seiner Familie befanden. Die Geiseln wären unweigerlich erschossen worden, hätte Somoza die Forderung der »Frente« nicht erfüllt.

Mit dieser Entführungsgeschichte war eine Wende in der Öffentlichkeit erfolgt, in Nicaragua wie im Ausland. Der Diktator war samt seiner Nationalgarde also doch nicht unverwundbar! Die Apathie in der Bevölkerung wurde mit diesem Handstreich abgeschüttelt. Die ständige lapidare Ausrede, daß man ohnehin nichts gegen Somoza ausrichten könne, hatte keine Gültigkeit mehr! Die FSLN bekam Zulauf, sie bildete wieder einen Hoffnungsschimmer, daß sie mit ihrem Kampf es vielleicht doch schaffen könnte, diese Gewaltherrschaft abzuschütteln.

Als die von Somoza veranstaltete Wahl 1974 wieder in eine lächerliche Farce auszuarten drohte, forderten 27 Oppositionspolitiker die Bevölkerung zu einem Wahlboykott auf, was zur Folge hatte, daß Somoza diesen Männern sofort alle Bürgerrechte aberkannte.

Verschiedene Oppositionsparteien schlossen sich zum UDEL-Block zusammen, in dem ein buntes Gemisch aller möglichen Strömungen vertreten war: die Gewerkschaft CTN (Central de Trabajadores de Nicaragua), die Gewerkschaft CGT (Confederación General del Trabajo Independiente) sowie die politischen Parteien ANC (Acción Nacional Conservadora), PSN (Partido Socialista Nicaragüense), PLI (Partido Liberal Independiente), MLC (Movimiento Liberal Constitutionalista) und die PSC (Partido Socialcristiano Nicaragüense). Es war ein erster Versuch, mit diesem Block eine Machtablöse Somozas herbeizuführen. Die Amerikaner waren von dieser Variante anfangs angetan, aber der Gründer und Führer dieser UDEL-Gruppe, Pedro Joaquin Chamorro, gewann trotz seines großen Ansehens in Mittelamerika letztes Endes keine Zustimmung in Washington. Chamorro war der Herausgeber der größten Zeitung Nicaraguas, »La Prensa«, die zugleich auch das bedeutendste Blatt ganz Zentralamerikas darstellte. Der Mann wurde Somoza gefährlich, so ließ er ihn von seinen Geheimdienstleuten einfach ermorden.

Es bildete sich aber auch noch eine andere Opposition, die sich »Gruppe der Zwölf« nannte, durchwegs aus Intellektuellen bestand und mit der FSLN liebäugelte. Ganz bekannte Namen waren darunter wie Arturo Cruz von der Interamerikanischen Entwicklungsbank. Felipe Mantica Abaunza besaß eine Kaufhauskette, der Schriftsteller Sergio Ramirez Mercado, der Schriftsteller Ernesto Castillo, Universitätsrektor Carlos Tunnermann-Bernheim, der Jesuitenpater Fernando Cardenal und noch einige andere gehörten dazu. Die »Gruppe der Zwölf« trat mit Manifesten in Erscheinung, was sofort Haftbefehle zur Folge hatte und die »zwölf Apostel« – wie sie im Volksmund scherzhaft genannt wurden – ins Ausland flüchten ließ. Sie hatten mehr Zulauf als so manche politische Partei. Die FSLN nützte die Popularität der zwölf Männer natürlich aus und konnte dadurch einen beachtlichen Gewinn an Glaubwürdigkeit – ganz besonders im Ausland – verzeichnen. Der Priesterpoet Ernesto Cardenal zog sich auf die im Lago de Nicaragua gelegene kleine Insel Solentiname zurück, wo er eine kleine christliche Gemeinde von Fischern leitete.

Die »Zwölf« hatten mit der FSLN vom Exil aus sehr eng zusammengearbeitet und Pläne zum Sturz Somozas gemeinsam geschmiedet. Am 5. Juli 1978 kehrte die Gruppe nach Nicaragua zurück, nachdem Somoza vorher die Haftbefehle eiligst zurückgezogen hatte, weil sonst Managua wahrscheinlich kopfgestanden wäre. Am Flughafen von Managua warteten nicht weniger als 60.000 Menschen, die den zwölf Männern einen geradezu triumphalen Empfang bereiteten. In einer ausländischen Zeitung stand die Bemerkung: »Was muß ein so verhaßter Diktator wie Somoza für ein Gefühl haben, wenn seine ärgsten Feinde von der Bevölkerung so bejubelt werden?«

Die FSLN war keineswegs so homogen, wie es nach außen hin den Anschein hatte. Es gab in dieser Bewegung wegen des einzuschlagenden Weges Polarisierungen und Flügelbildungen. Jedenfalls bildete sich eine gemeinsame Oppositionsfront der FSLN, der UDEL-Gruppe und der »Gruppe der Zwölf«, die sich vereinigt wesentlich mehr Erfolg im Kampf zum Sturz Somozas versprachen und sich als FAO (Frente Amplio de Oposición) bezeichneten. Sobald sich die Front gegen Somoza formiert und geschlossen hatte, einigte man sich in einem Programm auf die Demokratisierung Nicaraguas, die verwirklicht werden sollte, sobald Somoza gestürzt war. Es war eine Deklaration von 16 Punkten, mit denen alle einverstanden waren:

1. Restrukturierung der Nationalgarde.
2. Beseitigung des Korruptionssystems an den Wurzeln.
3. Aufhebung aller Gesetze der politischen Repression und Wiederherstellung der Menschenrechte.

4. Unverzügliche Freilassung aller politischen Gefangenen.
5. Aufhebung aller Kontrollgesetze für Presse, Funk und TV.
6. Garantien für freie Gewerkschaften und die damit verbundenen Sozialgesetzgebungen.
7. Durchführung einer radikalen Landreform.
8. Maßnahmen zur Verbesserung des Gesundheitswesens in den Städten und auf dem Land.
9. Lösung der Probleme der marginalen Stadtteile (Slums).
10. Neuorganisation des Transportwesens.
11. Preiskontrolle auf allen Handelssektoren.
12. Durchführung eines Alphabetisierungsplans und Reform des Erziehungsgesetzes.
13. Gerechte Steuerreform.
14. Durchführung einer Justizreform.
15. Volle politische und ökonomische Verwaltungsautonomie der Gemeinden.
16. Garantie einer neuen Ordnung zur Durchführung von freien Wahlen auf nationaler und Gemeindeebene. Zulassung aller politischen Parteien.

Die UDEL-Gruppe hatte den direkten Draht nach Washington, wo dieses 16-Punkte-Programm von verschiedenen Senatoren mit großer Erleichterung aufgenommen wurde, weil man darin einen Ausweg aus dem Dilemma sah und diese Demokratisierungsbestrebungen eine breite politische Basis aufwiesen. Die Lobbys der Konzerne waren aber stärker, so ging man den einfacheren, aber verhängnisvolleren Weg. Man verharrte in der bisherigen Politik, Somoza wurde weiterhin gestützt und gefördert. Für diese verpaßte Chance war einzig und allein die Administration des US-Präsidenten Carter verantwortlich, der in der Besetzungsfrage der US-Botschaft in Teheran sowie im Afghanistankonflikt ebenso weich, nachgiebig und unfähig reagierte wie bei Nicaragua. Der letzte Weg, in Nicaragua eine demokratische und keine marxistische Lösung anzubieten, war damit rettungslos vermauert worden. Die Dinge nahmen einen eigenständigen Verlauf. Der Osten reagierte wesentlich schneller und flexibler. Speziell in dieser Phase sprang Kuba wieder in verstärktem Maße ein.

Guerillaspezialisten und Waffen wurden heimlich ausgeladen, und auch nicaraguanische Guerillaführer (Comandantes) hatten in Kuba ihre Ausbildung beendet. Sie kehrten nunmehr, politisch und militärisch gedrillt, in ihr eigenes Land zurück. Die FSLN hatte in ihren Guerillaeinheiten zwar auch Mitglieder der UDEL-Gruppe, doch der harte Kern bestand nach wie vor aus den Leuten der »Frente« selbst. Mit kubanischer Hilfe gelang es der FSLN nun, die Bevölkerung bis ins letzte Dorf und in den Städten bis in die letzte Hütte zu mobilisieren.

Edén Pastora
erstürmte den Nationalpalast

Die Situation in Nicaragua wurde immer gespannter. Somoza setzte nun auch Bombenflugzeuge gegen Dörfer und Städte ein, die im Verdacht standen, Sandinisten zu beherbergen. Die Spezialtruppe BECAT der Nationalgarde hatte alle Vollmachten, gegen die Bevölkerung vorzugehen. Hausdurchsuchungen, Erschießungen, Verschleppungen und Folterungen nahmen kein Ende. Mit dicken schwarzen Säcken wurde den Gequälten der Kopf verhüllt, dann wurden sie befragt und geschlagen, mit Elektroschocks behandelt oder in Kühlzellen ohne Verpflegung gelegt. Andere Gefangene packte man einfach in Helikopter und warf sie lebend über Dschungel- oder Sumpfgebieten ab. Mädchen und Frauen wurden von der Soldateska vergewaltigt, man richtete Konzentrationslager ein, wo man die Verdächtigen familienweise unter menschenunwürdigen Zuständen festhielt. Durch das Kriegsrecht waren sämtliche Zivilgerichte aufgehoben, das Recht sprachen die Offiziere der Nationalgarde. Jede Beschwerde oder jede Klage gegen die Übergriffe der Nationalgarde kam einem Selbstmord gleich. Städte wurden bombardiert, und Menschen verschwanden für immer – es herrschte das Chaos im ganzen Land, in dem die Sandinisten immer weiter vordrangen.

Gabriel Garcia Márquez schildert minutiös den Ablauf eines Husarenstückes der Sandinisten, das bei der Vorbereitung als völlig undurchführbar und wahnwitzig erschien. Die Sandinisten wollten am Tage den Nationalpalast erstürmen, die Abgeordneten als Geiseln nehmen und damit alle inhaftierten politischen Gefangenen freipressen. Für diesen Handstreich sollten 26 ausgesuchte Guerillakämpfer genügen, wie die taktischen Strategen behaupteten.

Im zweistöckigen Nationalpalast waren das Finanzministerium, das Innenministerium sowie das Steueramt untergebracht. Ein Regierungsgebäude also, das nicht nur von Tausenden Menschen täglich frequentiert wurde, sondern in dem auch der Senat und die Abgeordnetenkammer installiert waren. Polizisten und Geheimpolizisten standen deshalb überall postiert, ein Gewaltakt schien dort schier undurchführbar.

Die von der FSLN geplante Aktion erhielt den sinnigen Namen »Operation Schweinestall«. Die Führung der Kommandoaktion erhielt der sagenhafte Guerillaführer Edén Pastora, damals gerade 42 Jahre alt. 20 Jahre stand er bereits im Kampf gegen das Somoza-Regime. Sein Vater war von Somoza bereits umgebracht worden. Pastora hatte die Matura bei den Jesuiten absolviert und in Mexiko – mit etlichen Unterbrechungen – drei Jahre Medizin studiert. Die maßgeblichen Leute dieser Operation waren untereinander namentlich nicht bekannt, sondern erhielten statt dessen eine Nummer. Das ist eine Sicherheitsvorkehrung, um die Preisgabe der Namen bei Verhören und Folterungen zu vermeiden. Dieses System stammt gleichfalls von Kuba, wo es von Fidel Castro während seiner Revolutionskämpfe geübt wurde. Edén Pastora erhielt den Nummerncode »Null« zugeteilt, und die Bezeichnung »Comandante Cero« ist ihm geblieben. Mit ihr ging er in die Geschichte ein. Bei den ausgewählten 26 FSLN-Guerillakämpfern befand sich eine einzige Frau – Dora Maria Téllez, 22 Jahre alt. Auch sie war eine ehemalige Medizinstudentin, hatte schon jahrelang im Norden gegen die Nationalgarde gekämpft und besaß wie alle ihre Kameraden reichlich Kampferfahrung.

Über einen Arzt bekam die FSLN den Plan des zweistöckigen Nationalpalastes mit allen Räumen, Türen und Gängen. Nur zwei dieser Männer waren jemals in einem Büro des Regierungsgebäudes gewesen. Die Vorbereitungen wurden unter den strengsten Geheimhaltungen vorgenommen, nur die drei Comandantes waren von

Anfang an eingeweiht; erst vor dem Einsatz erhielt jeder Teilnehmer seine Aufgabe genau erklärt. Erbeutete Uniformen der Nationalgarde und einige Jeeps in den Farben der Nationalgardewagen standen zur Verfügung. Ein letztes Hindernis waren die langen Haare und Bärte der Guerillakämpfer, weil die Nationalgarde solche Haartracht nicht duldete und sie damit sofort aufgefallen wären. Die einzige weibliche Mitkämpferin löste das Problem radikal.

Pastora fuhr mit seiner Gruppe beim Nationalpalast vor, sprang ab und kommandierte den postierten Wachen mit befehlsgewohnter Stimme: »Beiseite! Der Chef kommt!« Die Wachen ließen sich bluffen und traten zur Seite. Dieses kurze Kommando war bekannt, weil die unmittelbare Leibwache Somozas diesen Befehl immer brüllte. Somoza, oberster Befehlshaber der Nationalgarde, war für viele seiner Leute ein harter Führer, daher war es verständlich, daß die Wachen zurückwichen, weil der Gefürchtete jeden Moment seiner vorauseilenden Leibwache folgen würde. Edén Pastora hatte den Befehl, so schnell als möglich den sogenannten »Blauen Salon« zu erreichen, wo nahezu alle Abgeordneten und zwanzig Journalisten anwesend waren. Die Vordringenden entwaffneten einige Polizisten, dann kam es plötzlich zu den ersten Schüssen. Wie auf Kommando verschlossen die Sandinisten mit mitgebrachten Ketten die Haupttore von innen. Pastora erreichte den Sitzungssaal, riß die Türe auf und feuerte eine Salve gegen die Decke, worauf sich auf seinen Befehl hin alle Anwesenden auf den Boden warfen. Von der zweiten Gruppe wurde der Innenminister in seinem Büro überrascht, nachdem im Vorzimmer seine Adjutanten überwältigt worden waren. Minister José Antonio Mora – der offizielle Stellvertreter Somozas, wußte nicht einmal, wem er sich ergab. Eine herbeieilende Gruppe der Nationalgardisten wurde mit Handgranaten ausgeschaltet, dann war Stille im ganzen Gebäude. An den Fenstern postierten sich die Kommandoleute Pastoras

und ließen keine Somoza-Soldaten an das Gebäude heran-
kommen. Der Schießbefehl Somozas kam viel zu spät.
Der in Gefangenschaft geratene Cousin Pallais Debayle
mußte Somoza anrufen und bekanntgeben, daß die Sandinisten nacheinander alle Gefangenen erschießen würden,
wenn die Nationalgarde ihr Feuer gegen den Nationalpalast nicht einstelle und Somoza nicht in Verhandlungen
eintrete. Die FSLN nominierte drei Bischöfe als ihre
Unterhändler, dem Diktator blieb nichts anderes übrig,
als die Vorschläge zu akzeptieren. Die Botschafter von
Panama und Costa Rica kamen zu den Verhandlungen noch
dazu. Die Forderungen der Sandinisten lauteten:

1. Sofortige Freilassung aller politischen Gefangenen.
2. Veröffentlichung des Kriegskommuniqués und einer politischen Botschaft der Sandinisten in allen Medien.
3. Rückzug des Militärs auf eine Entfernung von 300 Metern
   vom Nationalpalast.
4. Annahme aller Forderungen des streikenden Klinikperso-
   nals.
5. Auszahlung von zehn Millionen Dollar.
6. Freier Abzug der im Nationalpalast befindlichen FSLN-
   Kommandogruppe sowie der befreiten politischen Gefangenen nach Panama.

In den ersten Verhandlungsrunden blieb Somoza hart.
Schwierigkeiten gab es auch wegen der von der FSLN
übergebenen Gefangenenliste, weil einige Gefangene in der
Zwischenzeit von den Geheimdienstleuten Somozas umgebracht worden waren. Die Taktik Somozas war deutlich
zu erkennen, er wollte die 26 Guerillakämpfer zermürben,
da sie ohne Schlaf die im Gebäude befindlichen ca. 2000
Menschen überwachen mußten. Pastora hatte inzwischen
die Kinder und schwangeren Frauen freigelassen und das
Rote Kreuz aufgefordert, die verwundeten und toten
Polizisten abzuholen. Die Büroinsassen solidarisierten sich
sehr bald mit den Sandinisten und brachten Kaffee,
während die Abgeordneten nach wie vor geschockt im
»Blauen Salon« hockten. Pastora gab Somoza eine Frist von

Der Nationalpalast in Managua, der Hauptstadt Nicaraguas, mit dem Bild des Nationalhelden Sandino (links).

Schon beim Anflug kann man aus dem Flugzeug sehen, wer die Macht in Händen hält in Nicaragua.

Zerschossene Somoza-Panzerfahrzeuge dienen noch heute als Mahnmal.

Im Grenzgebiet zu Honduras, von woher die Contras kommen. Die Hügel im Hintergrund gehören bereits zu Honduras.

Protestkundgebung vor der Botschaft der USA, durchgeführt von US-Bürgern, die zu diesem Zweck eigens eingeflogen sind.

In dieser Kirche in Honduras wartete Fritz Sitte in der hintersten Bank auf die Kontaktleute der Contras.

vier Stunden und drohte dann den Beginn der Geisel-
erschießungen an.

Die Sensation dieser Nationalpalastbesetzung verbreitete sich in Windeseile in ganz Managua. Viel hätte es nicht
gebraucht, und ein Aufstand der Volksmassen wäre los-
gebrochen. Dies war auch wahrscheinlich der Grund dafür,
daß Somoza daranging, die Sandinistenforderungen zu
erfüllen. Er ließ die Verlautbarungen in den Medien
durchführen – die Verlesung dauerte volle 150 Minuten.
Damit wußte jedermann in Nicaragua, was sich in den
letzten Stunden in der Hauptstadt ereignet hatte. Der
Diktator ging in die Knie, er war schließlich auch mit der
Freilassung und dem Abzug der politischen Gefangenen
sowie der Pastora-Kommandogruppe einverstanden. Panama schickte eine »Elektra«-Maschine ihrer zivilen Luftfahrtgesellschaft, während Venezuela eine »Herkules«-Mili-
tärtransportmaschine nach Managua sandte. Mit einem
großen Schulbus wurden die Sandinisten zum Flugplatz
transportiert – bejubelt von Menschenmassen.

Das war zweifellos der schärfste Schlag der Sandinisten
gegen Somoza, mit diesem Handstreich genialer Art war
gleichzeitig auch ein neuer Nationalheld geboren, der durch
seinen Mut etwas zuwege gebracht hatte, worüber Fach-
leute und Militärs staunten. Diese gelungene Kommandoaktion hatte der Diktatur auch moralisch das Genick
gebrochen, viele, die sich bis dahin noch an Somoza
geklammert hatten, suchten ihr Heil nun bei der kämpfenden Opposition. Nun schien es nur noch eine Frage der
Zeit, bis die Sandinisten in Managua einmarschieren und
Somoza vertreiben würden. Edén Pastora wurde zum
Symbol für diese Revolution, in der nichts mehr unmöglich
war.

Am 16. Oktober 1978 gab Sergio Ramirez, der führende
Kopf der »Gruppe der Zwölf« ein interessantes Interview,
in dem er wörtlich sagte: »Auch die marxistisch-kommuni-
stischen Parteien werden in diesem Rahmen eine Zukunft
haben, aber die große Zukunft sehe ich in Nicaragua für

eine ›Sandinistische Partei‹, die eine wirklich neue Kraft wäre. *Alle übrigen Parteien, die in der breiten Oppositionsfront sind, sind Kadaver, die man genauso begraben muß wie die Diktatur.«*

An einer anderen Interviewstelle meinte Ramirez: »Aus Gründen der politischen Strategie glaube ich, *daß diese Sandinistische Partei eine pluralistische Partei sein müßte und nicht Vertretung einer Klasse im marxistisch-leninistischen Sinn.«*

Am 1. Feber 1979 gründeten alle Oppositionsparteien die »Nationale patriotische Front«, man einigte sich auf ein gemeinsames Programm für den Antiimperialismus und die Demokratie. Am 20. Mai brach Mexiko die diplomatischen Beziehungen zu Somoza ab und versuchte, die anderen zentralamerikanischen Staaten zum gleichen Schritt zu bewegen. Am 4. Juni rief die FSLN zum Generalstreik auf, eine Woche später konzentrierten die Sandinisten alle ihre Kräfte, um die Hauptstadt Managua einzunehmen. Ende Juni zogen die USA eine militärische Intervention in Nicaragua in Erwägung, aber die OAS (Organisation der amerikanischen Staaten) verurteilte diese Absicht schärfstens. Am 17. Juli 1979 war es dann endlich soweit: Somoza trat die Flucht nach Miami (USA) an, um sein Leben in Sicherheit zu bringen. Der ganze Somoza-Clan, der überall im Land seine Finger im lukrativen Spiel hatte, floh gleichfalls ins sichere Ausland. Die Staatskasse hatte Somoza mitgenommen, die übrigen Gelder lagen schon seit Jahren auf ausländischen Konten in Sicherheit – ein Vermögen von schätzungsweise einer Milliarde Dollar. Der provisorische neue Staatspräsident Urcuyo sollte den Waffenstillstand unterzeichnen und die Macht an die »Regierungsjunta des nationalen Wiederaufbaues« übergeben. Doch er forderte die Sandinisten zur Niederlegung ihrer Waffen auf und legte ihnen nahe, ihn bis 1982 als Staatspräsidenten anzuerkennen. Daß derartige Forderungen nicht ernstgenommen wurden, darf niemand verwundern, so verabschiedete sich Urcuyo am 19. Juli 1979 mit einer Reihe höherer Offiziere der Nationalgarde ebenfalls hastig, um auch im Ausland ein Exil zu suchen. Das war der Tag, an dem die Sandinisten in die letzten Stadtviertel Managuas einmarschierten und die Macht im Land übernahmen. Somoza selbst wurde am 17. September 1980 – ein Jahr nach seiner Flucht – im Exil ermordet, wo ihn der verlängerte Arm der Sandinisten erreichte.

Niemand weinte Somoza und seiner Terrorherrschaft auch nur eine Träne nach, während die Sandinisten den vollen Vertrauensvorschuß von seiten der Bevölkerung empfingen. Das Volk war vom sandinistischen Sieg begeistert, nun hatte der Bürgerkrieg – 50.000 Menschen waren ums Leben gekommen – sein Ende gefunden. Mord, Folter, Verfolgungen, Konzentrationslager, Unterdrückung, Vergewaltigungen, Korruption und Polizeistaat – dies alles sollte ab nun der Vergangenheit angehören. Und hatte Kuba bei diesem Kampf auch mitgeholfen, so tat dieser Umstand dem heldenhaften Sieg der Sandinisten keinen Abbruch, denn die modernst ausgerüstete Nationalgarde war die ganze Zeit hindurch ja auch massiv von den Amerikanern unterstützt worden.

Somoza hatte nicht nur seine Millionenbeträge ins sichere Ausland transferiert, sondern noch rechtzeitig der Nationalgarde – auf Anraten von US-Militärberatern – den Auftrag gegeben, Waffen, Munition und militärische Ausrüstungsgegenstände über die Grenze hinweg in Honduras zu verstecken, falls diese noch einmal gebraucht würden . . .

Wie nach allen Revolutionssiegen, begann die systematische Abrechnung, hier mit den »Somozistas«. Die Verbände der Nationalgarde hatten sich widerstandslos entwaffnen lassen. Nun kamen die Gequälten und Gefolterten und suchten nach ihren Peinigern. Verfahren wurden eingeleitet, Schuldige verurteilt, eingesperrt und etliche auch hingerichtet. Zur »Umerziehung« wurden die ehemaligen Konzentrationslager wieder in Funktion gesetzt. Man ging daran, die somozistischen Gehirne zu »waschen«, damit sie den sandinistischen Geist aufzunehmen bereit wurden. Am laufenden Band zog man Vermögen ein, wenn es sich um somozafreundliche Personen oder Firmen handelte. Das im Land verbliebene Vermögen des Diktators verfiel automatisch zugunsten des Staates. Die Regierungsgewalt übte eine sandinistische Junta aus, aber die eigentliche Macht im Land lag von allem Anfang an bei den neun »Comandantes«, den obersten militärischen Chefs der FSLN, welche den Weg und die Politik des Staates bestimmten. Man wollte den Fehler von General Sandino nicht wiederholen, die Revolutionssieger ließen daher die Macht nicht mehr aus ihren Händen. Sie hatten den militärischen Sieg erfochten und nahmen nun das politische Ruder in die Hand. Programme für die Zeit nach dem Tag X gab es genug, doch ist es für Revolutionäre wesentlich einfacher zu kämpfen, zu töten und zu zerstören als zu »regieren«, aufzubauen und eine Wirtschaft in Gang zu bringen. Die Sandinisten gingen mit wahrer Begeisterung ans Werk und hätten in den ersten Monaten nach dem Sturz von Somoza bei einer freien Wahl zweifellos 80 bis 90 Prozent der Stimmen gewonnen. Besonders die Landbevölkerung war begeistert, als die Landreform durchgeführt wurde und ein Großteil der Agrarwirtschaft in landwirtschaftlichen Kooperativen mündete.

Die programmatischen Erklärungen der Sandinisten ließen die ersten Zweifel aufkommen, als die großspurigen Versprechungen ein wahres Paradies verhießen, ähnlich wie dies in »Volksdemokratien« üblich ist. In den einzelnen Punkten war immer wieder die Rede, daß das »Volk« die Betriebe überwachen und kontrollieren werde. Alle sollten neue Arbeitsbedingungen und sogar eine Garantie erhalten, daß die Lebenshaltungskosten nicht andauernd steigen würden. Ein Kunststück, das noch kein einziges westliches oder östliches Gesellschaftssystem fertiggebracht hat. Selbstverständlich wurde die Verstaatlichung als Geheimrezept von Wirtschaftserfolgen angekündigt, und die Sandinistenregierung wollte dafür sorgen, daß überall Schulen gebaut würden. Sogar die Banken sollten künftighin nur noch dem Fortschritt des Volkes dienen, und das Sparaufkommen der Nicaraguaner sollte in Projekte von nationalem Vorteil investiert werden. Folter und politischer Mord müßten endgültig verschwinden. Im Punkt 21 dieses sandinistischen Programms steht: »Wir werden uns demokratischer Freiheiten erfreuen. Jedermann wird das Recht haben, seine Meinung auszudrücken, wie er will...«

Betrachtet man dieses Programm als Ganzes, dann sind die angekündigten wirtschaftlichen Thesen größtenteils weltfremd und naiv, fern aller Realisierungsmöglichkeiten. Andere Punkte sind absolut positiv und wirkten sich später dann auch so aus. Der restliche Teil ist marxistisch-leninistisch verstrickt oder ohne wirkliche Inhalte. Der Sandinismus als Ideologie ist schwerlich als eigene politische Doktrin darzustellen, sondern wirkt dem programmatischen Buchstaben nach eher als liberal angehauchte »Volksdemokratie«. Das Experiment »Sandinismus« lief auf allen Ebenen an...

Die Maske fiel erst später

Nach den Siegesfeiern gingen die Sandinisten und ihre Verbündeten der patriotischen Front gleich daran, verschiedene Programmpunkte zu verwirklichen. Am einfachsten waren Enteignungen und Verstaatlichungen, weil dies nichts kostete. Die Regierung verteilte einfach, was andere besaßen. Die ersten bilateralen Kooperationsverträge auf verschiedenen Ebenen schloß die Junta mit Kuba und der Sowjetunion ab, die in erster Linie auf dem militärischen Sektor, aber nicht im wirtschaftlichen Bereich etwas brachten. Nicaragua hatte nach marxistischen Vorstellungen verschiedener Ostblockländer nun eine Mission zu erfüllen, indem es die errungenen gesellschaftspolitischen und ideologischen Veränderungen auch anderen mittelamerikanischen Ländern anbieten oder bei deren Verwirklichung behilflich sein sollte. In erster Linie kam dafür das Nachbarland El Salvador in Frage, wo schon seit Jahren ein blutiger Bürgerkrieg herrschte. Die Sandinisten lieferten an die linken Guerillabewegungen nachweisbar Waffen, die von Kuba und der Sowjetunion nun offiziell nach Nicaragua kamen und an der Grenze den »kämpfenden Brüdern« von El Salvador übergeben wurden. Derartige Waffenhilfen wurden zwar immer dementiert, doch lassen Zeugenaussagen kaum einen Zweifel offen.

Eine Landreform in Nicaragua war sicherlich nötig, aber selbst da zeichnete sich von Anfang an die gewünschte Richtung ab. Bis 1982 wurden 100.000 Hektar Land verteilt, und zwar 82 Prozent an Kooperativen und 18 Prozent an Einzelpersonen. Bis Ende 1983 fanden weitere 450.000 Hektar Boden neue Besitzer. Die von Somoza hinterlassenen Staatsschulden mußte die Junta in Managua anerkennen, sonst hätte sie keine neuen Kredite erhalten. Umschuldungsverhandlungen brachten zwar einen Zahlungsaufschub, aber die Schere wurde immer enger. 1983 betrug der Schuldendienst 290 Millionen Dollar, fast 72 Prozent der Exporterlöse sollten für Tilgungs- und Zinszahlungen aufgewendet werden. Nach den Zinserhöhungen in den Vereinigten Staaten erklärte der Präsident des Internationalen Fonds für Wiederaufbau (FIR), Blandon, in Managua lapidar, daß die Regierung Nicaraguas ihren Auslandsverpflichtungen nachzukommen nicht mehr in der Lage sei.

Eine absolut positive Maßnahme war die Alphabetisierungskampagne unter der Leitung des späteren Unterrichtsministers Fernando Cardenal (Jesuitenpater) – Bruder des weltbekannten Priesterpoeten Ernesto Cardenal –, der nicht nur alle verfügbaren Lehrer, sondern auch Schüler und Studenten als sogenannte »Alphabetisatoren« auf dem Lande einsetzte. Diese jungen Leute drangen bis in die entlegensten Regionen der Provinzen vor, arbeiteten tagsüber mit den Bauern und gaben am Abend Kindern und Erwachsenen Unterricht. Diese Lehrer brachten der Bevölkerung aber nicht nur das Alphabet bei, sondern gleichzeitig wurde eine intensive politische Schulung und ideologische Indoktrination vorangetrieben. Eine halbe Million Menschen wurden auf diese originelle Art unterrichtet, die Analphabetenquote sank von 50 auf schätzungsweise 8 Prozent, eine mehr als beachtliche Leistung.

Die im Kampf gegen Somoza so vorbildliche Einigung fast aller politischen Kräfte im Lande – der nationale Konsens – begann in zunehmendem Maße abzubröckeln. Am 9. November 1981 verbot die FSLN eine Massenveranstaltung der oppositionellen Partei »Movimiento Democrático Nicaraguense« (MDN), worauf elf Abgeordnete des bürgerlichen Lagers voller Empörung drei Tage später den Staatsrat verließen, der als gesetzgebendes Gremium die Arbeit der Regierungsjunta kontrollierte.

Der stellvertretende Verteidigungsminister, Erstürmer

des Nationalpalastes und Volksheld Nr. 1, »Comandante«
Edén Pastora, und Innenminister René Valdivia legten
Anfang Juli desselben Jahres ihre Ämter nieder und gingen
ins Ausland, wo sie sich einer antisandinistischen Guerillabewegung anschlossen. Das war schon allein optisch ein
schwerer Schlag für die Sandinisten, die den geflüchteten
»Comandante Cero« Edén Pastora demonstrativ aus der
Partei ausschlossen und seine Fotos im Revolutionsmu-
seum abmontierten. Die Sandinisten argumentierten er-
bost, daß Pastora und andere ehemalige Sandinisten die
Revolution verraten hätten, während Edén Pastora seiner-
seits behauptete, daß die FSLN Staat und Gesellschaft
immer deutlicher in ein zentralistisch gelenktes marxistisch-
leninistisches System umformten und vom einst so geprie-
senen Nationalismus und Pluralismus, von der Meinungs-
und Pressefreiheit und von der versprochenen Privatwirtschaft neben der verstaatlichten Wirtschaft fast nichts mehr
übrig sei. Das war deutlich, und gerade aus seinem Munde
wirkte diese Feststellung überzeugend, da der Mann doch
mehr als die Hälfte seines Lebens mit den Sandinisten gegen
Somoza fanatisch gekämpft hatte. Pastora hatte reichlichen
Anhang in der »Frente«, viele seiner Bewunderer und
Gefolgsleute ließen die FSLN im Stich und folgten ihrem
Idol ins Ausland. Pastora war die größte moralische
Ohrfeige, welche die Sandinisten einstecken mußten. Ihre
ätzende Bemerkung, daß Pastora von den Amerikanern –
vom CIA – gekauft worden sei, konnte einwandfrei
widerlegt werden. Hätte Pastora wirklich amerikanisches
Geld genommen oder Angebote vom CIA – die es gab –
akzeptiert, stünde Pastora mit seinen Leuten heute bereits
vor Managua.

Als US-Präsident Carter aus dem Weißen Haus schied
und Ronald Reagan an die Macht kam, änderte sich
schlagartig die Weltpolitik. Bis zum Machtantritt Reagans
erfolgte Schlag auf Schlag eine globale sowjetische Expansionspolitik, mittels der sich die Russen nach einem
globalstrategischen Konzept an wichtigen Weltecken fest-

gesetzt hatten: Südjemen, Angola, Mozambique, Vietnam, Kambodscha, Benin, Äthiopien (Kuba fiel bereits früher) sowie Afghanistan, wo die Russen die peinliche Schmutzarbeit der gewaltsamen Invasion selbst erledigten. Reagan machte nun klar, daß die Entspannungspolitik keine Einbahnstraße sein könne, wo einer ständig nachzugeben habe, während der Gegenspieler seinen Machtbereich ständig ausweite. Die sogenannten »Revolutionen« sind ja nicht nur hausgemacht, sondern die Großmächte (die Sowjets ebenso wie die USA) spielen da mit einer perfiden Taktik, indem sie sich nationale Strömungen oder Widerstandsbewegungen zunutze machen und für ihre eigenen Interessen einspannen. Erforderliche Investitionen an Logistik und Waffenhilfe lohnen sich in der Regel immer. Ohne Militärintervention von Kuba und Rußland wären heute in den oben aufgezählten Ländern keine »Volksdemokratien« und keine marxistischen Systeme installiert. Und wenn die Amerikaner bei diesen politischen und militärischen Invasionen der Sowjets nicht so zaghaft oder tatenlos zugesehen hätten, wäre es gleichfalls zu keinen derartigen Hemisphärenansprüchen gekommen.

Reagans Außen- und Weltpolitik ist von einer Maxime markiert: Stopp für die sowjetische Expansion auf unserem Globus – kein Quadratmeter Boden soll mehr an den marxistischen Machtbereich verlorengehen! In diesem Zusammenhang reagierte Reagan auf die Entwicklung in Nicaragua, das sich eng an Kuba und die Russen klammerte, allergisch und massiv. Einerseits wollten die Amerikaner unter keinen Umständen mit Nicaragua ein zweites Kuba in ihrem Sicherheitsbereich, und andererseits sahen die Amerikaner nicht ein, daß sie mit ihren Anleihen und Bankkrediten ein marxistisch-leninistisches Modell in Mittelamerika finanzieren sollten. Die USA drehten deshalb unter Reagan den Geldhahn noch energischer zu, und auch die Weltbank sowie die Privatbanken im Westen folgten diesem Beispiel und ließen keine Dollar mehr nach Managua, das sich ohnehin bereits zahlungsunfähig erklärt hatte.

Am 9. September 1981 rief die sandinistische Revolutionsregierung den »wirtschaftlichen und gesellschaftlichen Notstand« aus und erließ in ihrem Arbeiterparadies ein Streikverbot. Die Generalmobilmachung erfolgte am 28. September für die Streitkräfte, für Polizei und Milizverbände.

Inzwischen hatten sich die nach Honduras und El Salvador geflohenen ehemaligen Angehörigen der Somoza-Nationalgarde – etwa 7000 an der Zahl – gefunden und organisiert. Die Amerikaner finanzierten die Ausbildung und Bewaffnung dieser »Contras«, dieser Antisandinisten. Vietnamerfahrene Spezialisten der gefürchteten amerikanischen Sondereinheiten »Green Berets« übernahmen den Drill dieser Rebellenarmee. Reagan erklärte bei einer Pressekonferenz einem Journalisten auf dessen Frage, daß die Kubaner und Russen die Sandinisten militärisch unterstützen und Amerika fördere eben die Antisandinisten. Warum sei die eine Hilfe gut und die andere schlecht? Er verstehe überhaupt nicht, daß in der Weltöffentlichkeit die Unterstützung von marxistischen Bewegungen immer als progressiv hochgejubelt werde, während verschiedene Kreise sich bemühen, die Unterstützung von antimarxistischen Bewegungen zu verteufeln.

Die »Contras« erhielten ständig Zulauf, speziell aus den nördlichen Regionen Nicaraguas. Die Situation wurde für die Sandinisten auf allen Ebenen immer trister. Am 15. März 1982 verhängte die Junta den »Ausnahmezustand« mit nächtlichem Ausgehverbot. Verhaftungsvollmachten für Militär und Polizei ließen böse Erinnerungen an Somozas Willkür auftauchen. Der Generalsekretär der maoistischen PCN – Eli Altamirano – wurde zu drei Jahren Gefängnis verurteilt, während drei Führer der prokommunistischen Gewerkschaft CAUS und einige führende Mitglieder des Unternehmerverbandes COSEP zu geringeren Gefängnisstrafen verdonnert wurden. Links ließen sich die Sandinisten jedenfalls nicht überholen, das wollten sie anscheinend schon selbst besorgen.

Die »Contras« begannen mit ihren Überfällen über die Grenzen von Honduras und El Salvador hinweg. Sie drangen dabei tief in Nicaragua ein, wobei sie Betriebe zerstörten, die Einbringung von Ernten verhinderten sowie Polizeistationen und Militäreinheiten der Armee angriffen.

Edén Pastora blieb nicht untätig, er rief über Rundfunk in den benachbarten Ländern zum Sturz der sandinistischen und marxistischen Regierung in Managua auf und arrangierte am 3. Juni in Lissabon eine große Pressekonferenz, bei der er die Bildung einer Nicaragua-Exilregierung mit der Bezeichnung »Revolutionäre Regierung der Volkseinheit« (GRUP) bekanntgab. Das hatte zwar keinerlei praktische Auswirkungen, aber die sozialistischen Bewegungen und Parteien im Westen bekamen von Pastora ausführliche Dokumentationen zugespielt. So einheitlich national schien diese FSLN nun doch nicht zu sein, wie sie den Anschein erwecken wollte.

Da die Opposition in Nicaragua selbst immer ärgeren Pressionen durch die Sandinisten ausgesetzt war, organisierte sich der Widerstand verstärkt im benachbarten Ausland. In Costa Rica gründeten im September 1982 vier Oppositionsführer, darunter Alfonso Robelo, Mitglied der ersten sandinistischen Regierungsjunta, und Edén Pastora eine neue Dachorganisation der zersplitterten Widerstandsgruppen, die »Alianza Revolucionaria Democrática« (ARDE), um alle Bemühungen und militärischen Anstrengungen zu koordinieren. Managua reagierte nervös und verhängte über die fünf Grenzprovinzen das Kriegsrecht. Im ganzen Land wurden kurz darauf »Volksgerichtshöfe« eingesetzt, welche die ordentlichen Gerichte entlasten sollten, de facto jedoch weniger nach juristischen, sondern vielmehr nach FSLN-politischen Grundsätzen richteten. Die Contras stießen bis zu 200 Kilometer in das Landesinnere vor und operierten bereits in den Provinzen Matagalpa, Jinotega und Nueva Segovia, der Stammprovinz des einstigen Freiheitshelden Sandino. Die »Fuerza Democrá-

tica Nicaraguensa« (FDN) bildet einen weiteren Flügel der
antisandinistischen Streitkräfte und bezeichnet sich auch als
Befreiungsbewegung zum Sturz des sandinistischen Regimes in Managua. Bei solchen Kampfhandlungen kam der
deutsche Arzt Albert Pflaum mit zwölf weiteren Menschen
in der Provinz Jinotega ums Leben, worauf deutsche
Entwicklungshelfer in Managua die Botschaft der Bundesrepublik Deutschland vorübergehend besetzten. Im Norden häuften sich die Einmärsche der Contras, so daß
größere sandinistische Militärverbände an die Grenze
verlegt werden mußten. Auch die UNO schaltete sich ein,
der Weltsicherheitsrat unterstützte die Vermittlungsbemü-
hungen der »Contadora«-Gruppe*), was überhaupt keinen
Erfolg brachte. Die zentralamerikanischen Staaten sahen
mit Argwohn auf die noch immer andauernde enorme
Aufrüstung Nicaraguas, mit der auch die »Contadora«-
Staaten keine Freude haben. Die Sandinisten haben sich
auch von dieser Staatengruppe isoliert und waren der
Meinung, daß sie dem innen- und außenpolitischen Druck
mit Hilfe der Kubaner und Russen widerstehen könnten.
Die Amerikaner hingegen versuchten über ihren Geheimdienst CIA, die beiden antisandinistischen Guerillabewegungen ARDE und FDN auf einen Nenner zu bringen,
und machten ihre weiteren finanziellen Unterstützungen
davon abhängig. Alfonso Robelo (ARDE) unterstützte die
amerikanische Forderung, Edén Pastora hingegen war mit
dieser politischen Auflage nicht einverstanden. Bei einer
Pressekonferenz auf nicaraguanischem Staatsgebiet, das die
Contras erobert hatten, erklärte Pastora seinen Standpunkt,
dabei explodierte eine Bombe, die Pastora verwundete und

---

*) Die Contadora-Gruppe wurde am 8. Jänner 1983 keineswegs als Organisation
im üblichen Sinne, sondern vielmehr als Kontakt- und Diskussionsrunde auf
der Insel Contadora gegründet. Ihr Zweck ist eine Befriedung Mittelamerikas
durch Rüstungskontrolle, Unterbindung der Guerillatätigkeit, Respektierung
der Menschenrechte, Durchführung demokratischer Wahlen usw. Mitglieds-
länder: Kolumbien, Mexiko, Paraguay und Venezuela, unterstützt von den fünf
mittelamerikanischen Staaten.

sieben andere Teilnehmer tötete. Verschiedene Vermutungen wurden angestellt, bis sich herausstellte, daß die Sandinisten auf diese Art ihren ehemaligen Nationalhelden ein für allemal hatten ausschalten wollen, was allerdings nicht gelang.

In den beiden Jahren 1981 und 1982 waren die Contras nicht besonders erfolgreich, doch ab März 1983 drangen die Rebellen in Einheiten von 1000 bis 2000 Mann in Nicaragua ein und verursachten große Verluste und bedeutende Schäden. Nach alter Guerillataktik behielten sie keine Gebiete unter Kontrolle, sondern verschwanden ebenso schnell, wie sie gekommen waren, in das benachbarte Ausland. Sie versuchen die Produktions- und Exportziffern Nicaraguas zu reduzieren und so das Land zu destabilisieren.

Politik
mit Zuckerbrot und Peitsche

Ganz allgemein verglichen, wenden Moskau und Washington so ziemlich die gleichen Methoden in ihrer Weltpolitik an. Ob dies nun der russische Geheimdienst KGB oder der US-Geheimdienst CIA ist, beide bereiten mit ihrer subversiven Tätigkeit sorgfältig spätere militärische oder politische Aktionen vor. Selbst Morde an einflußreichen oder unliebsamen Spitzenpolitikern können nachgewiesen werden, willfährige Nachfolger werden oft mitgebracht. Propagandafeldzüge manipulieren die Öffentlichkeit, um so den moralischen Rückhalt und das Verständnis für nachfolgende gewagte Aktionen zu bekommen. Alibis bastelt man sich selbst zusammen, indem unschwer eine politische Partei oder Minderheit gefunden wird, die zum richtigen Zeitpunkt in der Weltöffentlichkeit um Hilfe und militärische Intervention von der einen oder anderen Seite schreit. Solche militärische Interventionen mit dem »hohen Ziel«, die Unterdrückten zu befreien, lassen sich ohne Rücksicht auf Völker- oder Menschenrechte immer rechtfertigen. Unsere Erde kennt genug Länder, wo Truppen fremder Staaten präsent sind. Der Unterschied zwischen Ost und West ist in dieser Frage wahrscheinlich nur graduell erkennbar. Wenn man sich allein die US-Militäreinsätze der letzten 140 Jahre in Lateinamerika und in der Karibik vor Augen hält, so kommt man zu einer erschütternden Kette von Ereignissen mit einer Vielfalt von Motiven, aber nur einem einzigen wirklichen Grund: Ausweitung oder Festigung des eigenen Machtbereiches.

US-MILITÄRINTERVENTIONEN SEIT 1846:

1846 – 1848: Krieg gegen Mexiko mit Territorialgewinn
1873 / 1885 / 1901 und 1902: Militärinterventionen in
Panama
1894 / 1898 / 1899: Militärinterventionen in Nicaragua
1898 – 1902: Puerto Rico als Kolonie einverleibt
1903: Errichtung des bis heute existierenden Militärstütz-
punktes Guantanamo auf Kuba
1904: Landung in der Dominikanischen Republik
(Dollar wird Landeswährung)
1905: Invasion in Honduras
1906 – 1909: Militärische Einsätze auf Kuba
1908: Militärinvasion in Panama
1909 – 1910: Militärintervention in Honduras
1912: Marineinfanteristen landen auf Kuba zur
Verhinderung einer Revolte und intervenieren
militärisch in Honduras und Panama
1912 – 1925: US-Militär als Besatzungstruppen in Nicaragua
1914: Militärinterventionen in der Dominikanischen
Republik und in Mexiko
1914 – 1934: Haiti wird militärisch besetzt
1916 – 1924: US-Invasionstruppen besetzen die Domini-
kanische Republik
1917 – 1923: Amerikanische Truppen intervenieren auf Kuba
1918: Entsendung von US-Truppen nach Panama
1919 und 1924: Militärinterventionen in Honduras
1925: Entsendung von US-Truppen nach Panama
1926 – 1933: Invasionstruppen besetzen Nicaragua
1954: Söldnerinvasion in Guatemala unter CIA-Führung
mit anschließendem Putsch
1961: Versuchte und fehlgeschlagene Söldnerinvasion
auf Kuba
1965: Invasion in der Dominikanischen Republik zum Sturz
der Regierung
1983: Invasion auf der Karibikinsel Grenada

Selbstverständlich könnte man eine – wenn auch nicht so
lange, aber immerhin blutigere – Liste von den Sowjetinter-
ventionen und denen ihrer »Stellvertreter« in anderen
Erdteilen aufstellen. Man soll die Fakten zu Vergleichs-
zwecken gegenüberstellen, um zu sehen, daß sich Osten

und Westen gleicher negativer Methoden bedienen, um ihre Ziele zu erreichen.

Auf anderer Ebene versuchen die Vereinigten Staaten mit einem enormen Kapitalaufwand die Verlängerung der Achse Moskau–Havanna–Managua zu verhindern, indem sie verschiedenen mittelamerikanischen Staaten Militärhilfen gewähren, um so der kubanischen Infiltration und Guerillatätigkeit Einhalt zu gebieten. Guatemala, El Salvador, Honduras und Panama erhielten nicht nur die modernsten Waffenarsenale zur Aufrüstung ihrer nationalen Armeen, sondern die Yankees stellten auch die nötigen Ausbildner und Berater, damit diese Millioneninvestitionen auch entsprechend schlagkräftig werden. Eine meist parallel laufende Wirtschaftshilfe versüßt die Zusammenarbeit und bildet ein plausibles Motiv, bei der Stange zu bleiben. Panama mit seiner US-Kanalzone, wo sich das Hauptquartier des »US-Oberkommandos Süd« befindet, ist die Leitstelle für alle Aktionen und Koordinationen in Zentralamerika. Auf dem amerikanischen Luftwaffenstützpunkt »Howard« in der Kanalzone ist auch eine Staffel von Aufklärungsflugzeugen stationiert, die die ganze Region nicht aus den Augen lassen und speziell Nicaragua im Rasterflug ständig überwachen, um sofort alle Truppenverlegungen oder sonstigen militärischen Aspekte an die Contras weiterzuleiten.

Für die USA gilt dasselbe, was die Breschnew-Doktrin aussagt, worin sich die Sowjetunion das Recht vorbehielt, in ihrem eigenen Einflußbereich jederzeit auch militärisch intervenieren zu dürfen. Dasselbe Recht nehmen die Amerikaner für sich in ihrem Einflußbereich in Anspruch. Die ehemalige US-UNO-Botschafterin und amerikanische »Eiserne Lady« Jean Kirkpatrick formulierte das so: »Die Sowjets verstehen anscheinend nur ihre eigene Sprache – ihrer Gewaltanwendung kann man nur mit Gewaltanwendung entgegentreten, alles andere wird von ihnen als Schwäche ausgelegt . . .«

Nicht nur die Mobilmachung der an Nicaragua angrenzenden Staaten geht auf die Amerikaner zurück, sie griffen vielmehr auch eigenhändig in das Nicaragua-Geschehen ein. Der mit solchen Aktionen bevollmächtigte CIA arrangierte 1983 mit beigestellten Schnellbooten direkte Angriffe auf die Nicaragua-Häfen Puerto Sandino und Corinto. Man ging sogar noch weiter, Präsident Reagan gab 1984 die Zustimmung, die nicaraguanischen Häfen zu verminen, was ihm allerdings in der Weltöffentlichkeit herbe Kritik einbrachte. Großangelegte Manöver in Honduras, durchgeführt von zwei US-Divisionen und der honduranischen Armee mit Luftlandeübungen und scharfer Munition aller Kaliber, in Verbindung mit der vor der Küste operierenden amerikanischen Flotte sollten als »Säbelgerassel« und Machtdemonstration den Sandinisten Angst und vielleicht auch die Vision einflößen, was eines Tages Wirklichkeit werden könnte.

Eine andere Facette in der amerikanischen psychologischen Kriegführung gegen das System in Managua war die von Präsident Reagan ganz offen geführte Debatte, ob es ratsam wäre, eine direkte militärische Invasion in Nicaragua zu erwägen. Ein Aufschrei der Empörung lief daraufhin durch die amerikanischen Medien, und das westliche und östliche Ausland prangerten diese amerikanische Absicht vehement an. Das Vietnamtrauma war noch nicht vergessen. Vietnamkriegsinvaliden kamen mit ihren Rollstühlen angefahren, um vor dem Weißen Haus zu demonstrieren. Ein neuerlicher »Vietnam«-Krieg vor der Haustür schreckte wie ein Angstgespenst alle Mediengeister hoch. Das Thema verschwand schnell wieder aus der US-Tagespolitik, taucht aber gelegentlich mit einer anderen Verklausulierung wieder auf: Sollte El Salvador den marxistischen Guerillas in die Hände fallen und so auch der zweite »Dominostein« nach Nicaragua umfallen, so hätten die USA überhaupt keine andere Möglichkeit, als in Nicaragua und El Salvador militärisch zu intervenieren, um einer demokratischen Gesellschaftsordnung Platz zu machen.

Honduras bildet für die USA die Aufmarschbasis. In

diesem drittärmsten Land der Welt wurden und werden ständig Militärflugplätze und andere militärische Einrichtungen gebaut. Eine Kerntruppe von etwa 3000 amerikanischen Soldaten sichert diesen Brückenkopf sorgsam ab, denn über diese Betonpisten können im Notfall innerhalb weniger Stunden zwei bis drei Kampfdivisionen eingeflogen werden. Das Sprungbrett Honduras unmittelbar neben Nicaragua und El Salvador besitzt für die amerikanischen Militärs einen immens hohen strategischen Wert.

Nach amerikanischer Version geht es bei der ganzen Problematik nicht allein um Nicaragua, denn die Sandinisten sind äußerst agil, von ihrem Territorium aus die linken Guerillabewegungen in den Nachbarländern mit kubanisch-sowjetischen Waffen zu versorgen. Die Sowjets schicken ihre Frachter seit 1984 über die lange Route rund um das Kap Hoorn nach Nicaragua, um eventuelle Kontrollen im Panamakanal zu vermeiden. Der Frachter »Bakuriani« wurde von amerikanischen Satelliten und Aufklärungsflugzeugen identifiziert und auf seiner unverständlichen Route verfolgt. Allein der Treibstoffverbrauch des Schiffes für diesen horrenden Umweg ließ vermuten, daß die »Bakuriani« aus bestimmten Gründen den billigen, kurzen Weg durch den Panamakanal absichtlich mied. An der Deckladung war absolut nichts Verdächtiges zu erkennen – im Gegensatz zu den seinerzeitigen Raketen, die auf russischen Frachtern nach Kuba kommen sollten –, da hatten die Russen anscheinend gelernt. An Deck der »Bakuriani« standen nur genormte Container. Das Schiff wurde, streng abgeschirmt, nur nachts entladen – für Washington wiederum Anlaß, energisch auf den Tisch zu klopfen: Die USA würden es unter keinen Umständen dulden, daß in Nicaragua Raketen oder modernste MIGs stationiert werden, die für die Landesverteidigung kaum gedacht sein könnten. Managua dementierte heftigst, ließ den Gegenbeweis nicht zu, daß es sich um eine harmlose Ladung gehandelt habe. Dieses ständige Katz-und-Maus-Spiel, die permanenten Drohungen, Ankündigungen von

Konsequenzen, die lodernden Grenzen Nicaraguas, wo die Contras kommen und gehen, brandschatzen, überfallen und töten – sei es nun von Honduras oder von El Salvador aus –, die US-Flottenpräsenz vor den Küsten Nicaraguas und die fallweisen Angriffe von der offenen See verursachen bei den Sandinisten verständlicherweise eine beachtliche Nervosität. Die Generalmobilmachung kostet viel Geld, viele Studenten wurden zum Militär eingezogen und können nicht weiterstudieren, trotz Arbeitslosigkeit im Land ruht in vielen Betrieben die Produktion, weil kein Geld für Maschinenersatzteile oder Rohstoffe vorhanden ist.

Je mehr der Druck auf Nicaragua zunahm, umso mehr Berater und Helfer trafen aus den Ostblockländern in Managua ein. Kuba, die Sowjetunion und die DDR stehen ziffernmäßig an der Spitze der Helfer, man schätzt ihre Zahl auf etwa 7000 bis 8000, die zum Teil aus Lehrern und Ärzten bestehen, der Rest entfällt aber auf Militärs, Sicherheitsdienst- und Politsystemexperten. Offiziere dieser Helferländer tragen in der Öffentlichkeit nie ihre Uniform, sie sind in komfortablen und abgesicherten Quartieren – meist mit ihren Familien – untergebracht. In sehr vielen Büros und Ämtern sitzen die Berater an den Schlüsselpositionen, ohne deren Unterschrift die nicaraguanischen Amtsträger und Funktionäre machtlos sind. Entsprechend arrogant führen sich diese »Ausländer« in Managua auch auf, sie werden von der sandinistischen Regierung bar bezahlt. Geschenkt wird nichts unter den marxistischen Brüdern und Völkern, strenge Rechnung – gute Freundschaft! Dennoch sind die Sandinisten auf diese Hilfe angewiesen, weil sie mit ihrer umständlichen Bürokratie den Erfordernissen ziemlich hilflos gegenüberstehen. Das so heiß erkämpfte Ziel ihrer Revolution macht ihnen noch sehr zu schaffen, weil politische Ideologie noch nie ein entsprechendes Fachwissen ersetzen konnte. Die Russen halten sich meist im Hintergrund und überlassen den Kubanern den Vortritt. Eine äußerst geschickte politische Taktik, weil die Kubaner geschichtlich, sprachlich und geogra-

phisch mit den Nicaraguanern verwandt sind. Die Ostblockstaaten wählen ihre Leute für Nicaragua nicht nur
gewissenhaft aus, sondern bereiten sie auch behutsam vor.
Fast alle Berater und Helfer kommen schon mit spanischen
Sprachkenntnissen in das Land, über das sie eingehend
informiert wurden, bevor man sie via Havanna in Marsch
setzte. Den Kubanern fehlt es oftmals am nötigen Taktge-
fühl gegenüber ihren nicaraguanischen Schutzbefohlenen,
es beklagten sich sandinistische Offiziere oder Funktionäre
über die beigegebenen kubanischen Berater, welche die
Nicaraguaner von oben herab wie die einstigen spanischen
Kolonialherren behandelten. Derartige peinliche Vorfälle
können kaum verheimlicht werden und müssen gewöhn-
lich von höheren Stellen beigelegt werden.

Als Gegengewicht zu dem immer heftiger und spürba-
rer werdenden Druck seitens der USA sowie der nicht
vorhandenen Wirtschaftshilfe des Ostblockes starteten die
Sandinisten eine emsige internationale Kampagne in der
westlichen Welt, um dort politisches Verständnis, Wirtschaftshilfe und Finanzdarlehen zu erhalten. Nicht nur bei
sozialistischen Regierungen und Parteien in westlichen
Ländern fanden die Nicaraguaner schon allein deshalb
Sympathie und offene Ohren, weil es der kleine Staat
gewagt hatte, dem mächtigen Amerika zu trotzen und
eigene Wege zu gehen. Es gab Unterstützung in Form von
Entwicklungshilfeprojekten, und verschiedentlich gewährte man ihnen begrenzte Darlehen oder Spenden, weil man
von der Zahlungsunfähigkeit des Landes ohnehin wußte.
Mehr Erfolg hatten die Sandinisten auf politischer Ebene,
denn in vielen Ländern bildeten sich Nicaragua-Hilfskomi-
tees oder »Informationsbüros«, die zu Spendensammlun-
gen aufriefen. Linksorientierte Gruppierungen waren von
Haus aus auf der Seite der Sandinisten, weil das System
ideologisch in ihr Konzept paßte. Es gab auch Großbetrie-
be und Gewerkschaften in Westeuropa, die beachtliche
Geldbeträge bei ihren Mitgliedern sammelten oder von
Gewerkschaftskonten spendeten. Alle diese Bemühungen

sind für Managua sicherlich eine nicht zu unterschätzende politisch-moralische Hilfe und Solidaritätsbekundung, bringen aber wirtschaftlich wenig, weil sie kaum ein Tröpfchen auf dem heißen Stein sein können.

Eine andere Solidaritätsaktion bilden die internationalen Erntehelfer, die auch aus verschiedenen westlichen Ländern anreisten und mit aufrichtiger Begeisterung in entferntesten Regionen den Bauern halfen, die Ernte (Kaffee und Baumwolle) einzubringen, weil die Sandinisten unter Waffen standen und dafür kaum Zeit fanden. Neben diesen Ernteaktionen gab es auch Beispiele besonderer Art, wenn beispielsweise Ärzte in Europa ihre gutgehenden Praxen schlossen und ihren Mercedes verkauften, um mit der nächsten Maschine nach Managua zu fliegen und in irgendeinem entlegenen Busch- oder Dschungelgebiet ihre ärztliche Kunst bei den Ärmsten auszuüben. Diese individuelle Hilfe kam häufig auch von amerikanischen Jugendlichen und Erwachsenen, die damit gegen die Politik ihrer Regierung protestieren wollten.

Die sandinistische Junta war 1984 gezwungen, die Volksmiliz in der Stärke von 250.000 Mann zu mobilisieren, um den Contras wirkungsvoll entgegentreten zu können. Diese Miliz besteht nur aus Arbeitern und Bauern aus der Landwirtschaft, deren Kampfkraft und Ausbildung mangelhaft ist. Comandante Daniel Ortega – der Koordinator der Junta – verkündete im Feber, daß am 4. November 1984 freie und geheime Wahlen in Nicaragua stattfinden würden, da sich fünf Jahre nach dem Revolutionssieg die Situation im Lande normalisiert habe. Das war offensichtlich eine Flucht nach vorn, um zu geordneten Regierungsverhältnissen zu finden, nachdem gerade kritische ausländische Stimmen über das institutionalisierte Revolutionsprovisorium immer lauter geworden waren. Mit dieser Zusage sollte vielen Kritikern der Wind aus den Segeln genommen, ein Präsident und eine Nationalversammlung sollten gewählt werden. Kurz darauf gaben die beiden letzten in der »Regierung« verbliebenen Oppositionsparteien PLC und PCD ihre Zusammenarbeit mit der FSLN auf, wodurch das einstige Anti-Somoza-Bündnis zwischen den Sandinisten und den verschiedenen Oppositionsparteien restlos gesprengt war.

Die Contadora-Staaten hatten sich endlich dazu durchgerungen, die amerikanische Verminung der nicaraguanischen Häfen, jegliche Form der Unterstützung regierungsfeindlicher Rebellen sowie die Abhaltung von Militärmanövern in Mittelamerika (Honduras) zu verurteilen. Das hatte allerdings wenig Gewicht und änderte so gut wie nichts an der verworrenen Situation. Weitaus eindrucksvoller verurteilte der Internationale Gerichtshof in Den Haag die US-Verminung und forderte die Vereinigten Staaten zur sofortigen Einstellung derartiger Handlungen auf. In der UNO verhinderte das Veto der USA die Einbringung einer entsprechenden Resolution im Weltsicherheitsrat. Je kritischer eine Konfliktsituation ist, umso unfähiger gebärdet sich die UNO, besonders wenn es um Großmächte geht.

Im April 1984 erklärte die Junta in Managua das gesamte Staatsgebiet Nicaraguas zur »Kriegszone«. Mit diesem Ausnahmezustand ließ es sich administrativ wesentlich leichter operieren, Kriegsgerichte und Volksgerichte traten in Aktion. Edén Pastora, der sagenhafte »Comandante Cero«, trat mit seiner nur knapp 1000 Mann starken schlagkräftigen Guerillatruppe wieder einmal in Erscheinung und eroberte die Hafenstadt San Juan del Norte, zog sich wenig später aber wieder in sichere Gebiete zurück. Pastora hielt vor der Bevölkerung aber lautstarke Reden und versprach, die arroganten Comandantes in Managua mit der Waffe in der Hand aus ihren feudalen Villen und aus ihren Luxusautos herauszuholen. Im Norden waren vorübergehend 8000 Antisandinisten von Honduras eingefallen und brachten die Regierungstruppen ebenso wie die Kaffee-Ernten in arge Schwierigkeiten.

Die Wahl war eine Farce
wie bei Somoza

Innerhalb der FSLN gab es harte Diskussionen über die Wahlen, welche von den Sandinisten noch vor dem Sturz Somozas versprochen worden waren. Der harte sandinistische Kern war der Überzeugung, daß man dieses »bürgerliche Lotteriespiel« überhaupt nicht nötig habe, weil das sandinistische Volk ohnehin die Macht bereits in Händen habe und diese nie mehr hergeben würde. Der internationale Druck, speziell aus dem sozialistischen Lager Lateinamerikas und Europas sowie von Vertretern der »Sozialistischen Internationale«, machte den Comandantes in Managua jedoch klar, daß die Aussetzung der versprochenen freien und geheimen Wahlen dem Lande viele Sympathien kosten würde und einige Staaten ihre Projektzusagen von diesen Wahlen bereits abhängig machten.

Der eigentlich starke Mann innerhalb der neunköpfigen Comandante-Schar ist Tomas Borge Martinez, der einzige Überlebende der Gründer der FSLN, der von Somoza eingekerkert und gefoltert worden war, aber von Edén Pastora nach der Erstürmung des Nationalpalastes freigepreßt werden konnte. Borge ist Innenminister, gleichzeitig aber die ausgeprägteste Führungspersönlichkeit in der Junta. Er gilt als enger und persönlicher Freund Fidel Castros, war häufig in Kuba und ist ein überzeugter moskaunaher Marxist-Leninist. Tomas Borge ist unbestritten der gefährlichste Sandinist der Gegenwart, der sich seit dem Machtantritt der FSLN mit ausgesuchten Vertrauensleuten systematisch eine Art Hausmacht aufbaute und innerhalb der FSLN einen extrem linken Flügel bildet. Borge gilt als Verfechter eines kompromißlos harten Kurses. Sein schärfster Rivale ist Comandante Daniel Ortega Saavedra, den er später politisch aus der Comandante-Riege hinaus- und auf den Präsidententhron hinauflobte.

Bevor es zum eigentlichen Wahlgesetz kam, wurde das »Gesetz über politische Parteien« konstruiert, das deutlich zeigte, worauf es den Sandinisten ankam. Darin ist haupt- sächlich von einer Stärkung der sandinistischen Revolution die Rede und von einer nationalen Einheit, was darauf hinauslief, daß sich die politischen Parteien dem Sandinis- mus unterzuordnen hätten. Der Vizepräsident der »Soziali- stischen Internationale« und ehemalige Staatspräsident von Costa Rica – Daniel Oduber – erklärte dazu nachdrücklich, daß nur eine wirkliche demokratische Öffnung Nicaraguas einen Krieg in Mittelamerika vermeiden helfen könne.

Grundsätzliche Voraussetzung für eine effektive Wahl- werbung wäre die Aufhebung der Pressezensur gewesen, aber damit waren die Sandinisten nicht einverstanden. Sie wußten wohl, warum.

Im sandinistischen Regierungsblatt »Barricada« vom 6. Feber 1984 erklärte Comandante Henry Ruiz ganz offenherzig, wie der von allen geforderte politische Plura- lismus auszusehen habe: »Nach 23 Jahren Kampf der FSLN ... dürfen wir sagen, daß der Pluralismus, von dem wir sprechen, die Vorherrschaft der Sandinisten mit sich bringt.« Alle Veröffentlichungen zur Wahl in den verschie- denen Medien bewiesen schon im voraus, was die Sandi- nisten mit den endlich zugesicherten Wahlen erreichen wollten: eine Legitimation ihres Machtanspruches, dem sich alle übrigen Parteien zu fügen hatten.

Es gab in jenen Monaten eine interessante Vergleichs- studie zwischen den Wahlgesetzen des vertriebenen Dikta- tors Somoza und der nun am Ruder befindlichen Sandini- sten, wobei sich verblüffende Ähnlichkeiten und diskrimi- nierende undemokratische Fakten herausstellten. Die Ver- öffentlichung dieser Vergleichsstudie in der Presse wurde von der Zensur verboten. Alle Versuche der Oppositions- gruppe »Coordinadora Democratica«, ihre christdemokrati- schen und sozialdemokratischen Gewerkschaften und Parteien vorzustellen, schlugen fehl, denn die Zensur verhinderte entsprechende Veröffentlichungen. Im Wahlgesetz setzten die Comandantes das Wahlalter auf 16 Jahre herunter, denn gerade von den Jugendlichen erhofften sich die Sandinisten einen Stimmenüberhang. Die Streitkräfte wurden nicht zur Wahl aufgerufen, marschierten dann aber kompanieweise geschlossen zu den Wahllokalen. Oppositionsparteien hatten kein Recht, in die Wahlregister Einsicht zu nehmen, die oberste Kontrolle über die Wahl übten die Sandinisten selbst aus, und so begann die Manipulation bereits bei der Festsetzung der Wahlberechtigten. Der für alle wahlwerbenden Parteien freie Zugang zu den Medien wurde nicht allen gewährt. Die Sandinisten versuchten, gut organisiert, allen anderen Parteien Schwierigkeiten zu bereiten. Wahlveranstaltungen von Oppositionspolitikern – speziell des führenden Mannes der »Coordinadora Democratica«, Arturo Cruz – wurden durch jugendliche Schlägertrupps (»Turbas Divinas« = »göttliche Horden«) gestört und auseinandergetrieben. Nicht der FSLN angehörende Politiker mußten bei derartigen Anlässen bis zu 500 Meter vor den Versammlungsorten Spießruten laufen, sie wurden dabei beschimpft, bespuckt und geschlagen. Das sind keine leeren Behauptungen, sondern darüber gab es sogar TV-Bildberichte in westlichen Ländern und Fotos als Beweise. Mit der Angstpropaganda wurde die Bevölkerung eingeschüchtert. Man verbreitete, daß die Sandinisten ganz genau wüßten, wer wen wählen würde. Die Betreffenden würden dann keine Lebensmittelrationskarten bekommen. Oppositionelle Parteien verlangten die Freilassung der politischen Häftlinge und einen Dialog mit den antimarxistischen Guerillabewegungen der UDNFARN, ARDE, MISURA und FDN, was von der FSLN strikte abgelehnt wurde.

Nicaragua weist zwölf politische Parteien auf.

Linksparteien:
Sandinistische Front der nationalen Befreiung (FSLN)
Sozialistische Partei Nicaraguas (PSN)

Christlich-soziale Volkspartei (PPSC)
Unabhängige liberale Partei (PLI)
Kommunistische Partei Nicaraguas (PCN)
Bewegung der Volksaktion – ML (MAP – ML)

Rechtsparteien:
Christlich-soziale Partei (PSC)
Sozialdemokratische Partei (PSD)
Liberale konstitutionalistische Partei (PLC)
Demokratische konservative Partei (PCD)
Authentische christlich-soziale Volkspartei (PPSCA)
Demokratische Aktion (AD)

Je ärger die Beschränkungen der verschiedenen Parteien durch die FSLN offen zutage traten, umso mehr zog sich die Opposition zurück. Die PLI (Unabhängige liberale Partei), die in der sandinistischen Regierung den Arbeitsminister gestellt hatte, lehnte nach den Behinderungen im Wahlkampf noch kurz vor dem Wahltag eine Wahlbeteiligung ab. Die PCD (Demokratische konservative Partei) wollte einen gleichen Beschluß bei einem Parteikongreß fassen, doch stürmten plötzlich organisierte Horden von Jugendlichen in die Versammlung, so daß alles in einem Chaos unterging. Es war unter diesen Umständen klar, wie diese Wahl ausgehen mußte. Immer mehr Gruppen der Opposition beteiligten sich wegen dieser undemokratischen Spielregeln nicht mehr an der Wahl. Eine erforderliche internationale Kontrolle der Wahl ließen die Sandinisten nicht zu, sondern sie waren nur mit Beobachtern einverstanden, die keine Gelegenheit fanden, in das eigentliche interne Wahlgeschehen Einsicht zu nehmen. Eine Wahlkontrolle durch die an der Wahl teilnehmenden Parteien durfte lediglich auf unterster Ebene vorgenommen werden. Die FSLN-Wahlleiter zogen nach der Wahl allein mit ihren Urnen ab, und niemand hatte die Gewißheit, was damit nachher geschah. Die Wahlergebnisse vom 4. November 1984 stellten sich eindeutig dar.

Präsidentenwahl:

Eingeschriebene Wähler im Register	1,551.579
Abgegebene Stimmen bei der Wahl des Präsidenten	1,170.142
Wahlbeteiligung	75,4%
Ungültige und leere Stimmzettel	71.205

Wahl in die Nationalversammlung:

Politische Parteien	Anzahl der Stimmen		Sitze in der National-versammlung
Sandinistische Front der nationalen Befreiung (FSLN)	735.967	(67,0%)	61
Demokratische konservative Partei (PCD)	154.327	(14,0%)	14
Unabhängige liberale Partei (PLI)	105.560	(9,6%)	9
Christlich-soziale Volkspartei (PPSC)	61.199	(5,6%)	6
Kommunistische Partei Nicaraguas (PCN)	16.034	(1,5%)	2
Sozialistische Partei Nicaraguas (PSN)	14.494	(1,3%)	2
Bewegung der Volksaktion – ML (MAP – ML)	11.352	(1,0%)	2
	1,098.933	(100%)	96

Die PLI beschloß wenige Tage vor dem Wahltag, nicht an den Wahlen teilzunehmen, was jedoch von der Regierung nicht anerkannt wurde. Die dieser Partei zugefallenen Stimmen sind deshalb gezählt worden.

Präsident Comandante Daniel Ortega und sein Stellvertreter Sergio Ramirez wurden mit 66,9 Prozent gewählt. Im Parlament hatte die FSLN 61 Sitze, während 35 Sitze an die anderen Parteien – die an der Wahl teilgenommen hatten – fielen.

Die Junta mit ihren neun Comandantes hatte es auf diese Weise geschafft, die Wahlen zu »gewinnen«, und hatte ihr politisches Ziel – die Legitimation für ihre Machtergreifung und künftige Machtausübung – erreicht. Die Kommentare und Schlagzeilen in europäischen Zeitungen waren oft nicht schmeichelhaft: »Das waren Wahlen wie bei Somoza« / »Die Neun lassen wählen, ohne einen Machtverlust zu riskieren« / »Wie das Volk gewählt hat, durften die Journalisten in Nicaragua nicht beobachten« / »Die Mehrheit des Volkes ist heute gegen das Regime, doch die Sandinisten haben die Nation fest im Griff« / »Oppositionsparteien boykottierten die Wahl in Nicaragua« / »Wahlen ohne demokratische Spielregeln« / »So stellen sich die Sandinisten eine Demokratie vor« / »Nun ist der offizielle Weg zur Volksdemokratie frei« / »Immer ähnlicher den Ostblockländern« usw.

Bei dieser Wahl mit der einseitigen FSLN-Wahlkontrolle war faktisch jeder Manipulation Tür und Tor geöffnet. Allein mit den Wahlregisterziffern lassen sich beliebige Prozentergebnisse zusammenbasteln. Wenn wirklich alles so korrekt zugegangen ist, wie die Sandinisten behauptet haben, hätten sie mit einer offenen Kontrolle durch die anderen wahlwerbenden Parteien oder durch unabhängige ausländische Vertreter (UNO oder OAU) einverstanden sein können. Den Vorwurf der Unglaubwürdigkeit der Wahlen ließen sich die »Neun« gerne gefallen, für sie und Nicaragua war einzig und allein der errungene Wahlsieg gültig.

Interessant und raffiniert scheint die politische Taktik der Machthaber in Managua zu sein, wie aus einer Rede des Comandante Bayardo Arce hervorgeht, die er Ende Juni 1984 vor dem politischen Komitee der »Sozialistischen Partei Nicaraguas« gehalten hat und wo es u. a. hieß:

»Wichtig ist, daß diese Unternehmerklasse nicht mehr alle Hebel der Wirtschaft in ihrer Hand hält. Sie kontrolliert nicht mehr das Bankwesen, sie kontrolliert nicht mehr den Außenhandel, sie kontrolliert nicht mehr die Beschaffung der Devisen. Und deshalb sind alle Investitionsprogramme unseres Landes staatlich. Die Bourgeoisie investiert nicht mehr, sie überlebt nur noch ... Durch die Wahlen können wir dem Imperialismus beweisen, daß das nicaraguanische Volk in jedem Fall für diesen sowjetisch-kubanischen Vormarsch ist, daß das nicaraguanische Volk für diesen Totalitarismus ist, daß das nicaraguanische Volk für den Marxismus-Leninismus ist und daß sie hier, zum Unterschied zu dem, was sie in Chile gemacht haben, die Wahl nicht mittels Gewalt rückgängig machen können, denn das Volk besitzt ebenfalls die Fähigkeit, diese Gewalt auszuüben ... Wir haben uns nicht öffentlich und offiziell als Marxisten-Leninisten ausgegeben. Wir kommen ohne eine genaue Definition aus. Aber die USA haben uns den Gefallen erwiesen zu sagen, wer wir sind ... Also, in diesem Zusammenhang fragen wir uns, haben wir strategische Differenzen mit der Sozialistischen Partei, oder hat die Sozialistische Partei strategische Differenzen mit uns? Bei dieser Fragestellung merken wir, daß die Angelegenheit doch tiefgreifender ist, und wir fragen die Genossen: Ist es nicht an der Zeit, die Partei der Revolution zu stärken und eine einzige Partei zu bilden? Wozu sollen wir Kommunisten uns unterschiedliche Hemden anziehen, wenn der reale, konkrete Sozialismus innerhalb der Machtstrategie der Sandinistischen Front aufgebaut wird? *Unsere strategischen Alliierten sagen uns, wir sollen uns nicht als Marxisten-Leninisten bezeichnen, wir sollen uns nicht zum Sozialismus bekennen. Hier und überall auf der Welt haben wir erklärt, daß dies vielleicht die erste Erfahrung sein wird, wie man den Sozialismus mit den Dollars des Kapitalismus aufbaut ...«*

Die Informationsfreudigkeit der FSLN ist nicht allzu groß, deshalb wird die Bevölkerung nur mit den offiziellen Neuigkeiten und gesiebten Weltnachrichten beglückt, während z. B. Vertragsabschlüsse mit Kuba und der Sowjetunion – wirtschaftlicher, militärischer oder politischer Art – totgeschwiegen werden. Kritik an der Junta oder Regierung ist in den Medien natürlich undenkbar, denn die »neun olivgrünen Götter« – wie die Comandantes von vielen sarkastisch genannt werden – sind schon nach ideologischen Grundsätzen unfehlbar. Niemand hat das Recht, Maßnahmen in Frage zu stellen. Wer auch nur versucht, in dieser Richtung kritisch seine Meinung zu äußern, stempelt sich selbst automatisch zum feindlichen »Somozista«. Die sandinistische Dialektik tut sich da sehr leicht, denn sie unterscheidet grundsätzlich nur zwei Fronten im politischen Lager: Alle, die für die Revolution sind oder mitlaufen, sind die »Sandinistische Front«, und alle, die dagegen sind, stuft man zu den »Somozistas« ein.

Der Totalitarismus der »Neun« ist aber auch innerhalb der FSLN absolut, innerhalb des ganzen Parteiapparates, in dem die Basis kaum mehr eine Möglichkeit hat, die neunköpfige Spitze wegen ihrer Politik, ihrer Privilegien oder Fehler zu kritisieren. Ein Comandante ist eine Art auserwähltes höheres Wesen, bekleidet mit einer schlichten kubanischen Uniform. Weniger schlicht ist ihr Lebensstandard, sie wohnen in den feudalsten Villen und fahren die besten Autos. Die nach außen hin glänzende Einigkeit der »Neun« existiert intern keineswegs immer. Die »Neun« ersetzen das in Volksdemokratien und Ostblockländern übliche höchste politische Gremium, das »Zentralkomitee«, das allerdings in dieser Form in Nicaragua nicht gewählt, sondern durch die Revolution gewachsen ist. Die Comandantes haben erkämpfte Ränge und Rechte, die sie vom Guerillakrieg auf die höchste Regierungsebene transferieren konnten. Was immer in Nicaragua geschah oder geschieht, wurde von ihnen beschlossen. Es war naheliegend, daß nach der Wahl das höchste Amt im Staat einem von diesen »Neun« zustand: Daniel Ortega Saavedra, dem Kandidaten der Sandinisten.

Daniel Ortega –
der erste sandinistische Präsident

In der Woche vor dem denkwürdigen Inaugurationstag
(10. Jänner 1985) des ersten sandinistischen Präsidenten
begann es in Nicaraguas Hauptstadt Managua zu brodeln.
Alle ankommenden Flugzeuge waren ausgebucht und
überfüllt mit Delegationen aus 46 verschiedenen Staaten.
Sandinistische Regierungsfunktionäre pendelten ständig
zwischen der Stadt und dem Flughafen, um protokollarisch
abgestuft jeden offiziellen Gast mit einem ranggleichen
Sandinisten in Empfang zu nehmen. Die Stadt wimmelte
von männlichen und weiblichen Polizisten, denn man
befürchtete Anschläge der Contras, die derartige Aktivitäten angekündigt hatten. Die Sandinisten wollten kein
Sicherheitsrisiko eingehen und postierten überall uniformierte und zivilbekleidete Sicherheitsleute. Auch Journalisten und TV-Teams aus allen möglichen Ländern trudelten
zusammen mit Publizistikexperten kommunistischer Verei-
nigungen oder Redakteuren obskurer linker Propaganda-
blättchen im Hause der Auslandspressestelle »Interpren«
ein, wo im Warteraum des 1. Stockwerkes dichtgedrängt
die Journalistenscharen auf ihre »Einvernahme« und ihre
Presseausweise warteten. Etliche Kollegen treffen sich bei
solchen internationalen Anlässen immer wieder, sie kennen
sich mit Namen und wissen, für wen wer arbeitet.

Zum großen Platz vor dem Nationalpalast, im rechten
Winkel zu der vom Erdbeben schwer beschädigten Kathedrale, die lange Zeit hindurch für sandinistische Propagan-
dazwecke diente und mit einem überlebensgroßen Bild von
General Sandino »geschmückt« war, brachten Lastkraftwagen Bretter und Pfosten, mit denen Tribünen für das große
Politspektakel zusammengezimmert werden sollten.

Zwei Tage vor der Präsidenteninauguration verloschen die letzten schwachen Hoffnungsfunken politischer Optimisten, die von der FSLN im letzten Moment doch noch eine Geste der nationalen Konsensbemühung und ein Zeichen für einen politischen Pluralismus erwarteten, was innen- und außenpolitisch zweifellos für ein günstigeres Klima gesorgt und gleichzeitig keinen politischen Substanzverlust bedeutet hätte. Doch am 8. Jänner 1985 verkündete die sandinistische Junta die Liste ihrer 18 neuen Minister. Sie stellte ihr neues Kabinett vor, das nicht viele neue Namen, sondern größtenteils nur eine Rochade innerhalb der bisherigen Regierung brachte. Daniel Ortega Saavedra schied als Minister aus und rückte auf den Präsidentenstuhl, einer der vier Priesterminister verließ die Regierung.

Dazu muß man allerdings sagen, daß die Minister Nicaraguas lediglich die Befehle und Programme der neun Comandantes auszuführen haben, was bereits im vorigen Kapitel erwähnt ist. Die nicaraguanischen Minister haben überhaupt keinen politischen Spielraum für Eigeninitiativen, sondern sind lediglich ausführende Organe. Aber auch bei den »Neun« gibt es eine hierarchische Rangordnung, in der sich Macht und Einfluß manifestieren, das sieht dann so aus:

1. Comandante Tomas Borge Martinez (= der stärkste Mann in Nicaragua)
2. Comandante Humberto Ortega Saavedra (= der Bruder des Präsidenten)
3. Comandante Henry Ruiz Hernandez
4. Comandante Bayardo Arce Castano
5. Comandante Daniel Ortega Saavedra (= der Präsident)
6. Comandante Victor Tirado Lopez
7. Comandante Carlos Nunez Tellez
8. Comandante Jaime Wheelock Roman
9. Comandante Luis Carrion Cruz

Während Tomas Borge für einen radikalen Kurs und engste Verbindung mit Havanna und Moskau – ohne Rücksicht auf alle daraus resultierenden Konsequenzen – bekannt ist, gilt Präsident Daniel Ortega eher für eine weichere Gangart in der Politik.

Einen Tag vor der Inauguration wurden die nähere Umgebung des Platzes und alle umliegenden Straßen hermetisch abgeriegelt. In sandinistischen Kreisen herrschte leise Betroffenheit, weil die Delegationen der 46 Staaten aus der zweiten und dritten diplomatischen Garnitur kamen. Spitzenpolitiker und Staatsoberhäupter waren kümmerlich vertreten, nur der südamerikanische Staat Surinam war durch Ministerpräsident Wim Udenhout und Jugoslawien durch Präsident Sinan Hassani anwesend. Selbst die große Sowjetunion entsandte einen eher obskuren Vizepräsidenten des Obersten Sowjets mit Namen Antanas Barkauskas, von dem überhaupt noch niemand etwas gehört hatte. Die unmittelbaren Nachbarländer Honduras, El Salvador und Costa Rica, glänzten durch Abwesenheit. Staatspolitisch und diplomatisch war dies eine Blamage und vielleicht eine Reaktion auf die Wahlfarce.

In dieser fatalen Situation sprang, völlig außer Programm, der kubanische Staatschef Fidel Castro ein, nachdem Tomas Borge einen Tag zuvor mit dem Bärtigen in Havanna telefoniert hatte. Fidel sollte seinen Schützling Nicaragua vor dem peinlichen Eindruck retten, und das machte er auch.

Mit der ersten kubanischen Maschine trafen Sicherheitsleute und der ganze Troß ein, während Castro selbst erst mit dem zweiten kubanischen Flugzeug landete. Der Flugplatz war überfallsartig – als wäre ein Terroristenanschlag erfolgt – mit ganzen Rudeln von Kubanern besetzt, die mit ihren Funksprechgeräten aufgeregt umherliefen.

Prompt gab es auch noch einen Zwischenfall, als das in Miami stationierte Kamerateam der amerikanischen TV-Gesellschaft NBC – das aus den beiden gebürtigen Kubanern Antonio Zumbado (Kameramann) und Jorge Bouza (Ton) bestand – auf dem Flughafen die Ankunft Fidel

Castros filmen wollte. Beide wurden sofort festgenommen. Kubas Staatschef bugsierte man schnell in eine große hellblaue Mercedeslimousine, die dann in einem ganzen Schwarm von Autos des Sicherheitsdienstes und der Sandinistenregierung in die Stadt gebracht wurde. Alle Zufahrtsstraßen waren vorher abgeriegelt und mit Polizei besetzt worden.

Um als Journalist überhaupt zu dieser Festveranstaltung kommen zu können, mußten sich alle Presse- und TV-Vertreter wieder bei der »Interpren« einfinden, wo nochmals gesiebt wurde. Für alle war angeblich kein Platz auf der Pressetribüne. In dichten Trauben scharten sich im Parterre die Reporter vor der Tür zum Konferenzsaal, wo zuerst einmal alle Kameras, Tonbandgeräte und Taschen abgelegt werden mußten, während man ihre Besitzer wieder hinausschickte. Sicherheitsleute sahen sich die Berge von Kameras und Geräten genau an. Nach geraumer Weile durften wir wieder zu unserem Eigentum, worauf der Wettlauf um Sitze in den von »Interpren« bereitgestellten Autobussen begann.

Unmittelbar vor der Pressetribüne stand, mit nur einem Meter Abstand, eine Kette von Sicherheitsbeamten mit dem Gesicht zu uns. Diese ließen die Journalisten nicht aus den Augen. Die gegenüberliegende Regierungstribüne lag am Rande des kleinen Parkes, in dem sich die sandinistische Heldengedenkstätte mit einem ewigen Feuer befindet. Nacheinander trafen auch die Ehrengäste ein, eingeholt von sandinistischen Funktionären. So erwartungsvoll die Stimmung auf diesem riesigen Platz auch war, steigerte sie sich augenblicklich, als Fidel Castro in seiner unvermeidlichen Uniform aus dem Park auf die Tribüne trat. Die ganze Menschenmenge schien wie elektrisiert. Die Sitzenden sprangen auf, und stürmischer, jubelnder Beifall, der nicht enden wollte, begrüßte spontan den Stargast aus Kuba, der sich mit seiner unvermeidlichen Zigarre gelassen in der ersten Reihe niederließ.

Die Feierlichkeiten begannen mit einer zehnminütigen

Rede von Monsignore Pablo Antonio Vega, dem amtsführenden Präsidenten der Bischofskonferenz, in einer eher reservierten formellen Art. Er brachte seine Hoffnung zum Ausdruck, daß der Dialog zwischen der Kirche und den Sandinisten nicht abreißen möge. Vega zählt eher zu den konservativen Kirchenführern, der seine grundsätzliche Einstellung zu den Sandinisten noch 1984 sehr markant dargelegt hat: »Diese Regierung ist antichristlich, ein System von marxistisch-leninistischem Materialismus, und hat nichts mit Religion zu tun. Deshalb müßten die Priester ihre Verbindung mit der Regierung lösen; andernfalls lösen sie ihre Verbindung mit Jesus...«*)

Nach dem Präsidenten der Bischofskonferenz traten nacheinander die übrigen Redner an das Pult, bis als Höhepunkt der Feier Comandante Daniel Ortega die blauweiße Schärpe um die Schultern gelegt erhielt und mit einer Ehrenbegleitung langsam zum sandinistischen Mahnmal im Park schritt, um den toten Kameraden die Ehre zu erweisen. Ortega selbst sprach lange und versprach sehr viel. Er umarmte anschließend seine acht Comandante-Brüder. Der eigentliche Anwärter auf das höchste Amt im Staate wäre ja Comandante Tomas Borge gewesen, doch der hielt sich bewußt von dieser Position zurück und blieb Innenminister.

Daniel Ortega gilt innerhalb der »Neun« als Mann der Mitte zwischen den Flügeln. Ortega ist 39 Jahre alt, verheiratet, hat sieben Kinder, trinkt keinen Alkohol und raucht auch nicht. Dafür läuft er täglich drei Meilen, um seinen Körper fit zu halten. Er ist bekannt und gefürchtet als Frühaufsteher, arbeitet oft schon ab fünf Uhr morgens in seinem Büro und kennt angeblich nur einen 18- oder 20-Stunden-Arbeitstag. Er wurde 1967 mit einigen anderen Sandinisten von Somozas Polizei verhaftet, ist auch gefoltert worden und blieb sieben Jahre im Gefängnis, bis ihn

---

*) »National Catholic Reporter« (Kansas City, USA), 31. August 1984, S. 33; »Orientierung«, Katholische Blätter für weltanschauliche Information, Zürich / Schweiz, 15. September 1984, S. 184.

Kameraden 1974 freipreßten, nachdem sie Somoza-Freunde gefangengenommen hatten. Comandante Ortega hatte immer die Allianz mit den bürgerlichen Parteien im Land gesucht und befürwortet – im Gegensatz zu seinem Rivalen Borge. Er vermochte sich aber mit seiner Politik nach den Wahlen nicht mehr durchzusetzen, er wurde von den acht anderen Comandantes überstimmt. Sogar sein Bruder Comandante Humberto Ortega Saavedra – Verteidigungsminister – stimmte gegen ihn.

Fidel Castro versuchte anläßlich seines Blitzbesuches in Nicaragua, noch einen Appell an die ausländischen Delegationen in Managua zu richten, indem er erklärte, daß Kuba den Sandinisten die Kosten für eine im Bau befindliche Zuckerraffinerie schenken wolle. Er ermunterte auch andere Staaten, diesem Beispiel zu folgen. Das Echo blieb aus.

Ich hatte Gelegenheit, mit verschiedenen ausländischen Delegationen, Ministern und Botschaftern von westlichen Ländern zu sprechen, die zur Inauguration Präsident Ortegas nach Managua gekommen waren. Die Welt, die der sandinistischen Revolution einst Beifall gespendet hatte – darunter auch westliche Staaten – fühlte sich durch die nicht eingehaltenen politischen Versprechen der Sandinisten hinters Licht geführt. Der Grund für viele Hilfs- und Entwicklungsprojekte war letzten Endes der einst erkennbar gewesene Ansatz für eine tatsächliche Demokratisierung Nicaraguas. Leider blätterten diese Programmpunkte nach und nach ab, und was übrigblieb, war nichts anderes als eine Volksdemokratie, wie man sie in Ostblockländern bereits zur Genüge kennt. Selbst die lateinamerikanische Völkerfamilie, wo man eigentlich die größte Sympathie für dieses mittelamerikanische Bruderland vermuten könnte, sehen dem sandinistischen Experiment mit Mißtrauen und teilweise auch mit Unmut zu. Auch die »Contadora«-Staaten zeigen sich zunehmend reservierter. In dem enormen kubanischen und sowjetischen Einsatz, speziell in militärischen Belangen, sehen viele Beobachter bereits eindeutig die Satellitenfunktion Nicaraguas.

Die bedeutendste Zeitung Nicaraguas, »La Prensa«, die seit dem Jahr 1926 besteht, publizistisch wohl am meisten gegen Somoza gewettert hatte und deshalb auch beachtlichen Pressionen des Diktators ausgesetzt war, nützte die Gelegenheit und verschickte an viele ausländische Delegationen Fotokopien von Artikeln, welche von der FSLN-Zensur in den letzten Tagen verboten worden waren. Die Zeitung, die dem bürgerlichen Lager zugeordnet wird, wollte den Besuchern mit diesem dicken Bündel Fotokopien vor Augen führen, was in Nicaragua zu schreiben und zu sagen verboten ist. Erstaunt studierten die Diplomaten die Zensurauswüchse, die in totalitären Staaten und Volksdemokratien üblich sind.

In diesen Tagen wurde auch bekannt, daß sich eine ganze Reihe hoher Beamter wegen Korruption hinter Gittern befand, was zwar offiziell nicht berichtet werden durfte, aber Stadtgespräch war. Ein mexikanischer Journalist kommentierte ganz trocken: »Die Tröge bleiben immer die gleichen, nur die Säue wechseln...!« Die Regierung versucht gegen Korruption schärfstens vorzugehen, nachdem man sich den Kampf gegen die einstige Somoza-Korruption groß auf die Fahnen geschrieben hatte. Allerdings stößt eine Strafverfolgung mitunter auf Schwierigkeiten, wenn es sich um Verwandte der Comandantes handelt, weil es in solchen Fällen zu Interventionen und Weisungen kommt.

Am Vormittag des großen Tages traf ich zufällig auch wieder mit alten »Bekannten« zusammen, als ich vor dem großen Gittertor der US-Botschaft in Managua in der Schar der Protestierenden meine amerikanische Protestreisegruppe erkannte, die dort mit Transparenten und über Handlautsprecher ihre Entrüstung gegen die Politik Präsident Reagans zum Ausdruck brachten. Was mir die Mitglieder dieser Gruppe während des gemeinsamen Fluges von Mexiko nach Nicaragua bereits erzählt hatten, sah ich nun wirklich, daß nämlich die Busse, Transparente und die Polizeiabsperrung von den Sandinisten zur Verfügung gestellt waren. Es wurde gegen die amerikanische Rüstung, Aggression und Raketen gewettert, aber ich suchte vergeblich nach einem Transparent oder Plakat, wo man etwas gegen die sowjetischen Raketen, die sowjetische Aggression in Afghanistan und gegen die Rüstung hätte lesen können!

»Volkskirche« –
Marxistische Christen?

Aus dem Umbruch in der dritten Welt – speziell in
Lateinamerika – hat sich durch die Knechtung und unmenschliche Behandlung der Menschen eine neue Richtung
der Theologie herauskristallisiert, die »Theologie der Befreiung«. Es ist eine Theologie, die nicht auf höchster
Ebene an Schreibtischen von theologischen Gelehrten
konzipiert wurde, sondern sie ist in den Elendsvierteln auf
der untersten Ebene zusammen mit Befreiungsbewegungen
entstanden. Sie macht in der dritten Welt der traditionellen
Theologie die Vorherrschaft in manchen Regionen streitig.
Diese Theologie hat sich an die weltlichen Begriffe der
Befreiung des unterdrückten Menschen von Folter, Unter-
ernährung, Abhängigkeit und Analphabetentum geklammert. Sie wurde mitunter auch militant, da Jahrhunderte
hindurch die vorherrschende Theologie keine tatsächliche
Befreiung von allen diesen Übeln für die Menschen brachte.
Es war eine Reaktion auf die festgefahrenen Zustände, die
sogar zu Konflikten in der Kirche selbst führte, da diese
neue Bewegung oft im Widerspruch zu Kirchenoberen und
zum Vatikan steht, obwohl der Dialog zwischen den beiden
Richtungen nicht abgerissen ist. Wie es in der Praxis mit
dieser sogenannten »Volkskirche« aussieht, dafür mag
Nicaragua als Beispiel dienen. In der derzeitigen Sandinisten-Regierung befinden sich drei prominente katholische
Priester als Minister, dies ist für viele Außenstehende etwas
verwirrend.

Für Angehörige der »Volkskirche« gibt es keinen
Widerspruch zwischen Marxismus und Christentum.
Sie stehen auf dem Standpunkt, daß ein guter und wahrer
Christ »Marxist« sein müßte, denn die Ärmsten seien

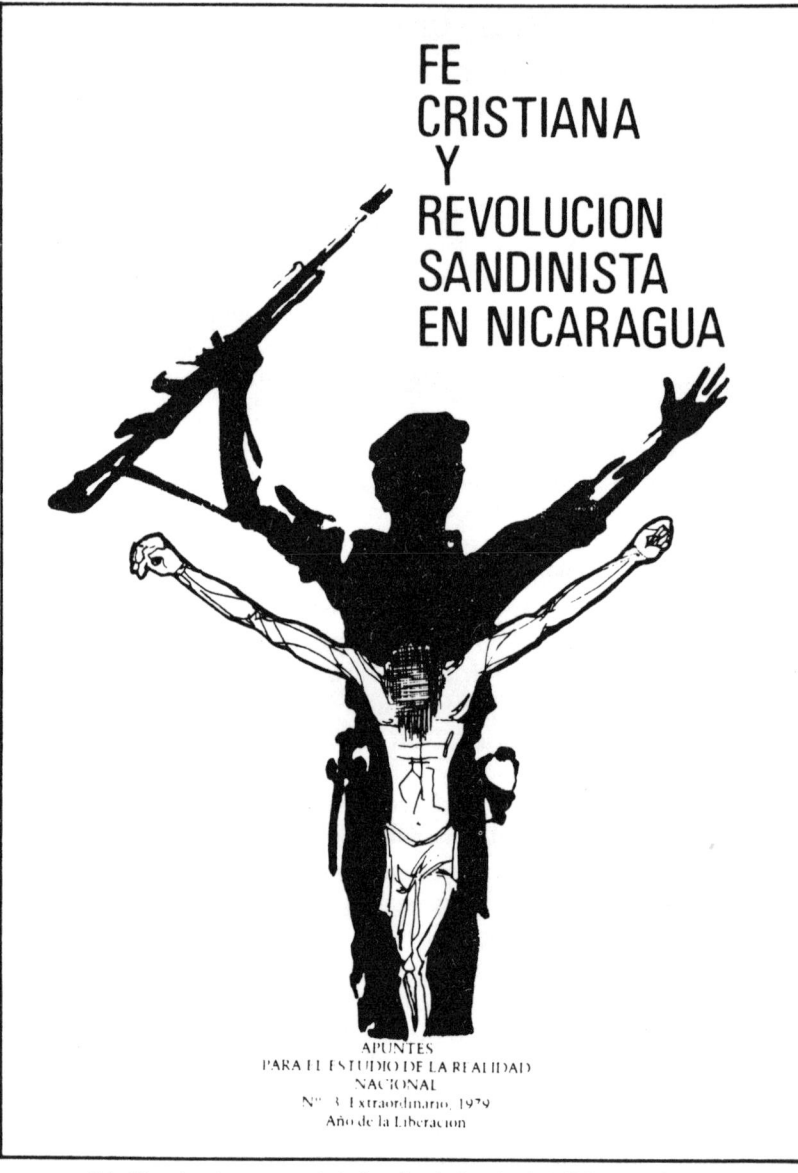

Die Verschmelzung marxistischer Symbole mit christlichen wird von den Sandinisten und den Anhängern der »Volkskirche« häufig grafisch dargestellt. Hier handelt es sich um die Titelseite eines Buches, das von den Jesuiten in ihrem Zentralamerikanischen Institut für Geschichte herausgebracht wurde. Titel des Buches: »Christlicher Glaube und Sandinistische Revolution in Nicaragua«.

die Privilegierten Jesu gewesen. Sie zitieren das Evangelium, wo steht, man solle den Hungernden zu essen und den Nackten Kleidung geben. Das sei das Grundmotiv des Befreiungskrieges, erklären die »Volkskirche«-Priester. Die »Volkskirche« (auch genannt: »Kirche der Armen«) ist wohl in Lateinamerika entstanden, sie findet aber auch in Nicaragua eine breite Basis. Sie wird von folgenden Zentren finanziell unterstützt:

Zentrum Antonio Valdivieso, vorwiegend katholisch, mit ökumenischem Anstrich,
CEPA (Centro de Educación y Promoción Agraria), zu den Jesuiten gehörend,
Instituto Histórico Centroamericano, von den Jesuiten eingerichtet,
MEC – CELADEC und CEPAD (Comité Evangélico pro Ayuda al Desarrollo), beide gehören zur Protestantischen Kirche,
CEBID (Consejo Ecuménico Blufileño de Iglesias Cristianas),
CONFER (Conferencia de Religiosos de Nicaragua).

Diese Organisationen unterstützen die »Volkskirche« nicht nur direkt finanziell, sondern stellen auch Druck- und Propagandaschriften für sie her. Der Kapitalismus ist demnach die Sünde der ungerechten Sozialstruktur, und eine Erlösung von der Sünde könne man nur durch einen bewaffneten Befreiungskampf erreichen, heißt es wörtlich. Die Sandinistische Partei gilt als »Messias«. Der »Valdivieso«-Pater Uriel Molina verwendete einen eigenartigen Vergleich, indem er die FSLN dem Moses gleichsetzte, der nun die Nicaraguaner ins »Gelobte Land« führen werde.

Während der Somoza-Diktatur hat sich die Kirche nicht nur von dieser Schreckensherrschaft distanziert, sondern sie ist dagegen energisch aufgetreten. Im November 1979 wurde ein Hirtenbrief verlesen, in dem alle Christen aufgefordert wurden, an der Revolution gegen Somoza teilzunehmen, um einen menschlicheren Staat aufzubauen. Die »Befreiungschristen« machen jetzt der traditionellen Kirche und besonders den Bischöfen den Vorwurf, daß sie viel zu konservativ seien und keine Öffnung der Kirche, den Erfordernissen der Zeit entsprechend, ermöglichen. Der Vorwurf an die traditionelle Kirche, eine »Kirche der Reichen« zu sein, ist wenig glaubhaft, denn sogar Nicaraguas oberster Kirchenfürst, Erzbischof Obando y Bravo, ist ein in Nicaragua geborener Mestize und stammt aus ganz armen bäuerlichen Familienverhältnissen.

Mit Hilfe von Befreiungstheologen der erwähnten Zentren wurde teilweise mit Erfolg versucht, die Kirche Nicaraguas zu spalten. Zu diesem Zweck griff die Sandinisten-Regierung kurzerhand helfend ein und gewährte allein der »Volkskirche« Zugang zu allen im Land befindlichen Medien (Fernsehen, Radiosender und Zeitungen). Mit regelrechten Abwerbemethoden versuchte man, Priester und Ordensleute zur »Volkskirche« herüberzuziehen, was oftmals gelang. Die traditionelle Kirche wurde systematisch isoliert und hatte lediglich einen alten, kaum noch intakten Radiosender zur Verfügung. Der Kirche war es auch nicht mehr möglich, im Ausland über zunehmende Pressionen zu berichten, weil die Sandinisten 1981 ein Dekret in Kraft setzten, wonach jeder mit einer dreijährigen Gefängnisstrafe zu rechnen habe, der durch Veröffentlichungen Wirtschaftshilfen für Nicaragua erschwere oder verhindere.

Die Nicaraguaner waren seit der Zeit der Entdecker und Eroberer mit der Kirche eng verbunden und sind es auch bis jetzt geblieben, wobei man aber feststellen muß, daß heute ein Drittel aller Priester und Ordensleute im Lager der »Volkskirche« steht. Mit raffinierter theologischer Dialektik wurden Religionsausübung und Glaubenslehre manchmal umfunktioniert. Der 8. Dezember (»Unbefleckte Empfängnis«) wurde so zum »Tag des Kindes« ernannt, während das Weihnachtsfest als »Geburt des neuen Menschen« (gemeint ist der neue Menschentyp des Sozialismus) interpretiert wurde. Und weil man schon dabei war, sanktionierte man Maria als »Mutter des Guerrillero«. Um in der Öffentlichkeit Eindruck zu erwecken und dem

Ausland zu beweisen, wie verbunden die FSLN mit der Kirche ist, ließ ausgerechnet Innenminister Tomas Borge in den Gefängnissen Bibeln verteilen.

Die Sandinisten mobilisierten in zunehmendem Maße ihre jugendlichen Schlägertrupps – die sogenannten »Turbas Divinas« –, die ihre Veranstaltungen im Landesinneren meist vor den Kirchen und genau zur Zeit der Gottesdienste lautstark abhielten, während der Messe in Kirchen eindrangen und dort ungeniert ihre Propagandaschriften verteilten. Das ging so weit, daß diese »Göttlichen Horden« während eines Gottesdienstes in der Kirche »Pius X.« in Belo Horizonte neben der Kirche alte Autoreifen anzündeten, auf das Kirchendach kletterten, Dacheindeckungen teilweise herausrissen und die sandinistische Fahne auf der Kirchenspitze hißten, während die Kirchenbesucher ausgeräuchert wurden. Die Polizei stand lachend daneben und ließ alles geschehen, ein Zeichen dafür, daß die zuständigen Behörden zumindest davon wußten.

Priester und Ordensleute wurden willkürlich des Landes verwiesen oder einreisende Geistliche mit derselben Maschine, mit der sie gerade angekommen waren, wieder weggeschickt. Bei all diesen Maßnahmen wurde nur ein Grund genannt: Die Betreffenden hätten Verbindung mit dem US-Geheimdienst CIA. Kein einziges Mal wurde dafür allerdings ein Beweis vorgelegt.

Die protestantische Kirche litt unter dieser sandinistischen Willkür mehr als die katholische. An der Atlantikküste, die seit jeher benachteiligt und isoliert war, arbeitete schon lange die evangelische Herrenhuter Brüdergemeinde, die sich durch den Bau von Schulen und Krankenstationen hervorgetan hatte. Die Sandinisten verhafteten eine ganze Reihe dieser Priester, versperrten insgesamt 54 ihrer Kirchen. Alle Proteste in Managua blieben ohne Antwort und ohne Erfolg.

Die Bischofskonferenz legte den in der Regierung aktiv arbeitenden Priestern nahe, ihre parteipolitischen Ämter niederzulegen, was aber mit der Begründung »Treue gegenüber dem Volk ist gleichbedeutend mit Treue gegenüber dem Willen Gottes« abgelehnt wurde. Die Spannungen zwischen der institutionellen Kirche und den Sandinisten spitzte sich immer mehr zu, und man einigte sich damals schließlich mit dem Kompromiß, daß die betreffenden Priester während ihrer Regierungsamtszeit ihre priesterlichen Funktionen nicht ausübten. Die Angriffe gegen die Kirche und ihre Priester häuften sich weiter beängstigend. 1981 bewarfen sandinistische Jugendliche Bischof Pablo Antonio Vega in Juigalpa, als er gerade von der Kirche kam, mit Steinen. Das blieb aber kein Einzelfall, denn die »Turbas Divinas« zerschnitten ebenso die Reifen des Wagens von Erzbischof Miguel Obando und zertrümmerten die Autoscheiben, während ein anderes Auto aus demselben Konvoi mit menschlichen Exkrementen gefüllt wurde.

Die Kirche zögerte nicht mit Kritik an der sandinistischen Regierung und prangerte in einem Hirtenbrief die Zwangsumsiedlung von 10.000 Miskito-Indianern an, worauf Innenminister Tomas Borge die Bischöfe als Lakaien des Imperialismus beschimpfte. Aber auch in der Presse liefen diskriminierende Kampagnen, als etwa die offizielle Regierungszeitung »Barricada« Anfang März 1982 Reportagen über die »abergläubischen und fanatischen protestantischen Sekten« publizierte und Religionsgemeinschaften lächerlich zu machen versuchte. Mit der zugesicherten Religionsfreiheit der Sandinisten war es also nicht allzuweit her. Bald darauf wurden die restlichen Kirchen der Herrenhuter Brüdergemeinde, der Adventisten und der Zeugen Jehovas endgültig und ausnahmslos geschlossen, wieder mit der lächerlichen Beschuldigung der CIA-Zusammenarbeit.

Den einzig verbliebenen Radiosender »Radio Católica« mußte die Kirche etliche Wochen außer Betrieb setzen, weil angeblich »verzerrte« Meldungen ausgestrahlt worden seien. Im Jahr 1982 gab es noch eine Terrorwelle gegen die Kirche. Man konnte im FSLN-Blatt »Barricada« vom

11. August 1982 nachlesen, daß die Sandinisten allein am 9. August 22 kirchliche Gebäude besetzt und die Gläubigen lautstark vertrieben hatten. Eine vom Ausland angebotene Hilfe von fünf Millionen Dollar durfte die Kirche in Managua auf Weisung der Regierung nicht annehmen, weil die Sandinisten vermuteten, daß damit die Revolutionsregierung »destabilisiert« werden sollte.

Die tätlichen Angriffe gegen Priester rissen nicht mehr ab. Als der Weihbischof von Managua, Bosco Vivas, in eine der von Sandinisten besetzten Kirche in Santa Rosa eindringen wollte, um die Eucharistie in Sicherheit zu bringen, wurde er von Jugendlichen samt dem Hostienkelch zu Boden geworfen und mit Füßen getreten, bis er bewußtlos liegen blieb.

Das wohl infamste Intrigenspiel leisteten sich die Sandinisten mit dem Sprecher der erzbischöflichen Kurie, Pater Carballo, der der Regierung schon lange ein Dorn im Auge war. Der Pater wurde in ein Haus seiner Pfarrgemeinde im Stadtviertel »Las Colinas« zu einer Familie gerufen. Dort drang plötzlich ein mit einer Pistole bewaffneter Mann ein und zwang den Priester sowie die Frau, sich nackt auszuziehen, worauf vier Polizisten eintraten und das nackte Paar auf die Straße trieben. Der Pater war vorher blutig geschlagen worden. Vor dem Haus stand eine Meute von 70 johlenden Menschen, und rein »zufällig« waren auch ein TV-Kamerateam sowie ein Fotograf des Sandinistenblattes »Barricada« anwesend, die sofort zu »dokumentieren« begannen. Im Fernsehen sowie in beiden Regierungsblättern »Barricada« und »El Nuevo Diario« erschien die Bildreportage am nächsten Tag. Trotz all dieser Brutalitäten und Machenschaften und trotz aller Förderung der »Volkskirche« durch die Sandinisten war es nicht möglich gewesen, Erzbischof Obando in die Knie zu zwingen.

Für die Sandinisten gilt die von ihnen versprochene Religionsfreiheit nur für Religionsgemeinschaften, die sich zur sandinistischen Revolution bekennen und diese auch unterstützen. Das ist, genaugenommen, nur eine einzige Kirche, die »Volkskirche«.

Äußerst interessante Studien über die Problematik der Spaltung der katholischen Kirche in Nicaragua machte ein Insider: Dr. Humberto Belli Pereira, ein nicaraguanischer Staatsbürger, der bis 1977 ein eingefleischter Marxist war, 1979 als Leitartikler in Managua arbeitete und schließlich ins Ausland gehen mußte, um seine Arbeiten fortsetzen zu können. Dr. Belli hatte an der Universität in Madrid zum Doktor der Rechte promoviert und auch den Titel Master in Sociology der Universität Pennsylvania erworben. Er gründete das Kommunikationszentrum Puebla und versucht, über Nicaragua und die Kirche in Lateinamerika das Ausland zu informieren. Seine Überzeugung ist es, gerade in Fragen der marxistischen Taktik und Strategie auf erfahrene Leute wie Solschenizyn zu hören, weil der Kommunismus im Grunde überall gleich vorgeht. Die Kirche auszuschalten oder zu neutralisieren ist die eine Variante, die zweite besteht darin, die Kirche für eigene Zwecke einzuspannen. Als ein Reporter Monsignore Obando y Bravo nach der Schilderung der ganzen Situation sarkastisch fragte, ob in diesem Dilemma nur noch das Beten helfen könne, bekam er vom Kirchenoberen zur Antwort: »Beten ja, aber man wird sich auch wehren müssen. Es gibt ein Sprichwort im Spanischen, das so lautet: ›Beten und austeilen‹ – das werden wir tun.«

Merkwürdig sind die Aktivitäten von Pater Uriel Molina des »Zentrum Antonio Valdivieso« aus Managua, der in Österreich und in der Bundesrepublik Deutschland öfters unterwegs ist und eine Art Werbekampagne für Nicaragua betreibt. Dieses Zentrum ist laut Bischofskonferenz in Managua und laut Aussagen katholischer Geistlicher in Managua die wichtigste Hilfsorganisation der »Volkskirche« in Nicaragua. In Europa legt Pater Uriel Molina jedoch größten Wert darauf, daß das Zentrum Valdivieso mit der »Volkskirche« nichts zu tun hat. Kirchliche Organisationen werben meist für soziale Projekte oder erbitten Spenden, dagegen kam Pater Molina im März 1985 nach Europa und empfahl den österreichischen Katholiken außer der Solidarität mit Entwicklungshilfeprojekten auch Druck auf die österreichische Regierung auszuüben, damit sie sich für eine Verbesserung der wirtschaftlichen Situation in Nicaragua einsetze und eine Vergabe von Krediten an dieses Land unterstütze. In diesem Sinn wurden anläßlich einer kirchlichen Tagung in Linz von den Teilnehmern Telegramme an Finanzminister Vranitzky und Bundeskanzler Sinowatz geschickt und die Vergabe von Krediten an Nicaragua *gefordert*. Finanzminister Vranitzky möge sich als Vorsitzender der damals in Wien tagenden Hauptversammlung der Interamerikanischen Entwicklungsbank für die Gewährung von Krediten an Nicaragua aussprechen. Die Tagungsteilnehmer wandten sich gleichzeitig gegen Versuche Washingtons, diese Kredite zu verhindern. Der Hinweis von amerikanischer Seite, daß Nicaragua seinen Zahlungsverpflichtungen nicht nachkommen werde, widerspreche nicht nur internationalen Gepflogenheiten, sondern bedeute auch eine Ungleichbehandlung Nicaraguas gegenüber anderen Schuldnerländern aus rein ideologischen Gründen.*) Pater Uriel Molinas Aussagen über das Zentrum Valdivieso stehen in krassem Widerspruch zu Aussagen der Bischöfe in Managua, die behaupten, daß Molina immer fromme Versprechen abgebe, die Einheit der Kirche zu unterstützen, das Zentrum Valdivieso bemühe sich jedoch in Wirklichkeit, die Kluft innerhalb der Kirche zu vertiefen. Allein die ausgesprochen politischen Forderungen des Paters bezüglich der Kreditzusagen liegen in der Kompetenz von sandinistischen Regierungsfunktionären oder Botschaften, stellten Kritiker erbittert fest, die mit der inneren Kirchenstruktur Nicaraguas vertraut sind. Sie sehen in diesen kirchenunüblichen politischen Bemühungen einen Beweis dafür, daß bezüglich des

---

*) Kathpress / Inland, Seite 3, 60, 26. März 1985 (s / d / eb). − Ein Kredit Österreichs in der Höhe von 75 Millionen Schilling ist inzwischen bewilligt worden.

»Zentrum Valdivieso« die Beurteilung der Bischöfe glaubwürdiger ist als die Behauptungen des Paters.

Etwas transparenter wurde Pater Uriel Molina, als er
feststellte, daß das Zentrum Valdivieso »zur Begleitung der
Christen in der sandinistischen Revolution« gegründet
wurde. Er beteuerte, daß es zwischen den Bischöfen in
Managua und seiner Bewegung keinen Bruch gebe...

Über die Art und Weise, wie die Begriffe »Befreiungstheologie«, »marxistisch« oder »Basisgemeinden« zu verstehen sind, hat der international bekannte Missionsexperte
Pater Walbert Bühlmann in seinem Buch »Weltkirche«
Stellung bezogen. Über die Ausrichtung der »Basisgemeinden«, aus denen die Befreiungstheologie kam, schreibt er
auf Seite 33: »Die Option Lateinamerikas für Gerechtigkeit,
für integrales Heil, für Basisgemeinden hat bereits einen
großen Einfluß auf die Gesamtkirche ausgeübt; nämlich auf
der Bischofssynode 1971 über Gerechtigkeit, wo der
klassische Satz formuliert wurde, daß Einsatz für Gerechtigkeit, für Entwicklung, für integrales Heil nicht bloß
Präevangelisierung sei, nicht Mittel zum Zweck, sondern
ein ›wesentlicher Teil der Evangelisierung selbst‹.« Daraus
ergibt sich, daß sich die Befreiungstheologie mit der
konkreten Situation befassen muß. Pater Bühlmann: »Die
Befreiungstheologie macht also nicht in erster Linie eine
Erhebung über die religiöse Praxis des Volkes, sondern
eine Analyse über dessen konkrete Alltagssituation, über
dessen Hoffnungen und Freuden, Sorgen und Leiden.«

Wie der schillernde Begriff »marxistisch« verstanden
werden kann, darüber schreibt er auf Seite 34: »Man kann
nicht leugnen, daß mehrere Theologen sich beim Studium
der konkreten Lage der marxistischen Situationsanalyse
bedienen. Sie brauchen deshalb keineswegs Marxisten zu
werden, wie man es ihnen allzu schnell nachsagt. Sie haben
einfach zu wählen zwischen drei verschiedenen Entwick-
lungsmodellen... Die Linke hingegen sieht nur einen
Ausweg aus dieser stagnierten Lage in einer alternativen
Wirtschaftsstruktur, in einer schöpferischen Transforma-

tion, in einer totalen Einbeziehung des Volkes in die Verantwortung. Das deckt sich in der Tat mit marxistischen Parolen, die überzeugend und faszinierend wirken, wenn auch deren konkrete Verwirklichung in den kommunistischen Staaten keineswegs als Modellfall gelten kann. In dem Maß die Theologen dieses marxistische Konzept mehr oder weniger ausdrücklich in ihre Analyse einbauen und wie sich zur Frage der Gewalt als Notwehr und als Gegengewalt gegen die bereits brutal applizierte Gewalt des Regimes einstellen, gibt es heute verschiedene Modelle und redet man von einer Vielfalt von Befreiungstheologien.«

Gerade diese Aussagen von Pater Bühlmann zeigen, daß der Begriff »marxistisch« facettenreich zu verstehen ist und keinesfalls auf unser westeuropäisches Verständnis des Begriffes »Marxismus« eingeschränkt werden darf.

Jalapa –
Wo oft die »Contras« kommen

Ich wollte in die von den »Contras« immer wieder heimgesuchten Gebiete im Norden des Landes, an der Grenze zu Honduras, um mich mit eigenen Augen von der dortigen Situation überzeugen zu können. Für den kleinen grenznahen Ort Jalapa erhielt ich die Genehmigung: einen strategisch wichtigen Punkt in der militärisch kaum überwachbaren, geschweige denn kontrollierbaren Region. Da nur linientreue prosandinistische – im offiziellen Sprachgebrauch »publikationspositive« – Journalisten eine Mitfahrgelegenheit bei Militärfahrzeugen eingeräumt erhalten, mußte ich mich selbst um eine Transportmöglichkeit umsehen, was nicht ganz einfach war. Es mußte ein geländegängiges Fahrzeug sein, das schwer aufzutreiben ist. Außerdem verlangen die Wagenbesitzer für Fahrten in die Contras-Gebiete aus verständlichen Gründen nicht nur einen überhöhten Mietpreis, sondern auch noch eine Art Gefahrenzulage, weil in dieser Region die Autos von den Contras oftmals in Brand geschossen werden. Bezahlt müssen die Fahrten in blanken Dollarscheinen werden, denn mit dem nicaraguanischen Geldscheinbündel hat niemand eine Freude.

Über Vermittlung von Freunden fand ich endlich einen Geländewagenbesitzer, der mich abschätzend von oben bis unten musterte, nach meinem nicaraguanischen Presseausweis und der Erlaubnis fragte und dann seinen Preis nannte. Viel konnte ich dem Mann nicht von der Summe herunterhandeln, denn er wußte genau, wieviel mir an dieser Fahrt nach Jalapa lag. Andererseits sah er die verlockenden Dollarscheine, eine Gelegenheit, die sich ihm sicherlich nicht jeden Tag bot. Tags darauf stand Fernando pünktlich wie vereinbart um 3 Uhr morgens, also noch in stockdunkler Nacht, mit seinem Geländewagen vor dem Hotel Estrella, wo ich untergebracht war. Erstaunt betrachtete ich rundherum die Autoscheiben, die der Fahrer mit breiten »TV«-Klebestreifen versehen hatte. Fernando zuckte zur Entschuldigung seine Schultern und meinte nur, daß diese Vorsichtsmaßnahme wegen der Contras gut sei und von allen Zivilfahrzeugen gehandhabt werde. Böse Zungen behaupten, daß diese Autoscheibendekoration deshalb so wirksam sei, weil die Contras genau wissen, daß alle Journalisten arme Teufel sind, bei denen ohnehin nichts zu holen sei.

Die Vorstadt war um diese Zeit wie ausgestorben, nur einige Polizisten standen in regelmäßigen Abständen verschlafen an spärlich erleuchteten Stellen. Am Flugplatz vorbei und dann entlang des »Lago de Managua« führte die Fahrt vorerst nach Tipitapa – der Stadt, wo einst Comandante Tomas Borge von den Somoza-Polizisten verhaftet worden war. Dann bogen wir nach Norden ab. Serienweise Schlaglöcher, die noch aus der Somoza-Zeit stammten, hinderten Fernando keineswegs, sein Rennfahrertempo fortzusetzen. Im Scheinwerferlicht konnte man in den kleineren Ortschaften oder an den Tankstellen abgestellte Lastwagen und in Decken gehüllte schlafende Menschen sehen. Nachts wird normalerweise auf offenen Straßen überhaupt nicht gefahren. Fernando meinte leise, daß es besser sei, schnell zu fahren: »Die Contras sind manchmal überall, sogar in Managua . . .«

Bei Sonnenaufgang erreichten wir die Stadt Esteli und bald darauf auch Ocotal, zwei Plätze, die für die sandinistische Revolution Marksteine in ihrem Kampf und bei ihrem Erfolg waren. In Ocotal verließen wir die Asphaltstraße, wir bogen nach rechts auf eine schmale Schotterstraße ab, und sehr bald wußte ich auch, warum man für diese Region besser einen Geländewagen verwendet. Stellenweise fehlten die Brücken, man fuhr einfach bis zu den Achsen durch das Wasser. Die Straße schlängelte sich in unzähligen

Kurven auf- und abwärts. Wir kamen langsam höher hinauf in ein wunderschönes Land, das mit seinen Nadelbäumen und Wiesen an die heimatliche Bergwelt und an Almen erinnerte. Tiere weideten auf eingezäunten Wiesen. Als wir kleinere Dörfer passierten, merkte man mit einem Mal auch die massive Präsenz des sandinistischen Militärs, das unweit der Dörfer in Camps hauste und in verschiedenen Abständen an der Straße Doppelposten stationiert hatte. Diese Provinz »Nueva Segovia« mit den Segovianer Bergen war das ursprüngliche Kernland General Sandinos und seiner unfaßbaren und unschlagbaren Todesbrigaden gewesen. In dieser Bergwelt, unweit der Grenze zu Honduras, hatten seinerzeit auch die Soldaten von Somozas Nationalgarde vergeblich nach den Kadern der Sandinisten gesucht und sich wenige Jahre zuvor blutige Köpfe geholt. Wenn man die Topographie und die geographische Lage dieser Landstriche sieht, wo die Fahrzeuge an wenige Straßen gebunden sind, während alles andere – ob man will oder nicht – zu Fuß marschiert werden muß, kommt man zur Überzeugung, daß diese Provinz an der Grenze ein geradezu ideales Guerillakampfgebiet abgibt. Nach mehr als fünf Jahren Revolutionssieg beginnt nun alles mit umgekehrten Vorzeichen abzurollen. Die einstigen »Banditen« aus den Bergen sitzen heute in Managua und bilden die Regierungstruppen, während die frühere Regierungsstreitmacht in den Bergen ihre Verstecke hat und von ihren ehemaligen und heutigen Feinden als »Banditen« bezeichnet wird. Was legal und was illegal ist in Nicaragua, bestimmt die Zeitgeschichte. Da scheint es fließende Linien zu geben, positiv und negativ wechseln einfach. Was alles »Recht« und richtig ist, können nur die unmittelbar Betroffenen subjektiv behaupten, nur wenige Kilometer von einem Tatort entfernt wird ein blutiges Verbrechen zum »beispielhaften Heldentum«. Es gibt auch keine Fronten im eigentlichen Sinn, die Contras tauchen von allen Seiten auf.

An einer übersichtlichen Straßenstelle trafen wir auf eine Gruppe sandinistischer Soldaten unter der Führung eines jungen Offiziers, die auf einem Patrouillenmarsch im Schatten einiger Bäume rastete. Wir wurden kontrolliert und wie alle anderen Fahrzeuge in den Operationsgebieten durchsucht. Besonders die Insassen werden peinlich genau überprüft. Nachdem der Offizier meinen Ausweis, den Reisepaß und sonstige Papiere durchgesehen hatte, wurde er etwas gesprächiger. Wir setzten uns zu ihm und verteilten Zigaretten. Mißmutig erzählte er dann: »Wir wissen nur, daß die Contras aus den Bergen und aus Honduras kommen. Wo sie ihre Camps und Ausgangs- basen haben, ist nicht herauszubekommen. Vor wenigen Tagen wimmelte plötzlich diese große Weidefläche«, er zeigte mit seiner ausgestreckten Hand zu den unweit vor uns liegenden Wiesen unterhalb einer Hügelkette, »von mindestens 500 Contras, die langsam auf die nächste Ortschaft zumarschierten und die einzige Straße einen Tag lang besetzt hielten. Es kam zu einer Schießerei mit unserer Einheit, aber wir mußten uns vor dieser Übermacht zurückziehen. Fünf unserer Soldaten und vier Zivilisten fanden dabei den Tod. Sie verschwinden so blitzschnell, wie sie gekommen sind. Anfangs haben wir solche Banden verfolgt, aber die Contras legen bei ihren Rückzügen an Engstellen kleine Tretminen, das brachte wieder Verluste. Wir setzten vor einigen Wochen in diesem Abschnitt zwei Helikopter ein, einen haben sie mit einer russischen SAM-7- Rakete abgeschossen – die Trümmer wurden untersucht. Den gleichen Raketentyp verwenden auch wir. Sie sind völlig unberechenbar und wiederholen ihre Angriffe oft an ein und derselben Stelle innerhalb weniger Stunden oder erst nach Wochen. Die Contras sind anscheinend bestens informiert über unsere Truppenverschiebungen und auch über unsere jeweilige Truppenstärke – das können sie nur von der Zivilbevölkerung bekommen. Vergangene Woche warteten sie bereits bei einem Bachübergang auf einen Militärkonvoi und schossen zwei Fahrzeuge in Brand. Das ist wie bei einem Hund, der von einem Floh gebissen wird: Wenn er sich kratzt, ist jener schon wieder ganz woanders im Fell unterwegs. Es sind keine Neulinge, viele sind von der Nationalgarde dabei, die von diesen verdammten Yankees gedrillt wurden.«

So paradox es auch klingt, aber in General Sandinos Bergen sitzen heute Sandinos Feinde, die dieselben Ziele verfolgen: die Machthaber in Managua zu vertreiben.

Wir fuhren – parallel zur Honduras-Grenze – nach Jalapa weiter, dieser militärischen Schlüsselstelle in der gefährlichen nördlichen Ecke. Wenn Jalapa fällt, wären als nächstes auch Ocotal und Esteli fällig. Wir trafen immer mehr Militär und wurden immer häufiger kontrolliert. Wenn der Motor des Wagens abgestellt war, konnte man vereinzelt auch dumpfe Detonationen von schweren Granatwerfern hören. Jalapa, ein größeres Dorf oder eine kleine Stadt, weitausgebreitet mit meist ebenerdigen Häusern und rechtwinkeligen Straßen, die alle gleich aussehen, macht äußerlich einen sehr friedlichen Eindruck. Innen sieht es schon etwas anders aus. Wir mußten zuerst zum Militärkommando fahren, wo die üblichen Kontrollen stattfanden und ich den strikten Befehl erhielt, kein Militär zu fotografieren und auch nicht den Ortsteil, der, durch Schranken abgesperrt, dem Militär als Hauptquartier dient. Anschließend mußten wir zum FSLN-Büro, zum politischen Kommissar von Jalapa. Das war eine Frau in mittlerem Alter, die gerade dabei war, ihre Haare zu waschen. Ich half ihr beim Auskämmen und versuchte ihr klarzumachen, daß ich nach Jalapa gekommen sei, um mich von der augenblicklichen Situation zu überzeugen. Sie hatte einst mit der Waffe in der Hand gegen die Somozistas und die Nationalgarde gekämpft und mobilisierte nun die Zivilbevölkerung für den Milizeinsatz gegen die jetzigen Somozistas. Begeistert war sie von meinem Besuch nicht, aber auch nicht unfreundlich, sie komplimentierte mich weiter zum politischen Kommissar der Streitkräfte, den wir nach einer halben Stunde fanden. Wir bekamen einen mit einer Kalaschnikow bewaffneten Soldaten mit und erhielten die Genehmigung, noch weiter nach Norden bis in den unmittelbar neben der Honduras-Grenze liegenden letzten nicaraguanischen Ort Teotecacinte zu fahren. Da wimmelte es von Militär, die an der Honduras-Seite liegenden Hügel parallel zur Straße waren alle von Schubraupen angeschnitten und mit provisorischen Zufahrtsstraßen versehen, denn auf den Hügeln haben die Sandinisten ihre Artillerie- und Mörserstellungen postiert, um das Eindringen der Contras zu verhindern. Nach einer Stunde Fahrzeit erreichten wir den Grenzort, wo die Sandinisten teilweise aus Erdbunkern neugierig zu uns kamen. Unser Begleiter, der den Auftrag hatte, darauf zu achten, daß ich keine »unnötigen« Fotos machte, erklärte dem Kommandanten unser Kommen. Erst dann durfte ich mit ihm durch die Ortschaft marschieren und nichtmilitärische Fotos machen. Gleich drüben, zum Greifen nahe, lag Honduras. Unter militärischem Schutz bestellen hier die Bauern die Kooperative-Felder, während nachts kein einziges Licht zu sehen ist. Die große Angst herrscht hier im Norden, die Zivilbevölkerung bekommt leider immer am meisten ab, denn beide Seiten – die Sandinisten, aber auch die Contras – verlangen von der Zivilbevölkerung Unterstützung, Informationen oder Nahrungsmittel. Die Zivilisten werden von beiden Seiten brutal zur Rechenschaft gezogen, ob sie dies tun oder verweigern. Was sie auch tun, sie kommen auf jeden Fall zum Handkuß. Keine der beiden Seiten kann für sich in Anspruch nehmen, »human« vorzugehen, wenn sich auch beide Frontseiten einbilden, allein das Recht zu verteidigen.

Wir wurden unseren Bewaffneten erst wieder in Jalapa los und suchten eines dieser kleinen Straßenlokale auf, wo man für ein paar Córdobas herrlich gewürzte Bohnenspeisen mit Gemüse bekommt. Noch in der Abenddämmerung begannen wir unsere Heimfahrt über die staubigen Schotterstraßen und durch die Bäche. Während der Fahrt überholten wir eine Gruppe von weißgekleideten Kindern, die Kerzen in ihren Händen trugen und in Begleitung einiger Erwachsener hastig zum nächsten Ort liefen. Es war ein unwirkliches Bild: die weißgekleidete Kinderschar in diesem Straßenstaub! Ein Mann erzählte stockend, während er sich umdrehte und auf eine zwischen den Bäumen aufsteigende schwarze Rauchfahne wies, von wo auch undeutlich Schüsse zu hören waren, daß angeblich ein Militärfahrzeug von den Contras in Brand geschossen worden war. Wie ein Spuk rannte die Kindergruppe weiter, Fernando wurde höchst nervös und fuhr wie vom Teufel gehetzt zurück nach Ocotal, wo die Asphaltstraße begann. Auf unserer Heimfahrt begegneten uns vier lange Militärkonvois, die nach Jalapa fuhren, um die Regierungstruppen zu verstärken. Nur wenige Tage nach unserer Jalapa-Fahrt gerieten einige amerikanische Kollegen und ein österreichischer Journalist, der bereits einige Jahre in Nicaragua lebt, mit einem sandinistischen Militärkonvoi unter Beschuß der Contras. Es gab dabei auch unter den Journalisten Verwundete.

Es ist eine zweckorientierte Illusion der Sandinisten, zu glauben oder glaubhaft zu machen, daß das nicaraguanische Volk geschlossen hinter der sandinistischen Regierung stehe. Besonders der Norden des Landes ist seit jeher den jeweiligen Machthabern in der Hauptstadt Managua kritisch gegenübergestanden. Das ist auch heute wiederum oder noch immer der Fall. Anhand von Interviews und Gefangenenaussagen läßt sich unschwer feststellen, daß viele Bauern aus den Grenzprovinzen den totalitären sandinistischen Druck, die ständig verlangte Opferbereitschaft und die permanente wirtschaftliche Misere sowie die nichterfüllten Versprechungen satt haben und sich deshalb freiwillig und ohne Druck den Contras anschließen. Das sind, wie Einheimische spontan und begeistert erzählten, nicht Dutzende oder Hunderte, sondern Tausende Nicaraguaner, die zeitweise oder ständig gegen das marxistisch-leninistische Regime der Sandinisten kämpfen. »Contras« ist ein Sammelbegriff, darunter versteht man vier verschiedene Befreiungsbewegungen, inklusive der MISURA, einer Guerillabewegung von Indianern, die gegen die Sandinisten kämpfen. Alle operieren in Eigenregie, aber alle haben dasselbe Ziel – die Sandinisten zu vertreiben.

Die Sandinisten machen es sich zu leicht, wenn sie argumentieren, daß dies alles amerikanische Söldner seien, von den USA finanziert und ausgerüstet. Unter den Contras befindet sich eine Reihe ganz prominenter Sandinisten oder Oppositionspolitiker, die bereits in der sandinistischen Junta mitgearbeitet und mitgekämpft haben, sich aber durch die marxistische Linie der »Neun Comandantes« in ihrer Revolution verraten fühlen. Wenn die Sandinisten heute den heroisch klingenden Satz immer wiederholen: »Nicaragua hat keinen Bürgerkrieg, sondern Nicaragua hat eine militärische Konfrontation mit den USA«, so kann man das richtigstellen: »Die USA haben eine militärische Konfrontation mit Kuba und mit der Sowjetunion in Nicaragua.« Das würde ehrlicher und realistischer klingen. Die eine Seite wird vom Osten, die andere vom Westen aufgerüstet. Das ist in Nicaragua, wie in so manchen anderen Krisenherden der Welt, ein typischer Stellvertreterkrieg, der auf dem Rücken eines armen Volkes ausgetragen wird. Dem Westen (USA) die Hilfe für die antimarxistischen Contras als verwerflichen Imperialismus vorzuwerfen und die kubanisch-sowjetische Hilfe an die marxistischen Sandinisten als ideale Weltverbesserung hochzujubeln, wirkt wenig glaubhaft, weil der Osten ebenso wie der Westen in keinem Falle uneigennützig »helfen« will, sondern mit derartigen Hilfen immer bestimmte Interessen verfolgt. Es wäre angebracht, mit dem gleichen Maß zu urteilen oder zu verurteilen.

Ex-Jesuitenpater Fernando Cardenal und Pater Miguel d'Escoto

Wer sind nun die drei Priester, die als Minister in der Sandinistenregierung verblieben und das Ultimatum des Vatikans ignorierten – zwischen Priester- und Ministeramt zu entscheiden?

Fernando Cardenal – der Bruder des weltbekannten Priesterpoeten Ernesto Cardenal – ist eine markante und geradlinige Persönlichkeit. Er bekleidet seit dem Sieg der sandinistischen Revolution die politische Position des Erziehungsministers in der Regierung. Er wurde am 26. Jänner 1934 in Granada (Nicaragua) geboren, besuchte bis zum Abitur die Jesuitenschule in Granada, trat am 13. Mai 1952 in das Noviziat der Gesellschaft Jesu (Jesuiten) von Santa Tecla in El Salvador ein und lebte von 1954 bis 1961 in Quito (Ecuador), wo er an der Katholischen Universität studierte. Zwischen 1961 und 1964 lebte Fernando Cardenal während seiner Lehramtszeit sowohl in Nicaragua als auch in Guatemala. Er wurde 1967 in Mexiko zum Priester geweiht.

Die Zeit der »dritten Prüfung« der Jesuiten war für den Ordenspriester von entscheidender Bedeutung für seinen weiteren Weg, da er von 1969 bis 1970 in einem Vorort von Medellin (Kolumbien) in den Slums arbeitete und mit der grenzenlosen Armut der Menschen in direkte Berührung kam.

Im Juli 1970 kehrt Fernando in seine Heimat Nicaragua zurück, wird Vizerektor der Mittelamerikanischen Universität (UCA) in Managua, muß im Dezember desselben Jahres aber die Universität verlassen, weil er damals – in der Somoza-Zeit – einen Studentenstreik unterstützt hatte. Mit Vorliebe befaßte er sich mit der Erziehung und Bildung von Jugendlichen, veranstaltete Tagungen und Diskussionskreise. Er entschied sich schon damals für eine politische Tendenz in seinem Berufs- und Lebensweg, indem er im April 1973 mit einigen jungen Leuten die Christlich-revolutionäre Bewegung gründete, aus der dann später einige sandinistische Führungskräfte hervorgegangen sind. 1973 bekam er die Stellung als ordentlicher Professor für Philosophie an der freien Universität von Nicaragua (UNAN).

Fernando Cardenal war seit jeher ein leidenschaftlicher Gegner des Diktators Somoza, was auch allgemein bekannt war. Vom Kongreß der Vereinigten Staaten wurde er im Juni 1976 eingeladen, um über das Somoza-Regime ausführlich zu berichten. Er legt die Terrorherrschaft in allen Details dar, wettert aber gleichzeitig über die Somoza unterstützende amerikanische Außenpolitik. Sofort nach seiner Rückkehr wurde ihm ein Auslandsreiseverbot auferlegt. 1976 wurde die nicaraguanische Menschenrechtskommission von Fernando Cardenal gegründet, und 1977 trat er der FSLN als Mitglied bei. Er reiste illegal nach Costa Rica und nahm an der Gründung der »Gruppe der Zwölf« teil und am Kampf gegen die Familiendiktatur Somozas.

1979 wurde Fernando zwei Wochen nach der Machtergreifung der Sandinisten zum Koordinator für die Alphabetisierungskampagne ernannt, worauf er besonders die jungen Studenten aufs Land schickte. Es war ein unglaublicher Erfolg. Dennoch galt sein hauptsächliches Interesse nach wie vor der Jugend, er wurde nebenbei Sekretär der sandinistischen Jugend für politische Bildung und Propaganda. Das war eine extrem politische Aufgabe, aber der Jesuitenpater sah keinen Widerspruch zwischen seinen theologischen und pastoralen Aufgaben und seiner politischen Überzeugung. Im Gegenteil, er sah darin sogar eine Fortsetzung und Vertiefung im praktischen gesellschaftlichen Leben. Er sah sich in dieser Funktion und Arbeit »wie ein Missionar« in der Zeit der Vorevangelisierung«. Er sagte, als man ihm die politische Arbeit vorwarf, daß es auch Jesuitenpriester gebe, welche das ganze Leben lang Algebra unterrichten – auch das sei keine kirchliche Aufgabe, sie sei aber für das Leben wichtig. Früher habe es ihn bedrückt, als einige zur Hölle fuhren, jetzt sorge er sich um die Beseitigung des Elends, das für Millionen von Menschen die Hölle darstelle.

Bei allen nachträglich aufgetretenen Konfliktsituationen muß man festhalten, daß Fernando Cardenal die Jahre hindurch mit seinen Ordensoberen immer in Kontakt geblieben ist und alle seine Schritte immer erklärte. Es war nicht so, daß sich dieser Jesuitenpater von seinem Orden losgelöst hätte, und er fand auch immer das nötige Verständnis in seinem Orden für seine ganzen Bemühungen. Fernando erklärte wiederholt, daß er immer Priester sein werde, betonte aber immer auch gleichzeitig sein Engagement bis zum Tod mit dieser Revolution der Sandinisten.

In einem Kommuniqué des vatikanischen Pressebüros vom 10. August 1984 wird undifferenziert von *der* kirchlichen Autorität gesprochen, die seit 1979 (Machtergreifung der Sandinisten) darauf insistiert habe, daß Ämter, die mit der Sendung des Priesters unvereinbar seien, aufgegeben werden müßten. Dies wußte Pater Fernando Cardenal genauso wie die übrigen Geistlichen in den Regierungsämtern. Der Kanon 285, § 3 des Kirchenrechtes, lautet: »Öffentliche Ämter anzunehmen, die eine Teilhabe an der Ausübung weltlicher Gewalt mit sich bringen, ist den Klerikern verboten.« Es handelt sich dabei also um ein kategorisches Verbot und universales Gesetz der Kirche, unabhängig von konkreten Situationen. Rein kirchenrechtlich scheint das Verbot außerhalb jeder Diskussion zu stehen, weil die Bestimmung klar umrissen ist, daß kirchliche Amtsträger keine Politik betreiben sollen. Im Falle von Pater Fernando Cardenal wird auch von der Unvereinbarkeit der Ausübung des Ministeramtes mit seinem Stand als Jesuitenpater gesprochen. Der Jesuitenorden entsandte 1984 zwei Generalassistenten nach Nicaragua, um die

Situation an Ort und Stelle genau zu überprüfen, die dann nach ihrer Rückkehr aber wörtlich in ihrem Bericht feststellten: »Wir sind voller Bewunderung für die Arbeit, die die Jesuiten in der gespannten und nervenbelastenden Lage leisten. Der Einsatz für die Gerechtigkeit zugunsten der vielen Armen verdient die Unterstützung der ganzen Gesellschaft, und man kann den Provinzen, die in diesem Kampf stehen, nur dankbar sein.«

Die sich zuspitzende Situation zwischen den Priesterministern in Nicaragua und dem Vatikan resultiert aus dem Konflikt zwischen dem Episkopat und der Regierung Nicaraguas. In jener Phase wurden von den Sandinisten zehn Priester – darunter ein Jesuit – des Landes verwiesen.

Den Priesterministern wurden die »schmerzlichsten Konsequenzen« angekündigt, falls sie sich nicht von ihren politischen Regierungsämtern trennen sollten, was diese Männer in einen Gewissenskonflikt stürzte. Die Bischofskonferenz sieht nämlich im Verbleiben der Priester in der sandinistischen Regierung einen Propagandatrick der Marxisten. Dies alles artete zu einer Ideologiediskussion aus, bei der sich innerhalb der Kirche zwei Fronten bildeten.

Da Pater Fernando Cardenal das kirchliche Ultimatum unbeachtet ließ und weiterhin Erziehungsminister blieb, nahmen die Konsequenzen ihren Lauf. Am 10. Dezember 1984 gelangte ein lakonischer Text der Generalskurie der Jesuiten an die Öffentlichkeit: »Der Provinzial der zentralamerikanischen Jesuitenprovinz hat P. Fernando Cardenal das Dekret übergeben, in dem ihm seine Entlassung aus dem Orden mitgeteilt wird. Dem Wunsche der Beteiligten folgend, wird das Generalat in dieser Angelegenheit keine weiteren Erklärungen abgeben.« Diese Meldung druckte das Vatikanblatt »Osservatore Romano« am 12. Dezember 1984 ebenfalls kommentarlos ab. Die Resonanz war sehr verschieden. Die einen fanden es für richtig, daß endlich ein klarer Strich gezogen wurde, aber viele kritisierten diesen Ordensausschluß vehement. Die Persönlichkeit des nunmehrigen Ex-Jesuitenpaters, sein Engagement, seine

Risikobereitschaft und Motivation waren Anlaß, die Frage aufzuwerfen, ob dafür wirklich ein Ausschluß notwendig gewesen sei. Im juridischen Sinn wurde dies von kompetenter Seite verneint, aber man wollte von höchster Stelle anscheinend ein Exempel statuieren, das für ganz Lateinamerika Gültigkeit haben sollte. Maßgebliche Kirchenleute befürchten, daß damit genau das Gegenteil erreicht wurde, obwohl offiziell und öffentlich erklärt worden war, daß Fernando Cardenal auch nach dem Ausschluß aus dem Jesuitenorden Priester bleibe, daß er aber zur Ausübung seines Priesteramtes der Aufnahme (»Inkardinierung«) durch einen Bischof bedürfe.

Außer dem vorerwähnten Pressekommuniqué gab es noch eine zweite – etwas ausführlichere und aufschlußreichere – Erklärung, die der Provinzial der zentralamerikanischen Ordensprovinz (Jesuiten) herausgegeben hat und die auch in der sandinistischen Regierungszeitung »Barricada« vom 11. Dezember 1984 veröffentlicht wurde:

»Der Provinzial der Gesellschaft Jesu in Zentralamerika und Panama sieht sich zu folgender Erklärung verpflichtet:
1. Heute, am 10. Dezember, hat die Generalskurie der Gesellschaft Jesu in Rom bestätigt, daß das juristische Band zwischen P. Fernando Cardenal und der Gesellschaft Jesu gelöst wurde.
2. Der einzige Grund, warum P. Fernando Cardenal von seinem Engagement als Angehöriger des Jesuitenordens entbunden wurde, ist die von ihm vorgebrachte Gehorsamsverweigerung aus Gewissensgründen (objeción de conciencia) gegenüber der Weisung, seinen Posten als Minister aufzugeben. Eine Ausnahme von der Norm des Kirchenrechts, wonach Priester und Ordensleute keine öffentlichen Ämter im Sinne der Teilnahme an der Ausübung von ziviler Macht und keine Aufgaben im Sinne aktiver Mitgliedschaft in politischen Parteien annehmen dürfen, erwies sich als unmöglich.
3. Nachdem ich in brüderlicher Mitsorge an dem schmerzlichen Konflikt beteiligt war, dem sich P. Cardenal über mehrere Jahre hinweg gegenübersah, kann ich heute für die Authentizität und den Ernst seiner Verweigerung aus Gewis-

sensgründen Zeugnis ablegen. Ich empfinde ihr gegenüber einen tiefen Respekt. Gleichzeitig bezeuge ich P. Fernando Cardenal ein beispielgebendes Verhalten als Jesuit und bewundere die großmütigen apostolischen Dienste, die er immer aus der Mitte seiner Berufung leistete.

4. Wenn ein Mitbruder sich in einer schmerzlichen und schwerwiegenden Stunde seines Lebens befindet, ist es nur natürlich, daß wir ihm unsere ganze Gebetshilfe und brüderliche Unterstützung leisten. So sind wir auch entschlossen, ihm auf diese Weise weiter nahe zu bleiben auf dem Weg, auf den ihn seine Option für die Armen geführt hat.

5. Wir akzeptieren die Entscheidungen der Autorität in der Kirche. Wir bitten das christliche Volk um sein Gebet und seine Unterstützung, damit wir in der Kirche unserem Charisma des Dienstes am Glauben und der voranzutreibenden Gerechtigkeit treu bleiben und daß wir auch den Schmerz aushalten, den wir mit Pater Fernando Cardenal teilen. Unser Wille ist es, das Volk von Nicaragua auf seinem schwierigen Weg und in seinen großen Hoffnungen weiterhin aktiv zu begleiten gemäß der Rolle, die uns als Jesuiten in der Kirche zukommt.

Managua, den 10. Dezember 1984

Valentin Menéndez SJ, Provinzial

Aus dieser Erklärung ist deutlich erkennbar, daß sich der Provinzial des Jesuitenordens aus der Mitverantwortung dieser Ausschlußentscheidung heraushält und sich auf die »Autorität der Kirche« beruft. Der Orden hat sich demnach der höchsten Entscheidung (Vatikan/Papst) gebeugt, bekannte sich aber im selben Atemzug solidarisch mit Pater Cardenal und bringt Verständnis für seine »Verweigerung aus Gewissensgründen« auf.

Das Generalkapitel als oberste gesetzgebende Instanz hat in Fällen von Gehorsamsverweigerung bei Gewissensgründen in der 31. Generalkongregation (31. Gen. kongr., Dekret 17, § 10, Absatz 2) folgende Feststellung getroffen:

»Heute kommt es ziemlich häufig vor, daß ein Ordensmann ehrlich glaubt, sein Gewissen hindere ihn daran, dem Willen seines Oberen gehorsam zu sein. Er ist dann der Auffassung, in diesem Fall durch eine entgegengesetzte moralische Ver-

pflichtung gebunden zu sein. Wahr ist, daß niemand gegen
sein sicheres Gewissensurteil handeln darf ... Wenn also die
Frage aufrichtig vor dem Herrn durchdacht ist, dann soll der
Ordensmann seine Gründe dem mittelbaren oder unmittelbaren Oberen darlegen. Pflicht des Oberen ist es, diese Gründe
mit Aufgeschlossenheit zu erwägen und nach reiflicher
Überlegung auf dem Befehl zu bestehen oder ihn zu wider-
rufen ...«

Der Jesuitenorden hätte demnach Möglichkeiten offen
gehabt, den Fall Pater Fernando Cardenal ruhen oder reifen
zu lassen und nicht gleich mit einem radikalen Ausschluß zu
entscheiden. Interessant ist in diesem Zusammenhang auch
ein Schreiben des Generaloberen Hans Peter Kolvenbach,
wo es u. a. heißt: »Trotz dieser Bemühungen, welche von
beiden Seiten mit großer Aufrichtigkeit unternommen
wurden, sah P. Cardenal keinen anderen Weg, als bei seiner
Gewissensentscheidung zu bleiben. In Anbetracht all dessen, was vorausgegangen ist, mußte ich als Generaloberer
der Gesellschaft Jesu der Situation ein Ende setzen und die
Entlassung P. Cardenals vornehmen.«

Aus dem Kontext wird deutlich, daß in diesen Ent-
scheid maßgeblich die »klare Willensäußerung des Apostolischen Stuhls« eingeflossen ist, »daß entsprechend Kanon
185, § 3 CIC, die Priester in Nicaragua ihre Regierungs-
ämter aufgeben sollen«.

Fernando Cardenal wurde von der Kirche auch schon
vorher links liegengelassen, da sechs seiner Briefe unbeant-
wortet geblieben sind. Es scheint auch, daß es sich bei
diesem Ausschluß nicht nur um das Ministeramt drehte, das
Pater Cardenal nicht zurücklegte, sondern vielmehr um sein
ganzes Engagement im Aufstand und in der ganzen
sandinistischen Revolution.

Der Fall Pater Fernando Cardenal erregte nicht nur
in kircheninternen Kreisen Aufsehen und stimmte viele
Kirchenangehörige betroffen und traurig.

Der zweite Fall war nicht so spektakulär wie bei
Fernando Cardenal. Nicaraguanischer Außenminister ist
Pater Miguel d'Escoto der US-Missionsgesellschaft »Mary-

Ernesto Cardenal, der weltbekannte Priesterpoet, blieb als Kulturminister in der Regierung und wurde deswegen seiner priesterlichen Funktionen enthoben.

Der finanzielle Bankrott des Staates zeigt sich auch an den wartenden Autoschlangen vor Tankstellen.

Auch vor den Geschäften bilden sich lange Warteschlangen – für Gemüse, Toilettenpapier, für Obst, Zahnpasta oder Fleisch...

Präsident Daniel Ortega mit der Schärpe des Präsidenten nach seiner Angelobung.

Fidel Castro war der einzige Staatsmann von Bedeutung bei der Inauguration des Präsidenten Daniel Ortega.

»Comandante Cero« Edén Pastora ist heute Nationalheld Nicaraguas, allerdings wurde er von den Sandinisten für vogelfrei erklärt.

Tomas Borge, Innenminister, ist der starke Mann der Sandinisten, er ist erklärter Marxist und Freund Castros.

knoll«. Am 5. Feber 1933 in Kalifornien geboren, kehrte Miguel mit seinen Eltern nach Nicaragua zurück, besuchte die Grundschule im Pädagogischen Institut »La Salle« in Diriamba und anschließend das Gymnasium in Managua. Er studierte am Saint Mary's College in Moraga (Kalifornien), am Manhattan College in New York und trat dann in das Noviziat der Missionsgesellschaft Maryknoll in Boston (Massachusetts) ein. Er promovierte in Theologie, Pädagogik, in vergleichenden Zeitungswissenschaften und Wirtschaftspolitik am Purlitzer-Institut der Columbia-Universität in New York.

1963 war Miguel d'Escoto in Chile, arbeitete bei den Ärmsten in den Slums und Vorstadtgebieten. Später war er auch in Brasilien und Mexiko in den Armenvierteln tätig und bereiste ganz Lateinamerika, Afrika und Teile von Asien für seinen Missionsorden. Auch er war seit 1975 am Kampf gegen Somoza beteiligt, nahm mit der FSLN Kontakt auf und gründete sandinistische Solidaritätskomitees in den USA. Er gehörte gleichfalls der »Gruppe der Zwölf« an und war bei der Gründung im Oktober 1977 in Costa Rica dabei. Nach dem Sieg der Sandinisten wurde er 1979 Außenminister und erhielt wiederholt die Aufforderung, sein Ministeramt niederzulegen, was er gleichfalls aus Gewissensgründen nicht tat. Der Generalobere der amerikanischen Missionsgesellschaft »Maryknoll«, J. P. Noonan, erhielt die päpstliche Aufforderung, den Außenminister Nicaraguas, Miguel d'Escoto, aus dem Orden zu entlassen, doch antwortete dieser: »Ich bin Nordamerikaner. Die Nordamerikaner greifen ungerechterweise Nicaragua an. In dieser Situation kann ich d'Escoto nicht entlassen . . .«

In dem Fall hatte der Ordensobere Gewissensgründe (im Gegensatz zu den Jesuiten), dem päpstlichen Befehl nicht nachzukommen.

Der Einfluß der Kirche in Nicaragua auf die Gesellschaft und das politische Leben ist nicht nur enorm, sondern auch unverzichtbar, da viele geistige, soziale und humanitäre Strukturen einzig und allein durch die Kirche entstanden und gewachsen sind. Jeder Machthaber in Nicaragua wird sich bemühen müssen, in irgendeiner Form eine, wenn auch nur neutrale oder wohlwollende Haltung der Kirche zu erwirken, weil sich sonst quer durch die ganze Bevölkerung eine weitere breite Oppositionsfront bilden kann. Die sogenannte »Volkskirche« hat zwar zweifellos Wurzeln in der Basis der Christenheit der dritten Welt und erhält auch von einigen hochqualifizierten Theologen die theologische Untermauerung mit der umstrittenen »Theologie der Befreiung«, aber ihre Zielrichtung scheinen politische Auswirkungen zu zeigen. Dieser Keil, der die Kirche spaltet, dient und hilft weniger der Masse der Gläubigen, sondern vielmehr marxistischen Machthabern, die durch das imponierende Vorbild von einigen mitmarschierenden Priestern Parteigänger und Glaubwürdigkeit gewinnen. Es geht um das klassische politische Alibi. Die »Volkskirche« ist für die Marxisten ein Beginn, bis sie die institutionelle Kirche eines Tages völlig ablösen und »ersetzen« wollen. Die höchsten Stellen der Kirche sind, wie es die verschiedenen Maßnahmen erkennen lassen, bemüht, zwischen diesen Gegensätzen keine verschwommenen, sondern klare Grenzen zu signalisieren.

(Sämtliche Informationen, Zitate, Angaben und Daten über den Ex-Jesuitenpater Fernando Cardenal stammen von der angesehenen und kritischen Zeitschrift »Orientierung« (Katholische Blätter für weltanschauliche Information), Zürich/Schweiz, Heft 17/1984 und Heft 1/1985.)

Das Aushängeschild:
Trappistenpater Ernesto Cardenal

Ernesto Cardenal wurde am 20. Jänner 1925 in Granada (Nicaragua) geboren. Er schrieb schon mit sieben Jahren seine ersten Verse, besuchte die Jesuitenschule in Granada – wie sein Bruder Fernando Cardenal –, wo er auch das Abitur machte. Dann studierte er an der Universität in Mexiko, wo er 1947 das Staatsexamen in Literatur ablegte. Anschließend begann er an der Universität von Columbia in New York nordamerikanische Literatur zu studieren, unternahm einige Reisen nach Italien, Spanien, Frankreich und in die Schweiz und kehrte dann nach Nicaragua zurück. Weltbekannt wurden seine Gedichte gegen die Somoza-Diktatur, er beteiligte sich 1954 am mißlungenen, weil verratenen, Sturm auf den Präsidentenpalast. Erst 1956 trat Ernesto mit 31 Jahren als Mönch in das Trappistenkloster »Unserer lieben Frau« in Gethemani/Kentucky (USA) ein, wo er bis 1959 blieb. Dann mußte er aus Gesundheitsgründen das Kloster verlassen und in das Benediktinerkloster von Cuernavaca/Mexiko übersiedeln. Seine ersten aufsehenerregenden Gedichte erschienen. »Das Buch von der Liebe«, ein Meditationsbuch über den Trappistenorden, sowie ein historisches poetisches Werk über Mittelamerika: »Die ungewisse Meerenge«, kamen international sehr gut an und wurden in etliche Sprachen übersetzt. Die Zeit von 1961 bis 1965 verbrachte Ernesto Cardenal in einem Seminar in Kolumbien, wo er die Gedichte »Psalmen« und »Gebet für Marilyn Monroe« schrieb, um dann mit seinen ergreifenden Indianergedichten zu beginnen.

Zum Priester geweiht wurde Ernesto mit 40 Jahren, er gründete 1965 in Managua eine kontemplative Gemeinschaft auf der Insel Solentiname im Lago Cocibolca (großer

See von Nicaragua). Der Trappistenmönch besuchte 1970 Kuba, schrieb darüber das Buch »In Kuba«, in dem er die kubanische Revolution verständlich zu machen versuchte. Seine kubanischen Revolutionseindrücke waren für Ernesto Cardenal auch wegweisend in seiner weiteren revolutionären Denkungsweise.

Im Jahre 1976 trat Ernesto Cardenal als offizieller Vertreter der Sandinisten (FSLN) in Rom vor das Russell-Tribunal, wo über die Menschenrechtsverletzungen in Lateinamerika befunden wurde. Als 1977 Angehörige seiner Gemeinschaft am bewaffneten Kampf gegen Somoza teilnahmen, wurde Ernestos Werk auf der Insel Solentiname von Nationalgardisten zerstört, während der engagierte Pater ins Ausland entkommen konnte und dort für den Befreiungskampf um Sympathien warb. Unmittelbar nach der Machtergreifung der Sandinisten wurde Ernesto Cardenal Kulturminister in Nicaragua und erhielt 1980 den »Friedenspreis des Deutschen Buchhandels«. Die literarischen Werke dieses Trappistenmönchs und Priesters sind aus der lateinamerikanischen und aus der Weltliteratur nicht mehr wegzudenken. Ernesto Cardenal ist eine weltweit bekannte und anerkannte Persönlichkeit, die allerdings durch ihre Haltung innerhalb der Christen auch Verwirrung gestiftet hat.

Erschütternd waren die TV-Berichte bei der Ankunft des Papstes in Nicaragua, als Kulturminister Ernesto Cardenal niederkniete und der Heilige Vater es vermied, ihm die Hand zum Kuß zu reichen. Mit einer väterlichen Ermahnung, zuerst seine Angelegenheiten mit der Kirche in Ordnung zu bringen, schritt der Papst weiter. Mit den »Angelegenheiten« war zweifellos das Ultimatum bezüglich der Rücklegung des Regierungsamtes gemeint. Diese Verweigerung der Begrüßung brachte Ernesto Cardenal – der internationalen Presse nach zu urteilen – gewaltige Sympathien und Mitgefühle im In- und Ausland ein.

Ernesto Cardenal soll für die Sandinisten Alibi nach außen hin sein, daß der Sandinismus doch nicht so verwerflich sein kann, wie manche behaupten. Ernesto Cardenal ist das vornehmste und seriöseste Aushängeschild für ein politisches System, mit dem sich der Trappistenpater allerdings ideologisch identifiziert, wie aus seinen Aussprüchen deutlich zu ersehen ist. Er trägt Blue jeans und die weiße Cotonada – weißes Hemd der nicaraguanischen Bauern, das für sandinistische Funktionäre die »Uniform« darstellt und über der Hose getragen wird – sowie die unvermeidliche Baskenmütze.

Für Ernesto ist die Revolution eine Form der Liebe zum Nächsten im Sinne der besseren Ernährung, Bekleidung und Verbesserung der Unterkunftsmöglichkeiten, aber auch im Sinne einer besseren Versorgung der Bevölkerung mit Bildung. Er selbst ist der Überzeugung, daß er als Kulturminister auch das »Ideologie«-Ministerium für die Sandinisten darstellt. Er fühlt sich mehr zum Mönch als zum Priester berufen und versucht, seine Minigemeinschaft von Solentiname nunmehr großflächig in Nicaragua zu errichten. Mit Ernesto Cardenals Begeisterung über Gandhis gewaltlose Methoden war allerdings in Nicaragua kein Sieg zu erringen, dort blieb nur der Kampf.

Ernesto Cardenals theologische Argumentation gleicht den Grundsätzen der »Volkskirche«, auch er sieht eine absolute Verträglichkeit zwischen Christentum und Marxismus. So erklärte er wörtlich: »Mich machte das Evangelium von Jesus Christus zum Marxisten«, und: »Der Marxismus ist eine wissenschaftliche Methode, um die Gesellschaft zu studieren und sie zu verändern. Das, was Christus tat, war, uns die Ziele der Gesellschaftsveränderung zu zeigen, die Ziele der perfekten Menschheit, die wir mit ihm zusammen erschaffen müssen. Diese Ziele sind die Brüderlichkeit und die Liebe, aber Christus sagte uns nicht, welche wissenschaftlichen Methoden wir benützen sollen, um das Ziel zu erreichen . . .«*)

---

*) »Priester für Frieden und Revolution«, Peter-Hammer-Verlag, Wuppertal 1983.

Der Trappistenpater betont jedoch, daß er durch Christus und sein Evangelium und nicht etwa durch die Lektüre von Marx-Büchern zu seiner Überzeugung gekommen sei. Er sieht sich in seiner Funktion als Kulturminister keineswegs als Politiker, sondern als »Revolutionär«.

Es kann wohl niemand Ernesto Cardenal nachsagen, daß er durch die Annahme des ihm mehrmals nahegelegten Ministeramtes nach »Macht« oder Ruhm strebte. Er hat durch sein literarisches Schaffen in der Weltöffentlichkeit einen unübersehbaren Stellenwert und muß jetzt wegen seiner Verpflichtungen fast gänzlich auf literarische Arbeiten verzichten. Daß er mit seinen Gedichten mehr Ruhm und Ansehen gewinnen kann denn als Kulturminister, bezweifelt niemand.

Ernesto Cardenal besitzt sowohl in Nicaragua als auch in zahlreichen anderen Ländern eine große Zahl von Anhängern, die an ihn glauben und ihm vertrauen und – da er sich für die Interessen der Sandinisten derart engagiert hat – deshalb auch dem sandinistischen System Sympathien entgegenbringen. Kein einziger der »Neun Comandantes« kann eine so starke Anhängerschaft aufweisen wie Ernesto Cardenal, der vor allem intellektuelle Kreise anspricht und überzeugt. Die Comandantes wissen sehr genau, was Ernesto Cardenal wert ist, was sie ihm verdanken und was er ihnen zukünftig noch bringen kann. So ist es nur zu natürlich, daß Ernesto Cardenal häufig im Ausland unterwegs ist, um für Nicaragua zu werben.

Diese Situation der gespaltenen Kirche ist nicht allein spezifisch für Nicaragua, sondern typisch für ganz Lateinamerika, wo sich immer mehr revolutionäre Christen engagieren, wo Priester ihre Soutane ablegten und einfach zu den Guerillas gingen, wie beispielsweise Pater Alfonso in El Salvador, der predigte: »Jesus Christus ist auch für unsere Freiheit gestorben. Gott ist auch ein Gott der Freiheit. Und er erwartet von uns, daß wir für diese Freiheit auch kämpfen . . .« Der Pater wurde erschossen. Auch Pater Gaspar Garcia Laviana prangerte in Nicaragua die Unterdrückung an, kämpfte für die Freiheit und fiel schließlich an der Südfront für seine Überzeugung. Erzbischof Oscar Arnulfo Romero wetterte offen und immer wieder gegen die Menschenrechtsverletzungen und die sozialen Ungerechtigkeiten in El Salvador, er wurde während eines Gottesdienstes in der Kirche erschossen. Auf der einen Seite segnet der Militärbischof Eduardo Alvarez die Armeehubschrauber vor ihrem Angriff gegen die Guerillas, und 100 Kilometer davon entfernt kniet ein Priester zusammen mit einer Guerillaeinheit, und sie beten gemeinsam um Schutz im Kampfe für ihre Freiheit. Während die einen Priester sozialistischen Revolutionen für eine gerechtere Sozialordnung mißtrauen und lieber auf die Formen traditioneller politisch-sozialer Veränderungen vergeblich warten, machen die anderen Priester den Marxismus ungeduldig zum Evangelium oder auch umgekehrt. Diese Entwicklung der Kirche in der dritten Welt ist durch Autorität allein jedenfalls nicht mehr zu bremsen.

Ernesto Cardenal ist in dieser Auseinandersetzung eine Art Symbol und Gütesiegel, der mit seinen Ansichten und Überzeugungen für verschiedene lateinamerikanische Länder und deren Christen zum Beispiel wurde, das nachahmenswert ist. So wie Che Guevara mit seiner Baskenmütze als Synonym und Symbol für so manche Revolution diente, taucht nun immer häufiger der Baskenmützenkopf des Trappistenpaters Ernesto Cardenal als Leitbild für revolutionäre Christen auf, die ungeduldig sind und nicht mehr warten wollen, bis das Establishment endlich zu sozialer Gerechtigkeit findet und entsprechende Reformen durchführt.

Rechtsextreme Bewegungen und Oligarchien, die z. B. auch für die Ermordung des Bischofs Romero verantwortlich waren, haben häufig ein gestörtes Verhältnis zur Kirche, weil gerade aus dieser Ecke die härteste Kritik zu hören ist, die auch durch brutalste Einschüchterungen nicht verstummen will. Für die rechtsradikalen Terrorbewegungen betreibt die Kirche eine »Aufwiegelung des Volkes«, und man sieht in der Kirche mit dem Hinweis auf Nicaragua die Handlanger für den Kommunismus. Das geht so weit, daß beispielsweise die rechtsgerichtete Terrorbewegung (Todesschwadronen) »Union Weißer Krieger« in San Salvadors Prominentenviertel San Benito Flugblätter verteilt hat, wo wörtlich zu lesen war: »Diene deinem Vaterland – töte einen Priester!«

Interview mit Padre M.

Was die Bischöfe in Nicaragua denken und reden, ist ebenso bekannt wie die Aussagen der »Volkskirche«-Angehörigen. Auch die prominenten Geistlichen haben im Rampenlicht der Öffentlichkeit deutlich erklärt, warum sie Evangelium und Marxismus auf einen Nenner bringen können. Was denkt aber der kleine namenlose Geistliche in Nicaragua? Es war nicht ganz einfach, einen solchen Priester zu finden, der auch bereit war, auf Fragen zu antworten. Ich fand Padre M., der aus verständlichen Gründen seinen Namen nicht genannt wissen will.

In einer kleinen Stadt führte man mich in ein unscheinbares Haus neben einer alten Kirche, die schon dringend einen neuen Anstrich nötig hätte. In dem kleinen Garten kam mir ein hochgewachsener Mann in mittleren Jahren mit etwas angegrauten Haaren entgegen, bekleidet mit einer Arbeitshose und einem T-Shirt. Seine schwieligen Hände zeugten von harter Arbeit und hätten jedem Bauern zur Ehre gereicht. Als wir uns dann im Hause zum Tisch setzten, trug er zuerst eine scharf gewürzte Bohnensuppe auf, in der kleine Speckbrocken schwammen. Erst dann konnte ich Padre M. mein Anliegen vorbringen und ihm erklären, warum mir an seinen Antworten so sehr gelegen war. Man sah dem Priester am Gesichtsausdruck an, was er in seinem Leben schon mitgemacht hatte, daher kamen seine Antworten denn auch immer zögernd, wohlüberlegt und niemals spontan.

Sitte: Eine grundsätzliche Frage zu Nicaragua geht bei uns in Europa meist dahin, ob die Sandinisten nun Marxisten-Leninisten oder etwas anderes im politischen Sinne sind. Sie – Padre M. – sind in Nicaragua geboren und haben alle Vorgänge von A bis Z in Ihrer Heimat verfolgt. Sie können das sicherlich besser beurteilen als Besucher, die nur vorübergehend in diesem Land sind.

Padre M.: Diese Aussage bezweifeln meistens nur Ausländer, indem sie aus ganz bestimmten Gründen die Sandinisten als Nichtmarxisten hinzustellen versuchen. Für die Nicaraguaner, gleich aus welchem politischen Lager auch immer, ist dies überhaupt keine Frage, denn die Sandinisten zählen ganz sicher zum marxistisch-leninistischen Lager.

Sitte: Kann man Beweise für diese Behauptung vorlegen, daß die sandinistische Ideologie in diese Richtung läuft?

Padre M.: Ich kann nicht verstehen, daß man ein solches Versteckspiel mit dieser Ideologie treibt. Noch vor kurzer Zeit prangten die politischen Spruchbänder mit »Marx – Engels – Lenin« neben dem Konterfei von Sandino auf unserer kaputten Kathedrale. In den politischen Reden und im Radio wird immer wieder von den Comandantes über den marxistisch-leninistischen Weg der Sandinisten gesprochen und geschwärmt. Und wenn man sich die verschiedenen Fakten in unserer neuen nicaraguanischen Gesellschaftsordnung ansieht – von den Enteignungen bis zu den Verstaatlichungen, von den landwirtschaftlichen kolchosenartigen Kooperativen, von der Pressezensur, der fehlenden parlamentarischen Opposition, der fehlenden Meinungsfreiheit bis zur alleinigen Machtausübung der Junta, der politischen Indoktrination in den Schulen und bis zur lückenlosen Überwachung jedes Staatsbürgers –, dann sehe ich keinen Grund, an diesem Faktum zu zweifeln. Warum auch? Die Sandinisten zweifeln ja auch nicht daran!

Sitte: Ist in der Ideologiefrage für die Sandinisten Kuba das große Vorbild gewesen?

Padre M.: Sicher. Die kubanische Revolution war das Beispiel für die Sandinisten, daß man eine Revolution bis zum Sieg so durchstehen kann. Andererseits war dies die einzige Möglichkeit, von außen permanente Hilfe und Unterstützung für den jahrelangen Kampf zu bekommen. Jede andere Variante der sandinistischen Revolution hätte – so wie bisher – mit einer Pleite geendet. Oder anders ausgedrückt: Ohne Kuba wäre die sandinistische Revolution überhaupt nicht durchführbar gewesen. Hier in diesem Haus war monatelang ein regionales Hauptquartier der sandinistischen Guerillas. Da waren auch drei kubanische Guerillaspezialisten anwesend, welche an den Angriffsplänen maßgeblich beteiligt waren und außerdem über Funk immer direkten Kontakt mit Havanna hatten. Die heldenhafte nationale Erhebung gegen Somoza, die ich nicht in ihrer Bedeutung und in ihrem Wert schmälern will, hätte ohne Kuba nichts genützt. Das darf man heute natürlich nicht laut sagen.

Sitte: Halten Sie den »volksdemokratischen« Weg der Sandinisten nicht für richtig, oder wie könnte man es besser machen? Oder trauern Sie noch der Somoza-Zeit nach?

Padre M.: Um Himmels willen! Somoza war eine politische und moralische Bestie, die verjagt werden mußte. Die Revolution gegen ihn war eine absolute Notwendigkeit. Es gab keine andere Möglichkeit, die militärische Auseinandersetzung zu vermeiden, wenn dabei auch 50.000 Menschen starben – das war der Preis der Freiheit. Es hat sich auch viel im Schul- und Gesundheitswesen – im Vergleich zu den vorherigen Zuständen während der Somoza-Diktatur – positiv verändert, das gibt jeder zu. Allein die Alphabetisierungskampagne war, weltweit gesehen, beispiellos und einmalig. Aber das allein genügt nicht – unsere ganze Wirtschaft liegt am Boden. Daran sind nicht die USA oder Somozistas oder sonst irgend jemand, sondern nur das eigene sandinistische Planwirtschaftskonzept schuld. So geht es nicht, aber das will man nicht einsehen. Der eigentliche Herrscher in Nicaragua scheint Fidel Castro zu sein.

Sitte: Das dürfte wohl etwas übertrieben sein . . .

Padre M.: Ist auch übertrieben und war nur symbolisch gemeint. Wir sind mit Kuba und den Russen so eng verschnürt, daß wir ohne diese beiden Partner keinen Schritt allein tun können oder dürfen – das habe ich damit gemeint.

Sitte: Aber das ursprüngliche Programm der FSLN liest sich sehr positiv, zumindest in weiten Bereichen.

Padre M.: Da gebe ich Ihnen gerne recht. Wenn es in der Realität – nach der Machtergreifung durch die Sandinisten – so ausgesehen hätte, wie es in den einzelnen Programmpunkten stand, wären sicher fast alle zufrieden. So aber wurden viele Versprechen nicht gehalten. Das ist auch der Grund, warum viele Sandinisten heute im Ausland sind und gegen uns kämpfen.

Sitte: Trägt da Amerika nicht viel Schuld an diesem Zustand?

Padre M.: Wenn bei uns in Nicaragua irgendwo etwas nicht klappt, dann sind immer die USA schuld. Das ist doch eine billige Ausrede. Es ist schon richtig, daß wir mit den Amerikanern keine Freude haben, weil sie uns mehr als genug Kummer bereiten, aber viel Schuld liegt bei der Junta selbst. Die heute gegen uns kämpfen, sind nicht alle Somozistas, sondern da sind auch viele Leute darunter, die demokratische Vorstellungen haben und nicht einfach einen Somoza mit seiner Familie gegen neun Comandantes eintauschen wollen. Leider vermeidet man peinlichst jeden Kontakt und jeden Dialog mit der anderen Seite, das ist schlecht. Aber da sind wir wieder bei der Volksdemokratie angelangt. Es geht letzten Endes auch den Sandinisten nur um die Macht – und die wollen sie ganz einfach mit niemandem teilen. Deshalb wird dieser Krieg anscheinend endlos weitergehen.

Sitte: So schlecht kann diese sandinistische Regierung ja nicht sein, wenn darin sogar drei Priester als Minister amtieren?

Padre M.: Auf das habe ich gewartet – das mußte ja kommen. Es ist ein heikles Thema, das nicht nur die Kirche betrifft. Für die Kirche ist es ein Dilemma – ich bin kein Anhänger der sogenannten »Volkskirche« und sehe die Spaltung unserer Kirche immer deutlicher und drohender. Jeder Priester hat eine Fülle von Möglichkeiten, sich sozialpolitisch für die Armen zu engagieren. Rein persönlich halte ich es für falsch, als Priester ein weltliches Regierungsamt anzunehmen und auszuüben. Da muß ich mich wohl entscheiden, entweder Priester oder Minister. Diese unglückliche Verbindung kann auf lange Sicht nie gutgehen, und ich bin der Meinung, daß ich als Priester weit mehr helfen kann. Ich kenne die beiden Brüder Fernando und Ernesto Cardenal seit langen Jahren, aber ich verstehe ihre zwiespältige Haltung nicht, denn ein Ministeramt ist nun einmal ein politisches Amt, und als Priester haben wir uns aus der aktiven Parteipolitik herauszuhalten. Es kann niemals unsere Aufgabe sein, in politischen Bereichen mitzumischen, und es gibt auch kaum ein Land, wo dies Priestern in dieser nicaraguanischen Version erlaubt ist.

Sitte: Der Heilige Vater hat ja veranlaßt, daß die drei Priesterminister von ihrem Priesteramt enthoben wurden.

Padre M.: Das war eine sehr späte und halbherzige Maßnahme, Lösung für das Problem ist sie jedoch nicht. Wenn Sie schon den Papst in diesem Zusammenhang erwähnen, so möchte ich Ihnen dazu auch meine persönliche Meinung sagen, die auch von vielen Priestern und Ordensleuten der Kirche geteilt wird.
Die Mittelamerika-Papstreise hat mehr Schaden angerichtet als Nutzen gebracht, vielleicht war der Heilige Vater auch schlecht beraten oder schlecht informiert. Wenn der Papst in seinen großen Reden behauptet hat, daß es die einzige Aufgabe der Priester sei, die Gläubigen auf das ewige Leben vorzubereiten, so stößt dieses extreme Ansinnen speziell in Lateinamerika bei diesen

sozialen Ungerechtigkeiten bei Priestern und Gläubigen auf Unmut, weil das heute einfach zuwenig ist. Wenn er in Panama vor 300.000 Gläubigen gegen die Empfängnisverhütung wetterte, so kommen solche Moralmahnungen in den ärmsten Schichten leider überhaupt nicht an, weil das Massenelend durch allzu reichlichen unverantwortlichen Kindersegen noch unterstrichen wird.

Für den Besuch eines Flüchtlingslagers hatte der Papst leider keine Zeit. Er predigte den Frieden, vergaß aber, die Ursachen des Krieges aufzuzeigen. Der Heilige Vater entzog in Managua bei der Ankunft seine Hand dem knienden Priester Ernesto Cardenal, der sie küssen wollte, schüttelte aber auf dem Flughafen Ilopanga die Hand von Ex-Geheimdienstchef d'Aubuisson (Chef der ultrarechten Arena-Partei und Kommandant der mehr als berüchtigten rechtsradikalen Terrororganisation Orden. Anm. d. Verf.), der erwiesenermaßen den Befehl zum Mordanschlag gegen Bischof Romero gab. Solche Haltungen versteht hier in Zentralamerika kein Christ. Der Papst sah seine ganze Reise als eine seelsorgliche Mission ohne politischen Akzent, was in einem derartigen Hexenkessel aber unmöglich ist, weil man jedes Wort auf die politische Waage legt. Es tauchte bei Priestern und engagierten Christen in Lateinamerika der Vorwurf auf, daß sich der Papst in seiner Heimat Polen sehr wohl nicht nur pastoral, sondern auch politisch engagiert hat und klare Stellung gegen Unrecht bezog, was er aber auf seiner Mittelamerikareise trotz unserer erschütternden Verhältnisse gänzlich unterlassen hat. Leider! Niemand weiß, warum.

Sitte: Und wie soll das alles hier in Nicaragua weitergehen?

Padre M.: Da fragen Sie mich zuviel. Diese Antwort kann Ihnen in dem Land wahrscheinlich niemand geben. Die Indianer haben in ihrer Sprache einen Spruch, der besagt, daß auf diesem Mittelamerika – das einmal aus dem Meer aufgetaucht ist – seit der Ankunft der weißen

Männer von der anderen Seite des großen Meeres der heftige Zorn der Götter liegt. Wenn ich kein Christ wäre, würde ich an diesen Fluch beinahe glauben, wenn ich mir die Geschichte Mittelamerikas vor Augen halte.

Sitte: Zurück zum Thema Sandinisten. Glauben Sie, Padre, daß der eingeschlagene sandinistische Weg für die Nicaraguaner eines Tages nicht vielleicht doch eine bessere Zukunft bringen kann?

Padre M.: Diese Hoffnung, diesen Glauben habe ich leider nicht, würde mich aber ehrlich freuen, wenn ich nicht Recht behalten sollte. In diese sandinistische, oder sagen wir ehrlicher marxistisch-leninistische Ideologie sind mir zu viele Luftschlösser eingebaut, die wie Seifenblasen platzen – wie man jetzt schon sieht. Nehmen wir ein Beispiel: Der Großteil unserer Bevölkerung sind Campesinos (Bauern). Die waren während der Somoza-Schreckensherrschaft wirklich arm. Dann wurden sie von den Sandinisten befreit, und jetzt sind sie noch ärmer als früher. Ich sehe kein einziges Land, das nach derartigen ideologischen Grundsätzen glücklich und zufrieden geworden wäre. Oder wissen Sie eines?

Sitte: Ich habe in Nicaragua von verschiedenen Leuten gehört, daß heute die Gefängnisse wieder mit politischen Gefangenen voll sind und daß auch gefoltert wird. Stimmt das, oder ist das nur die böse Propaganda von der anderen Seite?

Padre M.: Leider, das stimmt, und das weiß heute bei uns auch jeder. Ich habe allein aus meiner kleinen Gemeinde fünf Männer in einem Gefängnis in Managua, das dem sandinistischen Sicherheitsdienst untersteht. Es gibt bei uns keine Diskussion und keinen Dialog, von der Kritik ganz zu schweigen. Eine Anzeige oder Denunzierung genügt, um jemanden für Wochen oder Monate ohne Gerichtsverhandlung hinter Gitter zu bringen. Wir haben ja durch den Ausnahmezustand und die Notstandslage fast überhaupt keine Zivilgerichte mehr, sondern das Militär stellt die Gerichtsbarkeit. Recht sprechen die politischen Kommissare der Armee. Wer nicht kritiklos mit den Sandinisten marschiert, wird gnadenlos als Somozist eingestuft, und das ist rechtlich gesehen ein Freibrief, mit den Gefangenen zu verfahren, wie es den Offizieren gefällt. Auch Folterungen sind wieder an der Tagesordnung, das ist kein Geheimnis. In dieser Sache hat sich in Nicaragua nichts geändert.

Sitte: Kennen Sie andere Länder auch, oder waren Sie immer in Nicaragua?

Padre M.: Ich habe in Mexiko studiert und besuchte im Auftrag der Kirche Honduras, Guatemala und Costa Rica. Die sozialen Ungerechtigkeiten sind auch in jenen Ländern himmelschreiend, Costa Rica vielleicht ausgenommen. Dort herrschen, aus mittelamerikanischer Sicht, fast schweizerische Verhältnisse im Vergleich zu den anderen Nachbarländern.

Sitte: Was haben die USA zur Situation beigetragen? Sind die Amerikaner wirklich so verhaßt, daß sie sogar in der nicaraguanischen Nationalhymne so negativ erwähnt werden?

Padre M.: Die Yankees sind bei uns tatsächlich verhaßt, sie haben in der ganzen Entwicklung unseres Landes eine sehr böse Rolle gespielt. »Yankee« ist heute ein verächtliches Schimpfwort – das stimmt. Sie haben uns nach Strich und Faden ausgebeutet, aber sie haben auch Hunderte Millionen Dollar in Nicaragua investiert, bevor sie ihre Profite herausgeholt haben. Wer investiert heute in einem marxistischen Staat, wo fast kein Privatbesitz mehr möglich ist, weil alles willkürlich enteignet und verstaatlicht wird? Genau das ist der Punkt, über den sich die Sandinisten so empören, weil der Westen nicht genügend hilft und nichts mehr investieren will. Von Kuba und der Sowjetunion kommen Panzer und Maschinengewehre, aber diese marxistischen Brüder haben anscheinend selbst kein überflüssiges Geld, das sie in Nicaragua anlegen könnten, um uns wirtschaftlich zu helfen. Um autark sein zu wollen, sind wir mit unseren Ressourcen zu klein. Da wir die Yankees hinausgeworfen haben, gibt es natürlich auch Schwierigkeiten auf dem Weltmarkt, wo wir unseren Kaffee und die Baumwolle verkaufen wollen. Es ist gut und schön, wenn in Europa »Dritte-Welt-Läden« unseren Kaffee verkaufen, aber das ist ein winziger Tropfen auf dem heißen Stein unserer Ernte. Wir freuen uns über diese Solidaritätsbeweise, aber entscheidende Hilfe ist es keine, weil es sich ja lediglich um relativ kleine Mengen handelt. Und jeder kauft dort ein, wo er am billigsten kaufen kann. Ich muß gestehen – ich auch.

Sitte: Lösung scheint es keine zu geben. Gerade hoffnungsvoll sieht die Zukunft auch nicht aus. Kann man unter solch deprimierenden Voraussetzungen überhaupt noch optimistisch sein?

Padre M.: Doch – wir sind dennoch Optimisten, wir geben den Glauben und die Hoffnung nicht auf. Jeder versteht anscheinend unter »Freiheit« etwas anderes und will dafür kämpfen. Vielleicht ist das alles auch eine Form der Entwicklung und Reife? Vielleicht brauchen unsere Völker wirklich eine starke Hand und kommen mit einer Demokratie nach europäischem Muster noch lange nicht zurecht? Es ist auch ganz gut möglich, daß dies alles – historisch gesehen – eine notwendige Entwicklung ist, die wir hier mit durchstehen müssen, ob wir wollen oder nicht.

Frieden, Zufriedenheit und Glück haben uns die Sandinisten auch nicht gebracht, letzten Endes ging es auch wieder nur um die Macht, und diese korrumpiert, wenn man sie uneingeschränkt und unkontrolliert hat.

Völkermord
an den Miskito-Indianern

Ein schwarzer Klecks auf der weißen Weste der Sandinisten ist die erschütternde Tragödie der Miskito-Indianer. Die Sandinisten priesen sich selbst als die erste Regierung Nicaraguas, die sich für die Armen im Lande einsetzte. Die Ärmsten der Armen sind in Nicaragua allerdings die an der Atlantikküste lebenden Indianer von den Stämmen der Sumu, Rama und Miskitos, schätzungsweise 200.000 Menschen. Sie sind mehr durch die einstige englische Kolonisierung geprägt als durch die spanischen Eroberer und bewahrten sich seit jeher eine gewisse Eigenständigkeit gegen Zentralregierungen. Die Indianer an der Atlantikküste wurden auch nicht von der katholischen, sondern von der protestantischen Kirche – genauer gesagt von der »Herrenhuter Brüdergemeinde« – missioniert. Die Region ist relativ reich an Bodenschätzen, vor allem an exportfähigen Edelhölzern, sie ist wirtschaftlich gesehen für Nicaragua von großer Bedeutung.

Sobald die Sandinisten 1979 die Macht in Händen hatten, begannen auch die ersten Konflikte, denn alle zentralen Maßnahmen, von der Alphabetisierungskampagne bis zur Bodennutzung, stießen bei den Indianern auf heftigen Widerstand. Die Indianer, die ja eine englische Sprachprägung erhalten hatten, sahen nicht ein, daß sie jetzt plötzlich Spanisch lernen mußten, außerdem haben die Miskito eine eigene Sprache – das Miskito. Erst viel später sahen die Sandinisten ein, daß sie mit ihren Sprachverfügungen bei den Indianerstämmen nicht landen konnten. Um mit den Indianerproblemen zurechtzukommen, wurde einvernehmlich die Organisation MISURASATA (Vereinigung von Miskitos, Sumu, Rama und Sandinistas) ge-

gründet, deren Oberhaupt Steadman Fagoth-Müller war.
So wünschenswert diese Indianerorganisation MISURA-
SATA auch war, sie fand bald ein bitteres Ende, denn die
Comandantes entdeckten angeblich einen Plan des Miskito-
Müller, nach dem sich die ganze Indianerregion (Zelaya-
Provinz) vom Sandinistenparadies abkoppeln und selbstän-
dig werden wollte. Kommentar eines Inianerführers dazu:
»Ein dümmerer Grund ist den Comandantes in Managua
nicht eingefallen ...« Jedenfalls wurde in einer Nacht-und-
Nebel-Aktion die MISURASATA aufgelöst, ihre Führer
wurden eingekerkert. Die separatistischen Absichten konnten nie bewiesen werden und wurden als Unterstellung von
den Miskitos zurückgewiesen. Bei den Massenverhaftun-
gen setzten sich die Indianer – wenn auch vergeblich – zum
erstenmal bewaffnet zur Wehr, es kam zu blutigen Auseinandersetzungen. Mit einem Schlag herrschte eine äußerst
gespannte Situation zwischen Sandinisten und den Indianern, die sich diese Behandlung nicht gefallen lassen
wollten. Die Landreformen, die kolchosenartigen landwirtschaftlichen Kommunen, die Einschränkungen bei Holz-
schlägerungen und die Beschneidung bisheriger Rechte, die
Forderungen für Abgaben an Managua – alles das brachte
die Stimmung zum brodelnden Siedepunkt.

Die ersten Übergriffe der Contras erfolgten dann auch
in dieser Ecke Nicaraguas, weswegen die Sandinisten in
Panik gerieten und systematisch begannen, weite Gebiete
einfach zu entvölkern. Die Indianer mußten ihre Dörfer
verlassen und wurden in entfernte Gebiete transportiert,
wo sie sich neu ansiedeln sollten. Es kam zu grauenvollen
Gewaltakten, weil sich die Indianer gegen diese Zwangsumsiedlungen wehrten und ihr kümmerliches Hab und Gut
verteidigen wollten. Die Sandinisten umstellten einfach die
Dörfer und zündeten die Indianerhütten an, damit die
Bewohner ins Freie liefen, wo sie zusammengefangen und
auf Lkw verladen wurden. Die Miskitos sind ein Indianerstamm, der während der ganzen Entdeckungs- und Erobe-
rungszeit nie unterworfen werden konnte. Die sandinisti-

schen Soldaten und kubanischen Militärberater gingen mit der Methode der »verbrannten Erde« vor, damit kein Contra-Guerilla mehr Unterstützung von den Miskitos bekommen konnte.

Der Miskito-Führer Steadman Fagoth-Müller erklärte u. a. in einem Interview:

»Die Sandinisten schändeten das Grab meines Vaters und sprengten es mit Dynamit – es liegt nur wenige Meter von unserem Wohnhaus entfernt in San Esquipula... Wir Miskitos leben oder besser gesagt lebten in 256 Dorfgemeinschaften. Die Sandinisten wollten sofort nach ihrem Machtantritt unsere Ältestenräte durch ›Sandinistische Verteidigungskomitees‹ ersetzen, was sich unsere Leute nicht gefallen ließen... Die Flucht der Miskitos begann im März 1980 – nach einer Demonstration von 25.000 Indianern gegen die Sandinisten in Waspam, Minerales und Puerto Cabezas. Ich wurde im Staatsgefängnis Nr. 3 in Managua festgehalten... Am 18. März kamen die Sandinisten-Führer Tomas Borge, Juan Jose Ubeda und Raul Gordon in meine Zelle und warnten mich: Der Sandinismus werde an der Atlantikküste verankert werden und wenn es das Leben jedes einzelnen Miskito koste!... Am 10. Mai 1981, nachdem ich 59 Tage lang gefoltert worden war, wurde ich unter Hausarrest gestellt, weil ich mich bereit erklärt hatte, an die Atlantikküste zurückzukehren, um dort beruhigend auf die Miskitos einzuwirken. Ich hatte mich auch bereit erklärt, in die Sowjetunion zu gehen, um dort Sozialwissenschaften zu studieren, zog es aber vor, nach Honduras zu fliehen... Miskitos werden gemordet, lebendig verbrannt, lebendig begraben, in Konzentrationslager gebracht« (aus: DIE WELT vom 20. 4. 1982).

Fagoth-Müller entwischte nach seiner Entlassung aus dem Gefängnis über die Grenze nach Honduras und organisierte von dort aus eine eigene Guerillabewegung gegen die Sandinisten. Über einen Rebellensender berieselte er seine Landsleute mit seinen Kampfparolen gegen die Rassisten und Diktatoren (FSLN), so daß die Situation immer mehr eskalierte. Erschrocken über die Entwicklung in den Indianergebieten, versuchten die Sandinisten, einzulenken und Zugeständnisse zu machen, die aber zu spät kamen. Die Fronten waren bereits abgesteckt, und der Haß gegen die Männer aus Managua wuchs von Tag zu Tag. Die Miskitos verhandelten nicht mehr, worauf Comandante Tomas Borge die schärfste Gangart für Polizei und Militär anordnete.

Miskito-Flüchtlinge berichteten in Honduras:

»Santa Isabel wurde am 11. Jänner 1982 von den ›Ordnungsorganen‹ gestürmt, angesteckt, geschleift. Ein uniformierter und bewaffneter ›Bautrupp‹ der Sandinisten, ausgerüstet mit Bulldozern und gepanzerten Kettenfahrzeugen, brauchte ganze drei Stunden, um den Marktflecken Santa Isabel zu entvölkern und einzuebnen. Von den zwei Kirchen sind heute gerade noch die Umrisse der Fundamente durch das Unkraut auszumachen . . .«

»Am 13. Jänner wurde das Städtchen Asang, 160 Häuser, 2 Kirchen, angegriffen. Seine rund 1500 Einwohner leisteten Widerstand. Noch heute sind 1200 von ihnen vermißt . . .«

»Am 14. Jänner gingen die Orte Krasa, Labodega, Esperanza und Amaki in Flammen auf. Am 15. und 16. Jänner dann San Esquipula, Sang Sang, Kitaski und Kasesola; am 17. Tulimbira, Pilpilia und Namahka, Laguntara, Kisalaya, Naranjal und Humbra . . .«

»Die Sandinisten haben rund 350 km Flußufer am Rio Coco und das Hinterland in der Provinz Zelaya ›indianerfrei‹ gemacht . . .«

Mit derartigen brutalen Gewaltakten wollten die Sandinisten verhindern, daß die Miskito-Indianer den von Honduras kommenden Contras Hilfe und Unterstützung gewähren konnten; doch erreicht wurde genau das Gegenteil, denn heute sind die Miskitos selbst die gefährlichsten Contras in Eigenregie.

Überlebende Miskitos erzählen erschütternde Szenen, die sich abgespielt haben. Sandinisten schossen blindlings in die Indianersiedlungen hinein, sie schossen Dörfer in Brand, obwohl sie noch bewohnt waren. Sie erschossen die Miskitos, wo sie angetroffen wurden. Diese Gewalttaten machten auch nicht vor Frauen und Kindern halt. Tausende

Miskitos machten sich auf die Beine, um den gnadenlosen sandinistischen Massakern zu entgehen, und flüchteten nach Honduras. Ganze Dorfgemeinschaften marschierten zusammen mit ihren Priestern ins rettende Exil.

Fagoth-Müller führte seine illegale Miskito-Armee »MISURA« gegen sandinistische Polizeistationen, oder er versuchte, militärische Operationen bei der Evakuierung von Miskito-Siedlungen zu verhindern. Die Comandantes in Managua hatten sich durch ihr unverständliches Verhalten einen neuen Feind im Land gezüchtet. Die Miskitos bilden bei ihren Angriffen immer kleine Gruppen bis zu fünf Mann, die teilweise mit vergifteten Pfeilen oder mit modernen Waffen ausgerüstet sind. Wenn sie angreifen, töten sie blitzschnell und sind gleich wieder wie vom Erdboden verschluckt, lange bevor eine Gegenmaßnahme überhaupt möglich ist. Die Einsätze gegen Miskito-Guerillas sind bei den Sandinisten gefürchtet, weil dies eine ganz andere Kriegführung bedeutet, als sie gewohnt sind. Miskitos hocken auf Bäumen, sind mitten im Dickicht, kauern getarnt in Erdlöchern und kennen alle gangbaren Pfade durch die Sümpfe. Sie brauchen keinen Verpflegungsnachschub, denn sie können sich von ihrer jeweiligen Umwelt ernähren. Was sie antreibt, das ist der Haß gegen die neue Diktatur, die aus Managua kommt. Es ist ihre archaische Rache an den Sandinisten, die Miskitos zu Tausenden abschlachteten und ganze Landstriche entvölkerten. Uralte verschüttete indianische Urinstinkte lebten plötzlich wieder auf.

Obwohl bereits mehrere erschütternde Berichte über den Miskito-Völkermord, die menschenunwürdigen Zwangsumsiedlungen und Vergewaltigungen an die Weltöffentlichkeit drangen, wurde von den Sandinisten natürlich alles bestritten. Auf die politische Tagesordnung kam das Miskito-Indianerproblem, als sich Bischof Salvador Schlaefer zusammen mit den Indianern des Dorfes Francia Sirpe auf die Flucht nach Honduras begab, wo die große Gruppe völlig erschöpft ankam und mit grauenhaften

Berichten über die Vorgangsweise der sandinistischen Soldateska aufwartete. In Amerika und in Europa kam es zwar zu massiven Anklagen gegen diese Brutalitäten, aber die Comandantes wimmelten alle Anschuldigungen ab und erklärten das vorgelegte Dokumentarfotomaterial als aus der Somoza-Zeit stammend.

Die damalige amerikanische Vertreterin in der UNO, Jean Kirkpatrick, erzählte in einem TV-Interview von 250.000 ermordeten Miskito-Indianern; eine derartige Anzahl von Miskitos gibt es nicht, die Zahl ist sicherlich bei weitem zu hoch gegriffen. Ein protestantischer Priester aus diesen Indianergebieten meinte dazu: »Die von Frau Kirkpatrick erwähnte Ziffer kann nicht stimmen, aber wenn man davon eine Null abstreicht, dürfte die traurige Bilanz sicherlich stimmen!«

Der bekannte französische Reporter Denis Reichle sowie der westdeutsche Regisseur Werner Herzog hielten sich einige Wochen illegal im strittigen Gebiet auf und drehten einen TV-Dokumentationsfilm. Der Franzose behauptet, daß in den letzten Jahren von den Sandinisten mindestens 15.000 Miskito-Indianer getötet wurden und etwa 30.000 Miskitos nach ihrer gewaltsamen Deportation in verschiedenen Zwangsarbeitslagern vegetieren. Managua dementierte abermals energisch, aber nicht sehr überzeugend. Man bezweifelte seinen illegalen Aufenthalt, der aber durch die verschiedenen Foto- und Filmdokumente bewiesen wurde. »Reichle und Herzog können nur mit den Contras illegal über die Grenze gekommen sein...«, argumentierten die Sandinisten, was aber völlig nebensächlich war. Daß die zwei Filmemacher sich nicht einer sandinistischen Führung anvertrauten, dürfte wohl selbstverständlich sein.

Authentisch und nachweisbar sind bei dieser nicaraguanischen Indianertragik wohl sicherlich die Aussagen von Überlebenden, die nach Honduras geflüchtet sind. Nahezu 20.000 Miskitos leben heute in Honduras in dürftigen Verhältnissen nahe der Grenze. Sie ignorierten bisher alle treuherzigen sandinistischen Aufrufe zur Heimkehr und ziehen ihr Exildasein der Schreckensherrschaft in ihrer Heimat vor. Die Aussagen sprechen für sich:

»Zwei sandinistische Soldaten kamen in unsere Hütte, schlugen alles kurz und klein und trieben uns mit Kolbenhieben ins Freie, wo wir mit vorgehaltener Waffe gezwungen wurden, einen Lastwagen zu besteigen. Wir durften nur mitnehmen, was wir am Leibe trugen...«

»Ein Offizier verhandelte zuerst mit unserem Dorfhäuptling und machte ihm klar, daß wir auf der Stelle das Dorf verlassen müßten. Als wir das ablehnten, gossen die Soldaten einfach Benzin über unsere Hütten und zündeten sie an...«

»Als wir nicht aus unseren Hütten gehen wollten, nahmen sie uns unsere kleinen Kinder weg, so waren wir gezwungen, den Soldaten nachzulaufen...«

»Als wir unser Dorf nicht verlassen wollten, schossen die Soldaten einfach in die Hütten hinein. Es gab viele Tote und noch mehr Verletzte...«

»Sie umstellten das ganze Dorf, damit sich niemand im Dschungel verstecken konnte, und schoben dann mit einer großen Schubraupe unsere Hütten weg – auf einen Haufen, den sie dann anzündeten...«

»Mit Kolbenhieben trieben sie uns aus den Hütten, wir mußten uns dann auf einen tagelangen Fußmarsch in ruhigere Gebiete machen; wir konnten aber entkommen...«

»Sie kannten kein Erbarmen und zwangen uns, immer wieder mit ihren Waffen schießend, das Dorf zu verlassen...«

»Als wir das Ultimatum, innerhalb von zwei Stunden unser Dorf zu räumen, nicht einhielten, schossen die Soldaten wahllos in die Hütten hinein. Wir ließen viele Tote zurück, die dort verbrannten und nicht einmal bestattet werden konnten. Die Überlebenden bestiegen panikartig die bereitstehenden Lastkraftwagen. Ich konnte in der darauffolgenden Nacht flüchten...«

Ein Miskito-Lehrer: »Die Sandinisten führten sich ärger auf als die ersten Konquistadoren. Sie töteten sinn- und grundlos die Indianer, wenn sie nicht freiwillig der Deportationsanordnung folgten. Das ist also die bessere Ordnung, die uns die Comandantes brachten . . .«

Ein evangelischer Priester: »Dieser Völkermord, den die Sandinisten an den Miskito-Indianern in brutalster Weise begangen haben, ist in der Zeitgeschichte nur mit dem Morden der Roten Khmer in Kambodscha vergleichbar . . .«

Nach den internationalen Protesten beeilten sich die Sandinisten in Managua, eiligst einen Rückzieher zu machen. Sie erklärten bescheiden, daß sie bei der Behandlung der Miskito-Indianer »Fehler« gemacht hätten. Man rodete in der Nähe der Minenstadt Rosita 50.000 Hektar Land und baute dort einige Bretterdörfer für die umgesiedelten Indianer. Etwa 10.000 Miskitos fanden in diesen Dörfern Platz, und alles zusammen nannte man dann stolz »Tasba Pri«, was in der Eingeborenensprache soviel wie »Freies Land« heißt. Nun hatte man etwas herzuzeigen, das speziell der ausländischen Presse gerne präsentiert wird. Diese aus Schuldgefühlen und durch internationale Pressionen entstandene Alibieinrichtung für eine gute Indianerversorgung kam nicht überall an, denn mindestens die doppelte Bevölkerungszahl von »Tasba Pri« wurde bei diesen Zwangsumsiedlungen getötet, und ebenso viele Miskitos sitzen in Honduras.

Die offiziellen Stellen haben das Miskito-Problem propagandistisch auf einige wenige Übergriffe reduziert, deren Verantwortliche von Militärgerichten angeblich verurteilt wurden. Schuld an diesem blutigen und empörenden Völkermord waren natürlich wieder der CIA-Geheimdienst und die Contras – die übliche Argumentationsversion der sandinistischen Dialektik.

Die Miskito-Affäre bildet einen unvergeßlichen Schandfleck in der sandinistischen Revolution, der bezeichnend ist für die Einstellung dieser Ideologie gegenüber Minderheiten im eigenen Land.

Viele lateinamerikanische Staaten, auch die USA, haben bedauerliche Indianerprobleme aufzuweisen, nur Costa Rica bildet eine Ausnahme. Es hat keine Probleme mit Indianern, weil sie nämlich dort nahezu ausgerottet wurden.

Die Sandinisten
verrieten ihre eigene Revolution

Sobald die Sandinisten die Macht ergriffen hatten, trennten sie sich von ihren bisherigen politischen Weggefährten und Revolutionshelfern. Am 3. November 1981 verlautbarte »Radio Sandino« einen Kommentar, in dem es hieß: »Sandinismus ist ein Synonym für Würde und Patriotismus; nur politische Eunuchen und moralische Pygmäen können daran zweifeln.« Comandante Bayardo Arce war der zuständige Verantwortliche, der seine Schlägertrupps zu den Oppositionsparteien und deren Führern dirigierte. Man schlug Politiker auf offener Straße nieder, beschmierte deren Häuser mit FSLN-Parolen, drosch Fensterscheiben ein oder demolierte – wie im Falle des Sozialdemokraten Alfonso Robelo – das ganze Haus. Diesem Haus schräg gegenüber amtiert hinter Sicherheitsbarrikaden Comandante Bayardo Arce, der belustigt dem organisierten »Volkszorn« zusah und die Polizei nicht eingreifen ließ.

Bevor man jedoch versucht, den Verrat der Sandinisten an ihrer eigenen Revolution zu analysieren, muß man vorher fairerweise auch die unbestreitbaren Erfolge der Sandinisten auflisten:

1. Als größtes Verdienst der sandinistischen Revolution die Beseitigung der korrupten Schreckensherrschaft der Somoza-Diktatur.
2. Die Rückgewinnung zahlreicher Besitztümer Somozas für das nicaraguanische Volk.
3. Die Alphabetisierungskampagne im ganzen Land.
4. Bessere Maßnahmen im Gesundheitswesen, speziell zugunsten der Kinder.
5. Bessere Bildungschancen für die Jugend.
6. Reduzierung der Kriminalität durch rigorose Polizeiüberwachung und drakonische Strafen.

Damit sind die Errungenschaften ziemlich vollzählig angeführt, man kann zur negativen Seite übergehen, die leider wesentlich umfangreicher ist.

Der elementarste Vorwurf, den man den heutigen sandinistischen Machthabern in Managua machen muß, besteht darin, daß bereits der alte Vorkämpfer General Sandino in seinem Programm ausdrücklich stehen hatte, daß Nicaragua nicht im Besitze einer einzigen Partei stehen dürfe. Er verurteilte im voraus einen Einparteienstaat, wie ihn die »Neun Comandantes« kompromißlos praktizieren.

Der zweite Punkt betrifft die Einschränkung der Presse- und Meinungsfreiheit durch die Vorzensur. Journalisten wurden bedroht, verhaftet, verprügelt und eingesperrt. Tageszeitungen und Rundfunkanstalten, die nicht auf der Linie der Sandinisten-Junta lagen, wurden einfach verboten und geschlossen.

Die Vorwürfe lassen sich mit Verhaftungen und Verfolgungen an Gewerkschaftsführern und Bauern fortsetzen, die Mitglieder von unabhängigen Gewerkschaften sind. Zahlreiche Verbrechen mit politischem Hintergrund wurden absichtlich nicht aufgeklärt, so daß eine Komplizenschaft der FSLN naheliegt. Bauern im Norden, im Zentrum und im Nordosten des Landes, die sich mit der Enteignung ihres Landes nicht einverstanden erklärten, wurden kaltblütig vertrieben oder niedergemetzelt. Schlägertrupps wurden in derselben Art aufgestellt und ausgebildet, wie sie Hitler und Mussolini einst für ihre faschistischen Zwecke einsetzten. Brutalitäten gegen die Miskito-Indianer an der Atlantikküste im Nordosten des Landes arteten in Massenhinrichtungen und Vertreibungen, Verhaftung ihrer Führer und Zerschlagung ihrer Organisation aus. Es gab die Verabschiedung von Gesetzen mit rückwirkendem Charakter, wie sie in einem zivilisierten Staat undenkbar sind. Es folgten Enteignungen von kleinen Unternehmen, deren Besitzer auch gegen Somoza gekämpft haben, ohne jede Entschädigung. Die Justizbehörden sind weitgehendst ausgeschaltet, die Rechtsprechung liegt beim Militär und bei der Polizei. Das sogenannte »Sandinistische Sicherheits-komitee« (CDS) – Spitzelorganisation mit Überwachung bis in die letzte Hütte – kann »Verdächtige« willkürlich verhaften. Mißhandlungen, Folterungen und die Tötung von Gefangenen gibt es noch immer, selbst Minderjährige, Greise und Invalide sind unter den Opfern, wobei die Schuldigen nie zur Verantwortung gezogen werden. Ange-hörige von Polizei, Militär und Staatssicherheitsdienst können faktisch nicht verurteilt werden, weil diese Körper-schaften ihre Leute einfach aus dem Gefängnis herausholen und der Justiz entziehen. Hunderte Gefangene sind einfach »verschwunden« und blieben unauffindbar. Alle Versuche von humanitären Organisationen, solche Fälle zu unter-suchen, wurden unterbunden. In einflußreichen Schlüssel-positionen des Landes »regieren« heute kubanische Ver-trauensleute von Fidel Castro. Kinder und Jugendliche werden in den Schulen bereits politisch indoktriniert und manipuliert, so daß eine freie Willensbildung nicht mehr gewährleistet ist.

Schon die Kinder werden auf ein konkretes Feindbild gedrillt und auch mit der Waffe in der Hand militärisch ausgebildet. Bilder, die in zivilisierten Ländern immer Abscheu und Entrüstung hervorrufen.

Die Exekutivstreitkräfte Sandinistisches Volksheer (Ejército Popular Sandinista, EPS), Sandinistische Polizei (Policia Sandinista, PS), Sandinistische Luftwaffe (Fuerza Aérea Sandinista, FAS), Abteilung für Staatssicherheit (Departamento de Seguridad del Estado, DPE), Polizei für innere Ordnung (Policia de Orden Interno, POI) und Sandinistische Volksmilizen (Milicias Populares Sandinis-tas, MPS) unterstehen de facto nicht dem Staat, der Regierung, sondern ausschließlich den »Neun Comandan-tes«, die mit diesem Instrument machen können, was sie wollen.

Wenn Regierungsfunktionäre im westlichen Ausland unterwegs sind und um Finanzen oder Hilfsprojekte werben, wird immer wieder beteuert, daß es sich in

Nicaragua bei den Sandinisten absolut um *kein* marxistisch-leninistisches System handle und diese Diffamierung lediglich vom CIA und den Imperialisten stamme. Diese auffällig häufigen Dementis stehen im Widerspruch zu den Aussagen und Publikationen der Comandantes.

Comandante Humberto Ortega, Bruder des Präsidenten, Verteidigungsminister und Oberbefehlshaber der Streitkräfte, erklärte am 25. August 1981 die Ideologie der FSLN öffentlich in einer Rede vor Militärspezialisten. Vor Drucklegung der Rede wurde im Manuskript vorsorglich manches »entschärft«. Auf Seite 8 heißt es da: »Und wir lassen uns von der wissenschaftlichen Doktrin unserer Revolution, dem Marxismus-Leninismus, leiten. Wir sprachen davon, daß der Marxismus die wissenschaftliche Doktrin ist, die unsere Revolution leitet . . . Ohne Sandinismus können wir keine Marxisten-Leninisten sein, und der Sandinismus kann ohne Marxismus-Leninismus nicht revolutionär sein. Aus diesem Grund sind sie nicht voneinander zu trennen . . . Unsere politische Stärke ist der Sandinismus und unsere Doktrin der Marxismus-Leninismus.«

Auf Seite 9 schwärmte der Comandante weiter: »Zu Beginn des 20. Jahrhunderts war es der Menschheit zum erstenmal möglich, die von Marx und Engels propagierte Theorie einer klassenlosen Gesellschaft, in der die Ausbeutung des Menschen für immer abgeschafft werden wird, in die Tat umzusetzen. Wir meinen die große Oktoberrevolution: die von Lenin geleitete bolschewistische Revolution.«

Auf Seite 14 wird Humberto Ortega deutlich: »Eines muß uns jedoch klar sein, wenn diese vaterlandsverräterische Bourgeoisie noch da ist, dann nur deswegen, weil wir es so wollen. Wir könnten uns jederzeit ihrer Fabriken bemächtigen, ohne daß ein Schuß fiele, weil sie nicht fähig wäre, ihre Waffen gegen uns zu richten, weil sie feige ist. Wir könnten der noch verbleibenden Bourgeoisie alles entreißen, in einem halben Tag könnten wir ihr alles wegnehmen . . .«

Auf Seite 17 ist der prominente Comandante wieder klug und leise: »Den Marxismus trägt man im Herzen, man kann ihn nicht wie eine Ware verkaufen, man trägt ihn nicht wie ein Abzeichen auf der Uniform und sagt, schau, jetzt bin ich Kommunist. Darum geht es nicht.«

Auf Seite 22 bekennt Humberto Ortega ganz offenherzig: »Auch Nicaragua hat bedingungslos und unbeschränkt Hilfe erhalten, und zwar in erster Linie von Kuba und seinem Vorkämpfer Fidel Castro.«

Abschließend heißt es auf Seite 24: »Das Problem, das wir haben, ist der Kampf gegen den Imperialismus, der Kampf gegen die das Vaterland verkaufende Bourgeoisie und der Kampf gegen den reaktionären Klerus ... Von Bedeutung ist nur, ob sie für oder gegen den Imperialismus ist und ob sie sich für oder gegen das sozialistische Lager entschieden hat ...«

Die Sandinisten versuchen krampfhaft, den vorhandenen Marxismus-Leninismus hinter einem biederen und patriotischen Nationalismus zu verstecken.

Mit den Menschenrechten sieht es in Nicaragua nicht gut aus, sie werden ständig mit Füßen getreten. Auch da gibt es einen ganzen Katalog von Verstößen, den man einwandfrei belegen und dokumentieren kann.

Als Enrique Volaños, der Vorsitzende der Unternehmerorganisation COSEP, mit einem mehrfach gültigen Ausreisevisa in seinem Reisepaß zum Flughafen kam und den Paß dem Grenzpolizeibeamten zum Abstempeln übergab, fehlte dann plötzlich die Seite mit dem Visa im Paß, er durfte deshalb nicht ausreisen ...

Wesentlich schlechter noch erging es José Esteban González, dem Leiter der Menschenrechtskommission von Nicaragua, der am 8. September 1981 am Flughafen von Managua verhaftet wurde, als er gerade eine Reise nach Genf (Schweiz) unternehmen wollte, wo er an der Sitzung des Sonderkomitees der Vereinten Nationen zur Aufklärung des unfreiwilligen und gewaltsamen Verschwindens von Personen teilnehmen sollte. Er war dazu als Koordinator der DPDH eingeladen worden. Polizisten und Zollbeamte durchwühlten sein Gepäck und nahmen ihm kurzerhand wertvolle Dokumente, Beweise, Fotografien und Fotokopien, die Eigentum der Menschenrechtskommission waren, weg.

Solche Sondereinsätze führt immer die sogenannte »Abteilung für Staatssicherheit« durch, gedrillt von Kubanern und Ostdeutschen. Dieser Staatssicherheitsdienst arbeitet in derselben Art und Willkür wie das einstige »Amt für Nationale Sicherheit« Somozas. Jedes Rechtsmittel, jede Beschwerde gegen diesen Sicherheitsdienst ist unzulässig, diese Abteilung hat sämtliche Vollmachten, die man sich nur vorstellen kann.

José Esteban González, Koordinator der Kommission für Menschenrechte, stellte noch eine ganze Reihe von Verletzungen der Menschenrechte in Nicaragua fest:

Ein Priester wird als Zeuge zitiert, der mit ansehen mußte, wie in der Region Nueva Guinea 30 Bauern von den Milizen erschossen wurden. In der Nähe der Städte Granada, Masaya und León sind Massengräber entdeckt worden. Die Sandinisten hatten Gefangene einfach an die Wand gestellt und exekutiert. Sobald die Menschenrechtskommission in solchen Fällen anklagend auftritt, kommentieren Rundfunk, Fernsehen und die Presse diese sofort als »konterrevolutionäre Organisation, die kriminelle Somoza-Anhänger verteidigt«. González selbst bezeichneten die Sandinisten als »konterrevolutionären Rechtsradikalen« und als »CIA-Agenten« – die übliche Argumentation, wenn jemand Kritik anzubringen versucht.

Besonders in den Gefängnissen kam es immer wieder zu brutalen Übergriffen. Verdächtig viele Gefangene – darunter auch Jugendliche – »sterben« hinter den Kerkermauern. Ein fünfzehnjähriger Junge ist in seiner Zelle von einem hochrangigen sandinistischen Offizier erschossen worden, der Offizier ist heute Mitglied des Staatsrates. Ortega selbst hielt sich in seinen öffentlichen Reden nicht zurück und sprach davon, daß man notfalls die Feinde der Revolution

»längs der Straße aufhängen« müsse. Jeder noch so geringste Keim einer Kritik an den Comandantes und den Sandinisten wird mit radikalen Mitteln ausgemerzt. Die Menschenrechtskommission hat es seinerzeit geschafft, Somoza sowohl vor seinem eigenen Kongreß als auch vor dem Forum der Vereinten Nationen anzuklagen – sie steht also nicht im Geruch, dem vertriebenen Diktator nahezustehen oder gar nachzutrauern. Dieselbe Kommission konnte dem damals eingesperrten heutigen Innenminister Comandante Tomas Borge das Leben retten. González wunderte sich auch, daß kirchliche Stellen mit Organisationen zusammenarbeiten, die von einer klaren marxistisch-leninistischen Ideologie geleitet sind. So manche europäische Kirchengeher – speziell der evangelischen Kirchen – würden sich wundern, wenn sie wüßten, wo ihre Spenden landen und für welche Zwecke sie ausgegeben werden. González stellte auch überrascht fest, daß die internationalen Medien sofort ausführlich berichten, wenn die Menschenrechte z. B. in Chile verletzt werden. Wenn aber die Sandinisten genau das gleiche in Nicaragua tun, gibt es überhaupt keine Reaktionen, was eine sonderbare doppelbödige politische Moral beweist.

José Esteban González wurde von den Sandinisten verhaftet und eingekerkert, er kam erst durch internationale Interventionen wieder frei und lebt heute gezwungenermaßen im Exil.

Die »Neun Comandantes« operieren leicht mit der öffentlichen Meinung, weil sie fast alle Medien unter ihrer Kontrolle haben und die Bürstenabzüge der Zeitungen vor der Drucklegung dem Zensur-Offizier im Innenministerium vorgelegt werden müssen, der dann willkürlich Meldungen und Artikel herausstreicht. Oder es wird mit Dekreten und »Bekanntmachungen« eingegriffen, was dann etwa so aussieht:

BEKANNTMACHUNG

Die Direktion der Medien des Innenministeriums teilt allen Medien (Zeitung, Rundfunk, Fernsehen) auf der Grundlage des Dekrets No. 511 vom 10. September 1980, veröffentlicht in der Amtszeitung No. 213, folgendes mit:
In Hinblick auf die Resolution des Innenministeriums vom 10. Feber 1981, 17 Uhr, und in Einhaltung der im Dekret No. 511 vom 10. September 1980 enthaltenen Verfügungen setzt die Direktion der Medien Sie davon in Kenntnis, daß ab jetzt jegliche die Ständige Menschenrechtskommission und ihre Mitglieder betreffenden Informationen von den legalen Verfügungen des erwähnten Dekrets betroffen werden.
Wir weisen Sie darauf hin, daß alle diesen Fall betreffenden Informationen – gleichgültig welcher Natur auch immer sie sein mögen – einzig und allein Sache des Justizministeriums sind. Die Resolution beinhaltet ebenfalls das Verbot, diese Mitteilung oder irgendeinen Kommentar dazu zu veröffentlichen.
Managua, 10. Feber 1981, 19 Uhr

Brigadekommandeur
gez. e. h.
José Valdivia Hidalgo
Direktor der Medien
Innenministerium

Die unabhängige Zeitung »La Prensa« druckte die Bekanntmachung trotzdem ab, darunter aber auch ihren Protest, der folgendermaßen lautete:

»Wir befolgen das Gesetz, jedoch nicht die willkürliche Verordnung. Weder die Dekrete 511 und 512 noch irgendwelche anderen Gesetze berechtigen die Regierung dazu, die Veröffentlichung ihrer Verbote zu untersagen, denn die Tatsache, daß ein Gesetz, um eingehalten werden zu können, bekannt sein und veröffentlicht werden muß, ist ein juristisches Grundprinzip.«

Mit der Pressefreiheit sieht es mehr als nur bedauerlich aus. Das beste Beispiel dafür bildet die unabhängige Tageszeitung »La Prensa«, deren verkaufte Auflage doppelt so groß ist wie alle anderen Regierungsblätter zusammen. »La

Prensa« litt unter Somoza am meisten, ihre Einrichtungen wurden von der Nationalgarde zerstört, ihr Herausgeber ist ermordet worden. Nach der Machtergreifung begann man das Blatt provisorisch in der Stadt León zu drucken. Mit Hilfe der FDP-nahen »Friedrich-Naumann-Stiftung« vermochte die Tageszeitung wieder normal zu arbeiten. Es gab in der Folge Verhaftungen von Journalisten, außer der Zensur auch noch spezielle Verbote und Drohungen organisierter Schlägertrupps, alle Einrichtungen von »La Prensa« anzuzünden. Im Zeitraum eines Jahres durfte die Zeitung insgesamt fünfmal überhaupt nicht erscheinen, wobei die Gründe jedem Journalisten im Westen höchstens ein Lächeln entlocken: »La Prensa« durfte nicht erscheinen, weil sie über Maßnahmen berichten wollte, welche die Meinungsfreiheit unterdrücken; weil sie über die Zerstörung bestimmter Plakate schrieb, die einen religiösen Inhalt hatten; weil der Gründer der FSLN, Carlos Fonseca Amador, nicht mit dem nötigen Respekt behandelt wurde; weil ein Interview von der mexikanischen Wochenzeitschrift »El Periódico« mit Miguel d'Escoto Brockmans abgedruckt werden sollte; weil »La Prensa« schrieb, daß die Regierung privates Eigentum nicht liebe und über Beschlagnahmungen privatwirtschaftlichen Eigentums berichtete. Einmal wurde der Betrieb geschlossen, als Frau Violetta Barrios de Chamorro, ein ehemaliges Mitglied der sandinistischen Junta, einen Satz ihres ermordeten Mannes wiederholte: »In einem Land, wo die Pressefreiheit nicht respektiert wird, gibt es keine Demokratie und Freiheit.«

»La Prensa« wird von den Sandinisten schikaniert, wo es nur geht. Internationale Meldungen, gleich welchen Inhaltes, dürfen nicht gedruckt werden, wenn sie von einer ausländischen Nachrichtenagentur kommen, die der Junta nicht zu Gesicht steht. Internationale Meldungen, die nahezu in allen Zeitungen – sogar in der »Prawda« – stehen, werden ganz einfach herausgestrichen. Die Zeitung muß zwei Zeitungen produzieren, um eine erscheinen lassen zu können. Eine weitere Schikane der Comandantes ist, die

Papierzuteilung zu reduzieren und so die Auflage zu drosseln.

Das amtliche Gegenstück zu »La Prensa« ist das Regierungsblatt der FSLN »Barricada«, ein journalistisch völlig instinktlos gemachtes Propagandablatt, das von Beweihräucherungen der Sandinisten nur so strotzt. Gedruckt wird das Blatt in einer Riesenauflage, gekauft wird es zum geringsten Teil. Man verteilt »Barricada« gratis in Kasernen, Ämtern und bei Organisationen, wo die Zeitungsstöße meist ungelesen in einer Ecke wieder auf den Abtransport warten.

Mit dieser Unterdrückung der Presse- und Meinungsfreiheit, die ursprünglich von den Sandinisten großartig versprochen wurden, versucht man, die Öffentlichkeit im Land zu manipulieren. Viele Nicaraguaner drehen deshalb am Radioknopf und suchen einen Sender der Nachbarstaaten oder von Mexiko. Nur so erfährt man in Nicaragua, was sich in der Welt und in Mittelamerika außerhalb der sandinistischen Scheuklappenperspektive abspielt.

Völlig unverständlich ist für Agrarexperten das Versagen auf dem landwirtschaftlichen Sektor. Ein Land mit solchem Klima und so fruchtbarem Boden produziert am tatsächlichen Bedarf vorbei und ist mit seiner sozialistischen Planwirtschaft nicht einmal in der Lage, die Bevölkerung mit ausreichenden Feldfrüchten, Gemüse und Obst zu versorgen. Die Agrarreform mit der Enteignung und Landaufteilung mündete zu 80 Prozent bei staatlichen Kooperativen und ging anscheinend völlig daneben. Gäbe es nicht die absichtlich geduldete »Schatten«-Landwirtschaft, den Schwarzmarkt der privaten Bauern, die zu überhöhten Preisen ihre landwirtschaftlichen Produkte einschließlich Eier, Fleisch und Geflügel anbieten und verkaufen, wäre die Versorgungskatastrophe noch weit ärger. Die Regale in den staatlichen Verkaufsläden mit den »garantierten« Preisen sind meist leer. Der Schwarzmarkt ist der einzige Ausweg, um den Tisch decken zu können. Die privaten Bauern stehen aber dann mit Banknotenbündeln da und wissen nicht, was sie damit kaufen können, denn Waren des täglichen Bedarfes gibt es schon lange nicht mehr. Diese Córdoba-Banknoten haben schon bald den Altpapierpreis erreicht, man kann sie in keinem Land mehr umwechseln.

Wie sich die Comandantes das Phänomen einer Volkswirtschaft vorstellen, geht aus der staatlich verordneten Maßnahme hervor, daß Löhne und Preise nicht steigen dürfen. Diese reichlich naive Wirtschaftspolitik geht eines Tages daneben, wie die Meldungen Mitte April 1985 aus Managua bewiesen haben. Die Sandinisten führten ihr System selbst ad absurdum, indem sie über Nacht Benzin und Dieselöl um 150 Prozent, den Strom um 100 Prozent erhöhten und die Telefongebühren explodieren ließen: Ein Telefongespräch von Nicaragua in einen benachbarten mittelamerikanischen Staat, das bisher umgerechnet 170 Schilling kostete, kommt nach der neuesten Erhöhung auf volle 7000 Schilling.

Die Summe der Auslandsverschuldung Nicaraguas nach 43jähriger Somoza-Diktatur wurde von den Sandinisten allein im Zeitraum von 1979 bis 1982 verdoppelt.

Die Sandinisten scheinen auf mehreren Gebieten Fidel Castros Spuren zu folgen, auch beim Rauschgift, wo Kuba nachweisbar in Kolumbien mitmischt. Die hochangesehene »Neue Zürcher Zeitung« steht sicherlich nicht im Geruch, ein Sensationsblatt zu sein. Sie berichtete in ihrer Ausgabe vom 19. Juni 1985 ausführlich, daß die Kanadier auf dem Flugplatz von Ottawa den Ersten Sekretär der Nicaragua-Botschaft – Rodolfo Palacios Talavera – am 23. Juli 1983 festgenommen hatten, weil man im Gepäck des Diplomaten Kokain vorfand. Der Ertappte gab im Polizeiverhör zu, daß Innenminister Comandante Tomas Borge für den Kokainhandel zuständig sei. Weitere Einzelheiten über die behördlichen Aktivitäten Nicaraguas im Kokainhandel waren vom 1983 abgesprungenen nicaraguanischen Diplomaten Antonio Farach im amerikanischen Fernsehen (NBC, 2. August 1984) zu erfahren: Seiner Aussage zufolge hat Kuba die nicaraguanischen Regimeträger zur Zusammenarbeit beim Rauschgifthandel anläßlich von Verhandlungen zwischen Raul Castro, der sich schon Jahre vorher für die kolumbische Mafia stark gemacht hatte, und Nicaraguas Verteidigungsminister Humberto Ortega angeregt. Letzterer sei denn auch am eindeutigsten im Drogenhandel involviert. Außenminister Miguel d'Escoto habe – laut Farach – falsche Pässe für Nichtnicaraguaner ausgestellt, die dem Drogenhandel und dem Terrorismus nachgehen. Ein der DEA (Drug Enforcement Administration) verpflichteter Privatpilot war mit 1500 Pfund Kokain von Kolumbien nach Managua geflogen, wo er von dem nicaraguanisches Gastrecht genießenden kolumbischen Rauschgiftkönig Pablo Escobar Gaviria und einem hohen Beamten des Nicaragua-Innenministeriums – Federico Vaugham – empfangen wurde. Er flog nach Miami weiter, kehrte einen Monat später nach Managua zurück und unternahm am 25. Juni 1984 einen neuen Flug nach Miami, diesmal mit 1452 Pfund Kokain an Bord der Maschine. Das Rauschgift war im militärischen Teil des Flugplatzes von Managua von Vaugham und Helfern aufgeladen worden, wobei der Beamte des Innenministeriums vom Piloten fotografiert werden konnte. Das Fotodokument spielte beim Erlassen eines Haftbefehls gegen Vaugham und seine kolumbischen Mafia-Freunde Escobar und Jorge Luis Ochoa eine Rolle. Laut Gerichtsmaterial, das dem Bundesrichter Herbert Shapiro (Miami) vorlag, soll der von der DEA eingeschleuste Pilot zwei Flugzeuge für Drogenflüge in die USA von Innenminister Borge erhalten haben. Die US-Rauschgiftbekämpfungsbehörde will überdies Beweise besitzen, wonach die nicaraguanischen Behörden dem internationalen Rauschgifthandel auch ein Kokainlabor zur Verfügung gestellt haben. Am 19. April 1985 brachte der costaricanische Sender »Radio Impacto« die Nachricht, daß die antisandinistischen FDN-Guerilla die einst von Somoza bewohnte »Casa Colorada« in der Ortschaft El Crucero, in der Nähe der Hauptstadt, zerstört haben. In dieser Villa

habe sich Nicaraguas größtes Kokainlaboratorium befunden, das vom flüchtigen amerikanischen Finanzkriminellen
Robert Vesco mitfinanziert worden sei. Vesco, ehemaliger
Besitzer der Reste des IOS-Investment-Imperiums, hält
sich seit Beginn der siebziger Jahre im zentralamerikanisch-
karibischen Raum auf und lebt derzeit in Kuba.

Anfang 1982 hatte Managua über den Verkauf einer
DC-6-Maschine an einen bekannten kolumbischen Rausch-
gifthändler verhandelt, dadurch war die internationale
Drogen-Abwehr auf Nicaragua aufmerksam geworden.

Die sandinistischen Argumente, daß die desolaten
wirtschaftlichen Zustände nur darauf zurückzuführen sind,
weil die Junta ein vom Bürgerkrieg zerstörtes Land
übernommen hat und die USA samt dem Westen dem
zahlungsunfähigen Nicaragua keine weiteren Kredite mehr
gewähren wollen, gehen völlig ins Leere. Sie sind eine
billige Ausrede, die Schuld immer anderswo, nur nicht bei
sich selbst, zu suchen. Ein Land, das nahezu die Hälfte
seiner Staatseinnahmen in das Militär und in unproduktive
Waffen steckt, muß volkswirtschaftlich Bankrott machen.
Nicaragua hat mehr Bewaffnete und mehr Waffen als alle
anderen mittelamerikanischen Staaten zusammen. Es ist
eine Zumutung für westliche demokratische Staaten, ein
Regime, das von einer Clique in den völligen Bankrott
regiert wird, finanziell mit Steuergeldern, die nie zurückge-
zahlt werden können, zu unterstützen.

Die zweite Ursache für dieses Versagen liegt im politischen System. Alle bisherigen noch so guten Vorschläge
von anerkannten Wirtschaftsexperten prallen ab, wenn sie
nicht in das politisch-ideologische Konzept der marxistischen Sandinisten hineinpassen. Unter diesem Vorzeichen
werden die bereits gemachten und erkannten Fehler unentwegt weiter produziert, koste es, was es wolle – Haupt-
sache, die politische Linie stimmt.

Je genauer man sich die Details des sandinistischen
Weges ansieht, umso deutlicher wird jedem Beobachter,
daß die sandinistische Revolution immer mehr von ihren

einstigen Programmpunkten abgerückt ist, ganz zu schweigen vom Revolutionsprogramm General Sandinos, des großen Freiheitshelden. Die einstige brennende Idee einer nationalistischen Befreiung für eine pluralistische Gesellschaftsordnung mit allen demokratischen Freiheiten ist anscheinend an den internationalen Marxismus-Leninismus verraten worden. Unter der Vorspiegelung einer angeblich klassenlosen Gesellschaft wird jede Kritik am System und an den Machthabern ausgeschaltet. In der Schar der Comandantes der Junta ist keine einzige Persönlichkeit vertreten, die wirkliche staatsmännische Führungsqualitäten vorzuweisen hätte – kein einziger mitreißender Kopf wie ein Fidel Castro zum Beispiel. Die neun olivgrünen Götter regieren nach außen hin als Kollektiv. Der Versuch der Sandinisten, sich als völlig neue sozialistische Gesellschaftsform international darzustellen, ist jämmerlich fehlgeschlagen. Übriggeblieben ist ein oppositionsloses radikales Einparteien-Präsidialsystem, einer östlichen Volksdemokratie mit deren undemokratischen und unmenschlichen Einrichtungen nachgestaltet. Die einstige Abhängigkeit vom bösen Yankee hat man abgeschüttelt und dafür die totale Abhängigkeit vom Osten (Moskau und Havanna) eingetauscht. Wo der große Vorteil dieser Revolution nun liegen soll – wenn man von der Vertreibung des Diktators Somoza absieht –, sehen heute viele Nicaraguaner nicht mehr. »Unter Somoza ist es uns schlecht ergangen, aber heute unter den Sandinisten ist es noch viel ärger«, bekommt man in zahlreichen Interviews immer wieder zu hören. Nicaragua pendelte von einem rechtsradikalen in ein linkes Extrem, und viele Mittelamerikabeobachter sind der Überzeugung, daß man derzeit in Zentralamerika anscheinend nur diese zwei Extreme und keine demokratische Mitte (Costa Rica ausgenommen) verwirklichen kann.

Niemand ist populärer als
»Comandante Cero«

Die neun herrschenden Junta-Comandantes zusammen besitzen bei weitem nicht die Popularität des »Comandante Cero« Edén Pastora, des einstigen Erstürmers des Nationalpalastes, der nach der Machtergreifung durch die Sandinisten seinen attraktiven Posten als stellvertretender Verteidigungsminister konsequent zurücklegte, mit einer Reihe führender sandinistischer Mitkämpfer ins Ausland ging und von dort aus begann, das marxistisch-leninistische System zu bekämpfen, als er immer deutlicher sah, was aus dieser Revolution geworden war. Pastora verurteilte den kommunistischen Weg, er hat vergeblich die sandinistischen Versprechen eingemahnt, die bis heute nicht gehalten wurden.

Seit dem Bombenanschlag gegen ihn anläßlich einer Pressekonferenz, bei dem er zwar verwundet, aber nicht unschädlich gemacht wurde, führt der mit einem unbeschreiblichen Charisma behaftete »Comandante Cero« ein unstetes Leben. Er ist überall und nirgendwo, und es ist äußerst schwierig, ihn zu finden. Mit einem raffinierten Sicherheitssystem hat seine Leibwache inzwischen für seine persönliche Sicherheit gesorgt, da die Comandantes in Managua ihn in Abwesenheit zum Tode verurteilt und ihn für vogelfrei erklärt haben. Jeder Nicaraguaner ist berechtigt, Edén Pastora – ganz gleich, wo man ihn antrifft – der »gerechten Strafe« zuzuführen, d. h. ihn zu töten. Das sind offizielle Aussprüche aus Reden der Comandantes in Managua, die in dieser Form darauf anspielen, daß auch der geflüchtete Diktator Somoza nach seiner Flucht in seinem ausländischen Exil von einem Sandinisten ermordet wurde. Insgeheim hat die Junta ihren Geheimdienst mit dieser

Exekutionsaufgabe betraut und eine Kopfprämie ausgesetzt, um den Ehrgeiz der Greifer anzustacheln. Pastora hält sich in Begleitung von jeweils drei bis vier seiner Getreuen zwischen Costa Rica, El Salvador und Honduras auf, zwischendurch ist er auf Goodwilltour in Lateinamerika, Europa und auch in den USA unterwegs, um Sympathie und Geld zu werben.

Der abtrünnige Sandinist spricht oftmals im (contra-) sandinistischen Radio, dessen Sprecher sich täglich mit den Worten: »Hier spricht die Stimme Sandinos«, meldet. Pastora klärt seine Landsleute auf, daß er mit seinen Freunden angetreten sei, das heutige Übel in Nicaragua – den Kommunismus der Comandantes – mit der Waffe in der Hand zu bekämpfen. Pastora und seine Guerillas bezeichnen sich ebenfalls als Sandinisten, als die wahren Sandinisten, die das Programm des alten Generals Sandino nun tatsächlich verwirklichen wollen. Frontberichte und Erfolgsmeldungen rieseln über die Radioapparate an die neugierigen Zuhörer in Nicaragua.

Für die Comandantes ist der ehemalige Nationalheld Comandante Cero ein Dorn im Fleisch; dies nicht nur deshalb, weil der sandinistische Rebell mit seinen Guerillatruppen arge Schwierigkeiten und Verluste verursacht, sondern noch viel mehr, weil Pastora im Ausland die »Neun Comandantes« rücksichtslos anprangert. Pastora hat schon so manche, für Managua gedachte Kredite und Spendenaktion verhindert. Und noch etwas gefällt den Junta-Herrschern in Nicaragua absolut nicht: Pastora hat nicht nur einflußreiche Freunde in Lateinamerika und Westeuropa, sondern er fand auch Eingang bei der SI (Sozialistischen Internationale), wo er verständnisvolle Gönner sitzen hat. So mancher sozialistische Spitzenpolitiker erklärte offenherzig, daß Pastora mit einem demokratischen, sozialistischen Regierungsmodell vielleicht eine Alternative zum jetzigen marxistisch-leninistischen Regime in Nicaragua sein könnte.

Edén Pastora hat zwei Prinzipien für seinen bewaffneten

Kampf gegen die ehemaligen Gefährten gewählt: Er nimmt für seinen Guerillakrieg weder vom US-Geheimdienst CIA noch von der US-Regierung auch nur einen Dollar an Finanzierungshilfe, und außerdem betonte er, daß er nicht mit ehemaligen Angehörigen der Somoza-Nationalgarde zusammenarbeiten werde und in seiner Guerillatruppe daher auch keinen ehemaligen Nationalgardisten dulde. Dem eigenwilligen Pastora stünden alle nur denkbaren Mittel und Möglichkeiten offen, wenn er die erstgenannte Bedingung streichen würde, doch darauf verzichtete er bisher angeblich. Die Geldquellen für seine bewaffneten Aktivitäten sprudeln in Venezuela und in Westeuropa.

Pastora kann seinen ehemaligen Kampfgefährten nicht verzeihen, daß sie das Land den Kubanern und Russen ausgeliefert haben, daß sie nach kommunistischen Methoden vorgehen und daß sie ihre Versprechungen bezüglich Presse- und Meinungsfreiheit und politischem Pluralismus gebrochen haben.

Der Konterrevolutionär ist kein ausgesprochener Intellektueller, sondern eher eine Art politischer Robin Hood, der allerdings imstande ist, seine Anhänger mitzureißen und zu überzeugen. Sein Einfluß in Nicaragua ist heute noch beachtlich. Pastora rechnet bei seinen Radioansprachen mit den Sandinisten ständig ab, er putscht seine Landsleute gegen diese kubanische »Marionettenregierung« auf, wirft diesen Vertretern einer angeblich klassenlosen Gesellschaft vor, daß sie im Luxus leben und daß sie die Frechheit hätten, für sich und die Regierungsbonzen eigene Geschäfte einzurichten, wo sie all das kaufen können, wovon die arme Bevölkerung nur träumen kann. Die Sandinisten versuchten mehrmals, den Rebellensender zu orten und mit Helikoptern anzugreifen, aber der Sender »Stimme Sandinos« wechselt ständig seinen Standort.

Als man ihn fragte, warum er die FSLN für marxistisch-leninistisch halte, gab er zur Antwort, daß diese Feststellung Comandante Tomas Borge selbst öffentlich gemacht habe, außerdem meinte er zu der strittigen Ideologie: »Ein

Ding, das wie eine Ente schwimmt, wie eine Ente gefiedert ist und wie eine Ente quakt, ist eben eine Ente!«

Pastora läßt kein gutes Haar an den jetzigen Machthabern in Managua und bezeichnet sie als unreif und unfähig, da sie bisher nur im Untergrund gelebt haben und nun plötzlich regieren und Staatsgeschäfte machen müssen. Völlig ungeschickt trampeln sie im Porzellanladen herum und stoßen buchstäblich alle vor den Kopf. So sei es kein Wunder, daß Nicaragua mit dieser Regierung isoliert werde.

Wütend ist Edén Pastora über die von den Amerikanern unterstützte antisandinistische Guerillabewegung FDN (= Fuerzas Democráticas Nicaraguenses / Demokratische Kräfte Nicaraguas), ein Sammelbecken für die Nationalgardisten Somozas, die rechtzeitig ins Ausland geflüchtet waren. Comandante Cero ist der Überzeugung, daß die Amerikaner mit dieser angeblichen Trumpfkarte schlecht beraten sind, denn wenn die Nicaraguaner nur die Wahl hätten zwischen der FSLN und der FDN, so würden sie sich niemals für das ehemalige Somoza-Militär entscheiden, das in der Vergangenheit reichlich Unheil über die Bevölkerung gebracht hat. Diese Bewegung ist politisch indiskutabel.

Pastora hat etwa 3000 Mann unter Waffen, die er nur mit einem geringen Sold bezahlt. Er hat reichlichen Zulauf aus Nicaragua, speziell aus den alten sandinistischen Stammprovinzen, denn Pastora ähnelt dem Vorbild Sandino mehr als die »geschniegelten« Comandantes. Viele Männer muß er wieder zurück auf ihre Felder schicken, weil er noch nicht genügend Waffen hat. Der geringe Sold kann kaum ein Motiv für diese Freiwilligen sein. Das Motiv ist eher, daß gerade die Bauern wenig Sympathien für einen kollektiven Kommunismus in der Landwirtschaft haben, der keine Einnahmen bringt. Für sie ist der grausame Krieg fast schon Gewohnheit, und außerdem haben sie noch nicht alle Hoffnungen begraben. Pastora wird von vielen Seiten als die »Dritte Kraft« in der Auseinandersetzung angesehen, der auch nicht allein die Macht anstrebt – das hätte er ja ganz leicht haben können, wenn er bei den Comandantes in der Regierung geblieben wäre –, sondern ein demokratisches System mit vielen Parteien verwirklichen will.

Pastoras bescheidene Streitmacht ist leidlich gut bewaffnet und ausgerüstet, er selbst ißt mit seinen Guerillas gemeinsam Reis und Bohnen wie alle anderen. Er vermeidet es peinlich, für seine Person irgendwelche Privilegien in Anspruch zu nehmen. Aber seine Hoffnung, daß bei einem Angriff von außen das ganze sandinistische Regime wie ein Kartenhaus zusammenstürzen würde, ist reine Utopie, denn die marxistischen Sicherheitsmechanismen sind von den Kubanern und Ostdeutschen für alle Eventualitäten eingerichtet. Andererseits scheinen Pastoras finanzielle Möglichkeiten begrenzt zu sein, solange er sich nicht in die von den USA verlangte Vereinigung mit der Bewegung des ehemaligen Somoza-Militärs fügt.

Allerdings gewinnt Edén Pastora mehr und mehr politischen Rückhalt im Ausland, was sich negativ für die Junta in Managua auswirkt. Auf verschlossene Türen ist er eigentlich nur bei der Sozialistischen Partei Frankreichs gestoßen, wo man den Rebellen nicht empfing. Frankreich hatte nämlich für 20 Millionen Dollar Waffen nach Nicaragua verkauft. Weitere Waffenlieferungen wurden zwar auf höchster Ebene von den USA abgeblockt, doch genügte schon die erste Lieferung, um Pastora zur Weißglut zu bringen. Nach seiner Meinung ist Nicaragua voll von Waffen. Was Nicaragua braucht, das sind sinnvolle Arbeit und Investitionen des Auslandes in eine gemischte Wirtschaft, wo neben der verstaatlichten Industrie auch genügend Privatwirtschaft existiert. In ein Land, dessen Bevölkerung nicht einmal satt wird und dem es an den gewöhnlichsten Gebrauchsgütern fehlt, ständig Waffen zu liefern, ist nach Pastora blanker Wahnsinn!

Immer wieder wird der Exil-Sandinist erregt, wenn er Journalisten prophezeit, daß er die »korrupte Neunerbande aus ihren feudalen Somozavillen und aus den geheizten

Swimmingpools sowie aus den Mercedes-Luxuslimousinen im Kugelhagel heraustreiben werde«. »Nicht ›Gewehr und Gesang‹ brauchen wir in Nicaragua, sondern arbeiten müssen wir! Wir dürfen nicht jeden zweiten Mann in irgendeine Uniform stecken, sondern produktive Leistungen allein können den Lebensstandard und die Sozialleistungen heben. Es ist ein Irrsinn, wie viele Männer heute in Nicaragua unter Waffen stehen, anstatt mit Schaufeln zu arbeiten!« Das sind einige Thesen, die Pastora gerne herausstreicht.

Verständnislos steht Edén Pastora der reichhaltigen Hilfe des protestantischen Weltkirchenrates an die Sandinisten gegenüber und kommentiert: »Die Protestanten in Europa scheinen nicht zu wissen, was die Sandinisten mit den protestantischen Glaubensbrüdern an der Atlantikküste getan haben. Diese wurden erbarmungslos verfolgt, in Konzentrationslager gesperrt oder getötet. Ihre Kirchen sperrte man zu oder zerstörte sie.«

Comandante Cero sieht sich nunmehr als legitimen Revolutionsnachfolger des alten Vorbildes General Sandino und nannte seine Bewegung »Frente Revolucionario de Sandino«. Er taucht an verschiedenen Frontstellen auf und kommt inmitten einer schwerbewaffneten, aber kleinen Gruppe von Guerillos mitunter auch bis an den Stadtrand von Managua. Manchmal räumen sie ganze Polizeistationen auch im Landesinneren aus, oder sie hocken unverfroren in Autobussen, steigen auf offener Strecke aus und sind gleich darauf spurlos verschwunden. Die oft tagelangen »Abstecher« von den eigentlichen Fronten sind nur mit voller Unterstützung der Zivilbevölkerung möglich, bei der Pastora immer wieder Hilfe findet. Er hat viele Freunde in seiner Heimat und zum Leidwesen der Comandantes auch in Armee und Miliz bis hinauf zu den höchsten Rängen.

Unterwegs zur anderen Seite: Honduras

Es war nicht einfach, am frühen Morgen ein Taxi für die Fahrt vom Hotel Estrella bis zum Flughafen zu bekommen. Mit dem Versprechen des doppelten Fahrpreises klappte es dennoch. Auf der kurzen Fahrt bekam ich von meinem Taxifahrer noch eine ganze Reihe von politischen Ermahnungen mit auf den Weg. Er malte mir auch gleich die Abreiseformalitäten aus, die absolut nicht übertrieben waren. Abgedunkelt und abgesperrt lag der Flughafen im Scheinwerferkegel des alten Wagens. Erst eine Stunde vor dem Start der ersten Maschine kamen zwei Soldaten von irgendwo verschlafen herbei und öffneten Kette und Vorhängeschloß des Zauntores, so daß wir bis zum Flughafengebäude weiterfahren konnten. Kein einziges Licht brannte in dem Gebäude, keine Menschenseele war zu sehen. Erst nach und nach rollten dann einige Fahrzeuge mit Fluggästen an, die sich wie ein Bienenschwarm um die versperrte Glastür scharten. Eine Viertelstunde später wurde ein Tisch zur Eingangstür geschoben, und nach der Paß- und Ticketkontrolle und genauen Leibesvisitation wurden wir Passagiere einzeln in das Gebäude hineingelassen. Vor dem Aushändigen des Bordpasses wurde das Gepäck noch eingehend gefilzt, etliche Formulare mußten ausgefüllt werden, sogar die zahlreichen Filmrollen wurden einzeln nebeneinander auf den Tisch gelegt. Die Maschine der honduranischen Fluggesellschaft »SASHA« sollte laut Flugplan bereits abgeflogen sein, doch störte dies die nicaraguanischen Zoll- und Sicherheitsbeamten keineswegs. Zur Eigenart dieser Luftfahrtgesellschaften gehört, daß jede OK-Buchung im Flugticket, das mit einheimischer Währung bezahlt wurde, sofort gegenstandslos ist, sobald ein Passagier mit einem in Dollars bezahlten Flugschein auftauchte. Endlich war es dann soweit, ich war der letzte Fluggast, rannte über das Vorfeld und suchte mir einen Platz in der Maschine, die bereits mit laufenden Triebwerken startbereit war. Als ich dann Managua unter mir liegen sah, überkam mich ein beklemmendes Gefühl für dieses Land und für diese Menschen mit ihrer uniformierten Gesellschaftsordnung.

Wir flogen über eine reizvolle vulkanische Landschaft und nahmen Kurs auf Honduras Hauptstadt Tegucigalpa, eine Stadt, die eher wie ein riesiges Dorf aussieht, deren Häuser dicht und wahllos über die Hügel verstreut sind. Honduras ist eines der ärmsten Länder unserer Erde, aber im Vergleich zu Nicaragua wirkt es beinahe reich, besonders wenn man binnen weniger Stunden den krassen Unterschied sieht. Es herrscht auf den Straßen reger Verkehr, die Geschäfte sind voll mit Waren aller Art, und man sieht fast keine Uniformierten. Das Hotel hoch oben auf dem Berg über der Stadt ist modern, es beherbergte aber eine Unzahl von amerikanischen Soldaten in Zivil und Uniform. Viele trugen geigenkastenähnliche Behälter mit sich, in denen sich aber keine Musikinstrumente befanden.

Um mit den Contras in Honduras in Kontakt zu kommen, hatte ich zwei Telefonnummern von Vertrauensleuten erhalten. Bei der ersten Nummer meldete sich zuerst niemand, beim zweiten Anlauf war ein Polizeibeamter am Apparat. Der Telefoninhaber saß im Gefängnis, wie ich später erfuhr. Bei der zweiten vertraulichen Telefonnummer hatte ich mehr Glück. Der Unbekannte unterzog mich zwar einem Verhör, vereinbarte dann aber mit mir einen Treffpunkt für den Abend desselben Tages. Er wies mich an, in eine genau beschriebene Kirche zu gehen, mich dort in die letzte Bankreihe zu setzen und zu warten.

Hotels, größere Geschäfte, Banken und ähnliche Gebäude werden in Honduras – je nach Zahlungskraft – von privater Polizei bewacht, die mit Waffen aller Art ausgerüstet sind und ganz phantasievolle Uniformen tragen. Auch in unserem Hotel war eine ganze Schar solcher »Beschützer« ständig unterwegs.

Als es dunkel wurde, marschierte ich zur beschriebenen Kirche und setzte mich dort mit gemischten Gefühlen in die letzte Bankreihe unweit des Haupteinganges. Überall brannten unzählige Kerzen, es befanden sich nur einige ältere Frauen betend in der Kirche. Es war bereits weit nach der vereinbarten Zeit, als nacheinander vier Männer in die Kirche hereinkamen. Drei blieben »betend« beim Eingangstor stehen, während sich der vierte Mann zu mir in die Bank setzte und flüsternd zu fragen begann. Die Leute dieser verschiedenen Contras-Bewegungen sind mißtrauisch, weil die Sandinisten schon mehrmals versucht hatten, Spitzel einzuschleusen, um antisandinistische Guerillaführer zu liquidieren. Wir vereinbarten für den nächsten Abend ein Treffen, bei dem ich mit einem der Führer sprechen konnte.

Neben dem riesigen Fußballstadion wartete am nächsten Abend ein Lastwagen mit zwei Begleitern, die mich in ein unscheinbares Haus am Stadtrand brachten. Eine einsame Glühbirne ohne Schirm baumelte über dem großen Tisch, an dem ich einem bärtigen Mann von etwa 50 Jahren gegenübersaß. Aus der ganzen Art, wie er sprach und mit knappen Befehlen die anderen Männer in Bewegung brachte, konnte ich deutlich erkennen, daß mein Gastgeber ein Offizier war. Wie sich dann später herausstellte, war er ein bekannter und berüchtigter ehemaliger Berufsoffizier der nicaraguanischen Nationalgarde.

Er musterte mich neugierig, ließ sich Belege und Veröffentlichungen vorlegen, sah sich aufmerksam mein Nicaragua-Visa und die daneben prangenden Ein- und Ausreisestempel an. Dann wollte er meine Eindrücke von Nicaragua hören. Anschließend brachte ich meinen Wunsch vor, ein Camp der Contras in Honduras sowie ein Camp oder einen Stützpunkt der Contras über der Grenze in Nicaragua besuchen zu dürfen. Er ging daraufhin in einen anderen Raum und sprach über einen Kurzwellensender mit einer Kommandostelle. Als Jonny – so nannte er sich – wieder zurückkam, wartete er mir zuerst einen fürchterlich starken Schnaps auf und erklärte dann, daß das »Kommando« mit meinem Besuch einverstanden sei. Ich müsse aber die Transportkosten selbst bezahlen und dürfe keine Fotokameras mitnehmen.

Schon am nächsten Morgen stand in der Nähe des Hotels ein übervoll bepackter Lkw, auf dessen Ladung noch drei Männer hockten, während Jonny als Chauffeur den Wagen lenkte. Auf der Fahrt zur Grenze gab es einige Militärkontrollposten, doch Jonny war anscheinend so bekannt, daß er seinen Sonderausweis überhaupt nicht mehr vorzeigen mußte. Vier Stunden später bogen wir von der Straße auf einen Feldweg ab und hielten schließlich drei Kilometer weiter vor einem Schlagbaum, den ein Bewaffneter öffnete, als er Jonny erkannte. Im Schatten einiger Bäume standen zwei Reihen alter Militärzelte, deren Bewohner auf einem Nahkampfdrillplatz gerade nach den üblichen Methoden geschunden wurden. Die Guerillas waren zum Teil in alten Kampfanzügen, zum Teil in Zivilkleidung – gemeinsam hatten sie nur die kahlgeschorenen Köpfe. Sie krochen unter Stacheldrahtverhauen durch, während gleichzeitig mit scharfer Munition knapp über ihre Köpfe hinweggeschossen wurde. Sie turnten affenartig über senkrechte Wände, baumelten an Seilen oder marschierten – bis zu den Schultern im Wasser – durch einen Flußlauf. Man wollte anscheinend zeigen, was sie konnten. Ich vermochte keinen einzigen US-Berater ausfindig zu machen. »Wir haben keine hier und brauchen auch keine«, erklärte mir mißmutig ein Offizier auf meine Frage.

Nun gibt es verschiedene antisandinistische Befreiungsbewegungen, die sich zwar untereinander in politisch-ideologischen Strukturen unterscheiden, aber in ihrem Wunsch, die Sandinisten zu vertreiben, einig sind. Was nachher kommen würde, darüber zerbricht man sich nicht den Kopf. Neben diesen großen antisandinistischen Freiheitsbewegungen gibt es aber auch noch die sogenannten

»Wochenend-Guerillas«, die einst aus Nicaragua geflohen sind und in Honduras von etwas wohlhabenderen Landsleuten (Barbesitzern, Geschäftsleuten usw.) gesponsert werden. Mit kleinen Bussen fahren sie an die Grenze und versuchen, in Nicaragua mit ihren Waffen zum Einsatz zu kommen. Dies artet aber oft in ein »Räuber-und-Gendarm-Spiel« aus, bei dem jeder aus sicherer Entfernung vor dem Feind seine zugeteilten Patronen verschießt. Diese Entwurzelten bilden sich aber ein, einen Beitrag zur Befreiung des Landes geleistet zu haben, und hoffen insgeheim auf eine Heimkehr.

In einem großen Zelt durfte ich dann einen Guerillaoffizier interviewen, der sich ungefragt als ehemaliger Oberst der Somoza-Nationalgarde vorstellte und erklärte, daß die Amerikaner keine allzu große Freude hätten, wenn einzelne Guerillaführer in Eigenregie Pressekonferenzen abhielten. Die US-Berater lassen in letzter Zeit immer seltener ausländische Journalisten in die Ausbildungs- und Einsatzcamps der antisandinistischen Guerillas, weil dies im Ausland einen negativen Eindruck erweckt hat.

Auf meine absichtlich provokante Frage, wer denn eigentlich die Finanzierung dieser Guerillaeinheit übernommen habe, wich der Oberst aus und meinte nur, daß er über diese Details nicht informiert sei und sich nur mit den militärischen Belangen beschäftige.

So bohrte ich weiter: »Sind hier im Camp alle Guerillas aus der ehemaligen Somoza-Nationalgarde?«

»Nein, absolut nicht. Von den etwa 500 Mann sind maximal 50 Mann Nationalgardisten. Wir haben aber im Grenzgebiet in Honduras ausreichende Vorräte von Waffen und Munition versteckt, so daß wir jetzt nicht bei Null anfangen müssen«, erklärte der Kommandant.

»Warum unterlag die gutausgerüstete Nationalgarde 1979 den sicherlich nicht so gut ausgerüsteten Sandinisten?« wollte ich wissen.

Damit brachte ich den Offizier so richtig in Fahrt, als hätte ich ihn persönlich bei seiner Ehre gepackt: »Militärisch hätten wir nie aufgeben müssen und hätten die Oberhand behalten, aber Somoza und seine Clique, für die wir alle unsere Köpfe hingehalten haben, haben uns schmählich im Stich gelassen und flüchteten ins Ausland mit all den Millionen!«

»Aber Sie sind doch ein Somozist?« unterbrach ich ihn und wollte mit dem Gespräch auf ein anderes Geleise.

»Wir von der Nationalgarde sind keine Somozistas, als wäre das eine politische Klassifizierung. Somoza hatte keine politische Ideologie. Die Nationalgarde war ein Berufsheer, wie es solche in vielen Ländern gibt. Soldat ist ein Beruf wie jeder andere, wir haben uns nicht um die Politik zu kümmern. Wir führten die Befehle der amtierenden Regierung aus. Die Regierung ist verantwortlich für alle Anordnungen und Befehle, die Nationalgarde war nur das ausführende Organ!«

»Machen Sie es sich da nicht etwas zu leicht mit dieser Rechtfertigung? Sie müssen doch gewußt haben, für welches korrupte und brutale Regime Sie alle Befehle ausführten?«

»In jedem Krieg kommt es zu Übergriffen und Härten, bei den Deutschen genauso wie bei den Amerikanern und Israelis. Was soll Ihre Frage? Hätten wir – die Nationalgarde – gegen Somoza vielleicht putschen sollen?«

»Das kann ich nicht beurteilen, vielleicht wäre es eine Lösung gewesen. Aber was ich wissen wollte: Als Somozist wollen Sie und Ihre Gefährten der Nationalgarde sich nicht bezeichnet wissen – für wen und wofür kämpfen Sie dann? Abgesehen vom Standpunkt des Berufsmilitärs müssen Sie ja doch eine politische Vorstellung haben, denn Sie werden mit Ihrem Kampf etwas erreichen wollen?« fragte ich ihn.

Nun setzte sich der Kommandant wieder neben mich, als gelte es, Einsicht und Verständnis zu vermitteln. Langsam und bedächtig begann er wieder zu sprechen: »Das wollte ich Ihnen ja bereits die ganze Zeit sagen, aber Sie unterbrachen mich immer mit Ihren Fragen. Wir sind

Antikommunisten und haben gesehen, daß die sandinistische Herrschaft dem Lande keine Befreiung – wie versprochen – und keine Besserung gebracht hat. Nicaragua ist
heute eine Kolonie von Kuba und den Russen, und deshalb
haben wir den Kampf gegen die Sandinisten aufgenommen
und werden sie auch eines Tages aus Managua vertreiben.
Wir wollen eine Demokratie, wo alle die gleichen Möglichkeiten und Chancen haben, wo alle politischen Parteien
zugelassen sind ...«

»Auch die Sandinisten?«

»Nein, diese Verbrecherbande natürlich nicht. Es gibt
viele Länder, wo kommunistische Parteien verboten sind
und dennoch Demokratie herrscht.«

»Bilden Sie Ihre Guerillakämpfer hier nur aus, oder
unternehmen Sie auch militärische Einsätze in Nicaragua
gegen die Sandinisten?« wollte ich von ihm wissen.

»In drei Wochen sind wir mit der Ausbildung fertig,
dann wird unsere Kampfeinheit neu ausgerüstet und
kommt zu einem Stützpunkt auf nicaraguanischem Staatsgebiet, wo wir eine andere Gruppe ablösen. Wir Offiziere
bleiben vom ersten Tag der Ausbildung an bis zu den
Kämpfen beisammen, das ist besser so.«

»Können Sie in Honduras mit Ihren Bewaffneten so
ohne weiteres agieren und unterwegs sein?«

»Die Honduraner drücken die Augen zu. Es besteht ein
stillschweigendes Übereinkommen für unsere Aktivitäten,
und wir übernehmen faktisch in weiten Grenzbereichen den
Schutz der honduranischen Grenze. Im Süden des Landes
üben wir Contras de facto die Exekutivgewalt aus – diese
Regionen wurden uns für unsere militärischen Tätigkeiten
überlassen. Eigentlich übernehmen wir hier die Schmutzarbeit für die Honduraner.«

»Was bezwecken Sie mit Ihren militärischen Einsätzen
in Nicaragua? Sie ziehen sich ja nach größeren Angriffen
immer wieder nach Honduras zurück, und wie ich hörte,
kommen die Zivilisten in Nicaragua, also Ihre Landsleute,
dabei am meisten zu Schaden. Auch Greueltaten an

Zivilisten sollen sehr häufig sein, ähnlich wie sie vorher die Nationalgarde verübt hat.«

»Wir wollen die sandinistische Wirtschaft destabilisieren, Betriebe zerstören und Ernten vernichten. Außerdem kosten die militärischen Operationen gegen uns enorme Geldbeträge, so daß – alles zusammengenommen – die Comandantes in Managua diese Beanspruchung auf lange Sicht kaum durchhalten können. Zu den von Ihnen erwähnten Greueltaten noch einen Satz. Die Sandinisten haben auch für ihre Milizverbände eine Generalmobilmachung verfügt, das heißt, sie drücken halbwüchsigen Kindern und Opas noch Waffen in die Hände, damit dieses letzte Zivilaufgebot die Dörfer, Ernten und Betriebe schützen soll. Wenn solche ›Zivilisten‹ – sie tragen ja selten Uniformen – dann bei unseren Angriffen die Leidtragenden sind, so liegt die Schuld wohl nicht bei uns.«

»Haben Sie eigentlich Verbindungen zu Ihrem feindlichen Heimatland?«

»In unserem Verband sind zwei Dutzend Campesinos aus dem nicaraguanischen Grenzgebiet, die zu uns gekommen sind, weil sie die sandinistischen Schikanen satt haben, weil sie sich für ihren Ernteertrag mit den Geldscheinen nichts kaufen können, weil sie von ständigen staatlichen Kontrollen und von den Verhaftungen angeblich Verdächtiger genug haben. Es hat sie niemand gezwungen, sie kamen freiwillig und zählen zu unseren besten Kämpfern. Für sie ist nach wie vor der alte General Sandino das große Idol, aber nicht diese Herren Ortega, Borge und wie sie noch heißen. Wir bekommen regelmäßig – auch über Funk – aus Gebieten, die für uns wichtig sind, Informationen über Truppenbewegungen oder besondere politische Ereignisse, Vorfälle oder Vorhaben und koordinieren unsere militärischen Einsätze dementsprechend. Seit einem Monat haben wir in Managua selbst eine Stadtguerillazelle, die in erster Linie für Informationen zuständig ist, aber im Bedarfsfall auch für Sabotage eingesetzt werden kann. Die Sandinisten wissen davon, deshalb kann ich Ihnen das auch sagen, ohne ein Geheimnis zu verraten. Eine Spezialgruppe kubanischer Funkspezialisten versucht seit dem ersten Funkspruch vergeblich, unsere Leute anzupeilen. Wir arbeiten mit den raffiniertesten Techniken, so daß eine Aufdeckung fast ausgeschlossen ist.«

»So besteht relativ wenig Hoffnung, daß Nicaragua endlich einen wirklichen Frieden bekommt?«

»Nicht, solange Nicaragua von den Kommunisten beherrscht wird und eine kubanisch-sowjetische Kolonie ist.«

»Aber was geschieht dann, wenn die Contras eines Tages die Sandinisten tatsächlich vertreiben? Etwas, das heute noch sehr viele Beobachter bezweifeln. Edén Pastora hat kategorisch erklärt, daß er niemals mit Angehörigen der ehemaligen Nationalgarde zusammen arbeiten oder kämpfen werde. Selbst bei einem Sieg der Contras würden sich die verschiedenen Bewegungen und Gruppen der Contras untereinander wieder in den Haaren liegen. Die Sandinisten würden wahrscheinlich als Guerillas wieder in den Bergen sein, so wie die Contras heute. Ist das nicht eine triste Situation?«

»Wir sehen das nicht so dramatisch, wie Sie das soeben geschildert haben. Anfangs habe ich bereits erwähnt, daß wir eine demokratische Gesellschaftsordnung anstreben, wo alle politische Parteien das gleiche Recht finden werden . . .«

»Das haben doch die Sandinisten während ihrer Guerillatätigkeit genauso versprochen. Gekommen ist es aber leider dann ganz anders, und heute haben die Sandinisten allein die Macht in ihren Händen. Geht es letzten Endes nicht nur um die Macht?«

»Wir haben aus den Fehlern der Sandinisten gelernt. Da wir gesehen haben, wohin die Einparteienmacht führt, wollen wir den demokratischen Weg gehen.«

»Haben Sie Verbindung mit Edén Pastora und seiner Guerillabewegung?«

»Wir haben es versucht, zumindest zu einer gemeinsamen Koordination der militärischen Operationen zu kommen, da wir da ja das gleiche Ziel haben. Pastora hat uns nicht einmal eine Antwort gegeben.«

»Abschließend hätte ich noch eine Frage. Ist es möglich, einen Guerillastützpunkt der Contras auf nicaraguanischem Staatsgebiet zu sehen? Es wird von den Sandinisten ganz energisch bestritten, daß es so etwas überhaupt gibt.«

Der Kommandant war durch meine Frage aus seinem Konzept herausgerissen und zögerte eine Weile mit seiner Antwort: »Okay, wir können Ihnen unsere Präsenz in Nicaragua anhand eines Beispieles zeigen. Das Risiko für Ihre persönliche Sicherheit müssen Sie aber selbst übernehmen, und außerdem müssen Sie zwei Tage zu Fuß marschieren, weil wir dort keine Fahrzeuge einsetzen können. Damit Sie überzeugt sind, daß Sie auch wirklich in Nicaragua sind, zeigen wir Ihnen Jalapa von der anderen Seite – Jalapa haben Sie ja besucht, wie Sie mir erzählten.«

Nach einem kargen Mittagessen fuhr ich zusammen mit meinem Jonny und zwei bewaffneten Guerillas in einem Landrover ohne Fahrzeugnummer noch eine Stunde weiter. Wir ließen das Fahrzeug dann in einem kleinen Dorf, das von Contras wimmelte, und machten uns mit einer Patrouille von elf Mann auf den Marsch nach Nicaragua. »Es ist besser, wenn wir marschieren und kein Auto benützen, weil die Sandinisten von den Bergen auf alles schießen, was sich in Honduras bewegt. Manchmal sind sie auf den Bergen, dann wieder wir.«

Der Marsch begann und mit ihm der Regen. Von der bequemen Autofahrt zum Marschtritt, das war anfangs nicht sehr angenehm, noch dazu, weil die ausgetretenen Pfade steil bergauf führten. Bei Einbruch der Dunkelheit tappten wir zwischen zwei höheren Bergkegeln dahin, als plötzlich an der Spitze unserer kleinen Kolonne ein lauter Ruf erschallte. Blitzschnell warfen sich alle Begleiter zu Boden, ich machte es ihnen nach. Wir hatten den ersten Außenposten eines kleinen Basislagers der Contras erreicht. Gut getarnt standen zehn Zelte, daneben plätscherte ein kleiner Bach talwärts. Ein junger Offizier begrüßte uns nicht gerade freundlich. Mir klebten die nassen Kleider am ganzen Körper, als ich heißen ungezuckerten Tee erhielt. Den Fisch »verschlang« ich beim Abendessen vor lauter Hunger. Ein Zelt war für Jonny und mich geräumt, und es dauerte keine fünf Minuten, bis ich schlief. Ich schlief abermals in Nicaragua, diesmal ohne Erlaubnis und ohne Paßkontrolle und auch ohne jeden Stempel und Geldzwangsumtausch.

Der junge Offizier begleitete uns am nächsten Tag mit seinen Leuten, wieder begann der Marsch durch diese mörderische Bergwelt. Nur einmal kam Unruhe in meine Begleitmannschaft, als ein sandinistischer Helikopter seine Runden im Grenzgebiet flog, um schließlich nach Süden abzudrehen. Der letzte Anstieg brachte uns ans Ziel. Auf einem Berg lag in Erdlöchern ein Vorposten der Contras, der, durch einige Büsche getarnt, schon aus nächster Nähe nicht mehr erkannt werden konnte. Der junge Offizier reichte mir sein Fernglas und zeigte mit der ausgestreckten Rechten ins Tal. Tatsächlich lag Jalapa, wo ich noch vor wenigen Tagen gewesen war, unter mir. Nun sah ich die verschiedenen Hügelstellungen der Sandinisten von oben. Deutlich konnte man mit dem Glas die Soldaten und Zivilisten erkennen. Zwei Stunden lang beobachtete ich diese Region Nicaraguas von der anderen Frontseite her. Jonny erzählte mir dann noch ergänzend: »Seit Monaten wagen die Sandinisten keine Patrouillen mehr in diese Bergregionen, weil sie dabei schwere Verluste erlitten haben. Ab und zu schießen sie mit Geschützen und schweren Mörsern zu uns herauf.« Zwei handliche Boden-Luft-Raketen lagen neben einem Sergeanten im Erdloch parat, falls sich eines der Flugzeuge bedrohlich nähern sollte.

Wir aßen die mitgenommene Konservendose und Ananasfrüchte (das beste Mittel gegen den Durst), hierauf begann der Rückmarsch auf einer anderen Route. Gegen Mitternacht erreichten wir das kleine Dorf, wo unser

Landrover stand. Wir übernachteten in einem kleinen Bauernhaus und fuhren erst am nächsten Morgen zurück nach Tegucigalpa. Noch am selben Abend holte mich Jonny im Hotel ab und brachte mich abermals in das kleine Haus am Stadtrand, wo sich das Funkgerät befand.

Ein hagerer Mann mit einem unruhigen Blick wartete bereits. Er wies sich als ehemaliger nicaraguanischer Lehrer aus und legte dann seine linke Hand auf den Tisch. Der frischvernarbte Mittelfinger wies keinen Fingernagel mehr auf. Der Mann erzählte, daß er in Managua wegen des Verdachtes der subversiven Tätigkeit in eine fensterlose Betonzelle gesperrt worden war, wo knöchelhoch das Wasser stand. Beim Verhör band man ihn mit nassen Lederriemen auf einem Stuhl so fest, daß die linke Hand straff an die Armlehne gefesselt blieb. Das Blut staute sich, er konnte keine Bewegung mit seinen Fingern machen. Man zog ihm dann – immer wieder durch Fragen nach Verbindungsleuten der Contras in der Hauptstadt unterbrochen – ruckweise den Fingernagel ab. Diese Fingernägelzieherei war schon unter Somoza eine beliebte und grausame Foltermethode gewesen, die unbeschreibliche Schmerzen verursacht. Heute praktizieren die Sandinisten dieselben Foltermethoden wie einst ihre Todfeinde. Oftmals sollen die brutalen Folterer des sandinistischen Sicherheitsdienstes selbst keine Fingernägel mehr haben. Der Lehrer verdankte seine Freilassung einer entfernten Verwandtschaft mit dem Clan eines der Comandantes. Er flüchtete bei nächster Gelegenheit über die Grenze nach Honduras. Ich traf noch vier weitere Flüchtlinge, die über die Zustände und Foltern in den sandinistischen Gefängnissen des Sicherheitsdienstes berichteten. Manche Häftlinge waren mit den Köpfen so lange unter Wasser gehalten worden, bis sie bereit waren auszusagen.

Augenzeugenberichte von Überlebenden wirken glaubwürdiger und überzeugender als alle offiziellen Erklärungen oder Untersuchungsberichte von internationalen Organisationen oder Statistiken.

Wie die Spinne im Netz

Für die USA ist die mittelamerikanische Landbrücke eine enorm wichtige strategische Region an der Südflanke, was auch der Grund für alle politischen und militärischen Bemühungen in Zentralamerika ist.

Als militärisches »Basislager« und Kommandozentrum dient die 1676 Quadratkilometer große und mit 38.000 Amerikanern bewohnte Panamakanalzone, wo laut abgeschlossener Pachtverträge die USA bis zum Jahr 2000 volle Hoheits- und Souveränitätsrechte ausüben und eigene Gerichtsbarkeit besitzen.

Das Hauptgewicht der USA-Streitkräfte liegt jedoch in Honduras, weil dieses Land geographisch zentral liegt. Honduras ist wirtschaftlich völlig von den USA abhängig und versucht aus diesem Abhängigkeitsverhältnis Kapital zu schlagen. Die USA sind daran interessiert, sowohl die honduranische Armee stärker zu machen und besser auszurüsten als auch in Honduras verschiedene Militärbasen, Flotten- und Luftstützpunkte mit einem Einsatz von mehreren hundert Millionen Dollar auszubauen.

Militärflugplätze gibt es in: La Ceiba, Puerto Castilla, Aguacate, Puerto Lempira, Palmerola, Jamastran, Cucuyagua und San Lorenzo.

US-Stützpunkte mit amerikanischen Militäreinheiten und Beratern sind in: Puerto Cortés, San Pedro Sula, Tiger Island und Choluteca.

Die Zahl der in Honduras stationierten US-Soldaten schwankt zwischen 2500 und 6000 Mann, die Mannschaftsstärke wird den jeweiligen Notwendigkeiten angepaßt.

Amerikanische Pioniere bauen mit ihren riesigen Schubraupen Straßen im Grenzgebiet zu Nicaragua aus, und 300 Spezialisten der berüchtigten »Green Berets« haben die Ausbildung der Honduraner übernommen. Puerto Castilla wird zu einem modernen Hafen ausgebaut, der allerdings vordringlich für Marineeinheiten gedacht ist. Etliche Staffeln Düsenjäger, Bomber und Kampfhubschrauber sind ständig auf den erwähnten Militärflugplätzen im »Training«, und ein Dutzend Aufklärungsflugzeuge wachen Tag und Nacht über Nicaragua, El Salvador und die angrenzenden Meeresgebiete und behalten alles im Auge. Manchmal hat man den Eindruck, daß Honduras eine US-Kolonie oder militärisch besetzt ist. Besonders deutlich wird dieser Eindruck, wenn die großen Manöver stattfinden und bis zu 10.000 US-Soldaten eingeflogen werden, um zusammen mit den Honduranern Angriffe und Invasionen zu simulieren, wobei grundsätzlich mit scharfer Munition aus allen Kalibern geschossen wird. Seitdem Honduras 1838 seine Unabhängigkeit erlangt hat, zählte das Land 126 Regierungswechsel, 16 verschiedene Verfassungen und nicht weniger als 385 Putsche und Staatsstreiche. Der Süden des Landes ist entlang der Grenze voll mit den Camps der Contras, die von dort aus ihre Einsätze nach Nicaragua starten. Diese Art der Guerillataktik ist international üblich, klappt aber nur dann, wenn das Ausgangsland stark genug ist, die Absicherung der eigenen Grenzen vorzunehmen. Honduraner und Amerikaner provozieren damit auch absichtlich, doch ließen sich die Sandinisten bisher noch nie dazu verleiten, die Contras auf honduranisches Gebiet zu verfolgen, weil dies automatisch Krieg zwischen den beiden Ländern bedeuten würde. Im Gegensatz dazu haben die Sandinisten bereits zwei honduranische Militärhubschrauber sowie zwei amerikanische Militärmaschinen über nicaraguanischem Staatsgebiet abgeschossen. Es brodelt ständig in den Grenzgebieten, Honduras ist heute zu einem militärischen Sprungbrett ausgebaut. Die oftmals angedrohte und befürchtete US-Militärinvasion in Nicaragua wäre von Honduras aus im Bereiche der Möglichkeiten. Der amerikanische Oberstleutnant D. John Buchanan, Direktor des »Center for Development Policy«, erklärte in Washington vor einem Senatsausschuß: »Theoretisch müßte die honduranische Luftwaffe in der Lage sein, an einem Tag alle militärisch wichtigen Ziele in Nicaragua zu zerstören ...« Honduras Luftwaffe ist die stärkste in ganz Mittelamerika und besteht aus den modernsten Maschinen: 20 Super-Mystère-B-2-Jagdbomber, 10 F-86-Sabre-Jagdbomber und 50 UH-1H- sowie UH-19D-Transporthubschrauber, die sich dieses Land allein nie hätte leisten können. Es liegt die Vermutung nahe, daß diese modernen militärischen Fluggeräte wahrscheinlich nur die honduranischen Hoheitszeichen tragen. Alles hat den Anschein, daß Honduras systematisch darauf vorbereitet wird, für die US-Streitkräfte die Rolle der Panamakanalzone eines Tages zu übernehmen, wenn die Amerikaner dort vertragsgemäß in 14 Jahren zusammenpacken müssen.

In Honduras operieren Guerillas, die von Kuba unterstützt und mit Waffen versorgt werden. Es gibt auch harte Kritik an der Regierung, warum nichts unternommen werde, aus dem Status einer »US-Kolonie« herauszukommen.

Die Amerikaner versuchen krampfhaft, nicht dieselben Fehler, die sie in Vietnam machten, in Mittelamerika zu wiederholen und haben wohl aus diesen Erwägungen heraus den einst in Saigon tätig gewesenen Diplomaten John Negroponte zum Botschafter in Tegucigalpa bestellt, der mit 156 Mitarbeitern für das Vier-Millionen-Land Honduras tätig ist. Negroponte ist dabei, eine ganze Reihe von wirtschaftlichen Hilfsprogrammen zu verwirklichen, die den Lebensstandard der Bevölkerung anheben sollen.

Die politische und militärische Situation in Honduras gleicht einem Vulkan, der jeden Augenblick Feuer speien kann. Die Probleme und Ereignisse in den Nachbarländern sind mit denen von Nicaragua verzahnt. Flüchtlingsströme ergießen sich von einem in das andere Land, die Grenzen werden von den Guerillas ebenso mißachtet wie von den Militärs.

Die Zustände in den honduranischen Gefängnissen gleichen denen in Nicaragua und El Salvador. Willkür und Übergriffe der Sicherheitsdienstleute und Polizisten sind an der Tagesordnung, unmenschlich behandelte Gefangene und lange Listen von verschwundenen Häftlingen runden das negative Bild. Die rechtsgerichteten Todesschwadronen jagen und töten Kommunisten, und die linksgerichteten Guerillas schießen Regierungsbeamte, Polizei- oder Militäroffiziere bei hellem Tag auf offener Straße zusammen. Würde man Vergleiche anstellen zwischen den beiden rechtsradikalen Diktaturen El Salvador und Honduras auf der einen Seite und der linken Diktatur Nicaraguas, so findet man verblüffend viele Parallelen: Beide Regime sind rücksichtslose und unmenschliche Diktaturen mit einer für uns unzumutbaren Gesellschaftsordnung, wo ein Menschenleben nichts gilt. Rechtsextrem – linksextrem, keine dieser Alternativen ist auch nur um eine Haaresbreite besser als die andere. Genau das ist das Verhängnis, weil die Gegensätze und Konfliktstoffe sich immer wieder zuspitzen und aufeinanderprallen, weil es zwischen diesen Extremen ganz einfach keine Kompromisse zu geben scheint. Dabei bleibt die Frage offen, wie sich diese Kleinstaaten in Mittelamerika ohne direkte oder indirekte Einmischung der Hintergrundmächte (USA, UdSSR und Kuba) entwickeln würden. Da es letzten Endes immer wieder um die Macht geht, unabhängig davon, ob es sich um linke oder rechte Ideologien handelt, ist anzunehmen, daß nach wie vor Oligarchien hochschießen würden. Es fehlt bei vielen dieser Bananenrepubliken neben der kleinen reichen Oberschicht und der großen Masse der armen Bevölkerung die ausgleichende Mittelschicht, die in ihren Ansätzen teilweise absichtlich liquidiert wurde. Der fehlende Mittelbau in der Gesellschaftsstruktur fördert geradezu klassenkämpferische Gegensätze. Paradoxerweise ist sowohl der dünnen Oberschicht als auch der breiten Unterschicht die Mittelschicht der Bevölkerung im Wege, weil sie die diametralen Forderungen behindert.

In diesem Zusammenhang taucht auch die auf eine provozierende Verneinung hinauslaufende Frage auf, ob ein Drei-Millionen-Kleinstaat wie Nicaragua eine Großmacht wie die USA überhaupt »bedrohen« könne?! Darüber sind sich Politologen und Militärwissenschaftler einig: Nicaragua kann den Vereinigten Staaten sehr wohl in verschiedenen Bereichen gefährlich werden:

1. Die USA sind im Norden von Kanada und im Westen und Osten von den Ozeanen abgesichert. Nur der Süden ist offen, das ist die einzige Stoßrichtung, wo sich die Sowjets (Stellvertreter Kuba) nähern können. Die Fläche eines noch so winzigen Landes ist nicht ausschlaggebend, weil allein die Möglichkeiten von Flug- oder U-Boot-Stützpunkten und Raketenbasen von Bedeutung sind.

2. Ganz Mittelamerika ist eine höchst labile Region. Nicaragua unterstützt nachweisbar die linken Guerillabewegungen im benachbarten El Salvador mit Waffen, Munition und Ausrüstung, stellvertretend für Kuba und UdSSR. Mit anderen Worten: Nicaragua operiert bereits als »Stellvertreter« und exportiert seine Revolution mit der Absicht, daß auch El Salvador von einem ähnlichen Regime beherrscht wird. Der befürchtete Dominoeffekt würde demnach mit kubanisch-sowjetischer Unterstützung in Zentralamerika einsetzen, denn Nicaragua ist in dieser Expansionsstrategie der Brückenkopf. Nicht umsonst sponsert Kuba alle lateinamerikanischen Befreiungsbewegungen, und nicht umsonst wurde Kuba von den Sowjets für diese Zwecke hochgepäppelt.

Ein kleines Land wie Nicaragua mit seiner unproportional mächtigen Armee wäre ohne Schwierigkeiten in der Lage, in absehbarer Zeit die gesamte Region zu destabilisieren und in das linke politische Lager umkippen zu lassen. Ob dies direkt oder indirekt bewerkstelligt wird, ist unwesentlich. Sobald die Sowjets im Westen (USA) eine Teilnahmslosigkeit oder Nachgiebigkeit merken, stoßen sie erfahrungsgemäß in dieses politische Vakuum nach, so wie in Angola oder nach dem Abzug der Amerikaner aus Vietnam in Laos und Kambodscha oder auch in Afghanistan. Diese Länder stehen direkt oder über bestellte Stellvertreter unter sowjetischem Einfluß, obwohl es das »Volk« absolut nicht gewünscht hat. Diese politischen Grundregeln und Handlungsweisen der Großmächte widersprechen zwar allen völkerrechtlichen Gesetzen, sind aber eine realpolitische Tatsache, gegen die die übrige Welt zwar lauthals protestieren kann, sich damit aber abfinden muß. Nicaragua ist ein Paradebeispiel für einen Konflikt, der durch die bedrohliche Überschneidung der Interessensgebiete von West und Ost entstanden ist. Eine »nationale« Lösung des Konfliktes ist deshalb nicht denkbar, solange eine der beiden Großmächte sich aus dieser Region nicht zurückzieht.

Der »dritte Weltkrieg«
hat schon längst begonnen

Die Geschichte unserer Generation hat durch die verschiedenen politischen Ereignisse selbst den verbohrtesten Optimisten Zweifel gelehrt. Revolutionen verlieren ihre Bedeutung, wenn sie für die Völker keine Verbesserungen, sondern nur noch größeres Unglück bringen. Der Schah von Persien unterhielt zweifellos ein verdammenswertes Polizeiregime, aber was die Revolution Khomeinis brachte, das war namenloses Elend, Massenhinrichtungen und ein grauenhafter Golfkrieg. Die Revolution in Nicaragua durch die Sandinisten beseitigte zwar eine verabscheuungswürdige Schreckensherrschaft, aber heute geht es den Nicaraguanern schlechter als vorher.

Seitdem die Sowjetunion von ihrer kontinentalen zur globalen Strategie übergegangen ist, wurde das Gleichgewicht der Supermächte in der Welt verschoben. Wie schon erwähnt, wäre es reichlich naiv zu glauben, daß Befreiungskriege nur rein nationale Ereignisse und verzweifelte Anstrengungen des jeweiligen »Volkes« darstellen. Dahinter stehen meist die Großen aus West und Ost, die sich diese Instrumente etwas kosten lassen. Es scheint deshalb müßig zu sein, über einen drohenden dritten Weltkrieg zu reden, weil dieser schon längst begonnen hat, und zwar scheibchenweise und verstreut in den strittigen Randzonen. Die Polarisierung der beiden entgegengesetzten politischen Kräftefelder dehnt sich aus, da Russen wie Amerikaner für ihre globalen Interessen eine eigene Sicherheitspolitik entwickelt haben. Was nützen die Phrasen von garantierten Menschenrechten mit dem Selbstbestimmungsrecht der Völker durch die UNO, wenn in politischen und personellen Diktaturen oder Einparteien-Regimen nach wie vor keine freie Entscheidung der Völker möglich ist. Als leere Redensarten prallen sie bei den Gesellschaftsordnungen ab, wo eine Partei allein beschließt, was gut und schön ist, und wo jede Alternative einem Hochverrat gleichkommt.

Durch die enorme Modernisierung der Technologie spielen heute im militärischen Sicherheitsdenken nicht mehr die Anzahl der Gewehre, sondern die Raketenflug-minuten-Distanzen eine ausschlaggebende Rolle. Sicher-heitszonen sind für die beiden Supermächte eine unantast-bare Regel, wo keine Manipulationen oder Risken geduldet werden. Die Bevölkerungen von Ungarn und der Tsche-choslowakei haben vergeblich versucht, zumindest in eine liberale kommunistische Ordnung auszuweichen, sie wur-den mit russischen Panzern niedergewalzt. Und niemand zweifelt heute daran, daß der Großteil der polnischen Bevölkerung hinter der »Solidarität« steht und nicht hinter dem Zentralkomitee der Warschauer Regierung. Doch alle verzweifelten Demonstrationen und jeder Versuch des Aufbegehrens gegen den kommunistischen Machtapparat ist von vornherein vergeblich, weil Polen im Satelliten-gürtel und in der Sicherheitszone der Sowjetunion liegt, die sich da keinen Brocken herausbrechen oder auch nur liberalisieren läßt. Das umgekehrte Beispiel bildet Nicara-gua, das mit seiner Brückenkopffunktion über kurz oder lang in Mittelamerika zu einem zweiten Kuba anwachsen und dabei noch die anderen Länder mitreißen würde. Ein US-Senator in Washington sagte es noch deutlicher: »Wir werden nicht so lange warten, bis in Mexiko die rote Fahne mit Hammer und Sichel gehißt wird . . .«

So manche gutgemeinte Stimme beschwört auch west-liche Länder, Nicaragua zu helfen, weil es sonst – so wie einst Kuba – in das kommunistische Lager abgedrängt würde. Diese Sorge ist unbegründet, denn Nicaragua steht mit seiner sandinistischen Alleinherrschaft bereits eindeutig im kommunistischen Lager, wie es die Comandantes selbst in ihren Reden immer wieder deutlich sagen. Die Links-drehung der sandinistischen Revolution ist schon vor

Jahren erfolgt, als Preis und Voraussetzung dafür, daß Kuba und die Sowjetunion diese Revolution unterstützt haben. Es war damals die einzige Möglichkeit, den Sieg über Somozas Diktatur zu erreichen.

Jugoslawiens Staatspräsident Tito warnte 1979 die Sandinisten vor der einseitigen kubanisch-sowjetischen Ausrichtung, er empfahl die Blockfreiheit. Doch die Comandantes blieben bei ihrer eindeutigen Haltung. Nicaragua wagte es auch nicht, im Rahmen der »Blockfreien«-Sitzungen gegen die sowjetische Invasion in Afghanistan oder gegen den Einmarsch der Vietnamesen in Kambodscha und Laos zu stimmen, weil sie damit bei ihren Herren und Gebietern in Ungnade gefallen wären. Nicaragua mußte – ob es wollte oder nicht – den von Kuba vorgeschriebenen Weg weitergehen. Im Frühjahr 1985 erklärte in einem Fernsehinterview der bekannte Guerillaführer Napoleon Romero des FPL-Oberkommandos in El Salvador, der zu den Regierungstruppen übergelaufen ist, daß die Sandinisten an vereinbarten Grenzpunkten regelmäßig Waffen und Munition an die linksgerichtete salvadorianische Guerillabewegung FMLN übergeben. Die Sandinisten sind also daran interessiert, daß es auch im benachbarten El Salvador zu ähnlichen politischen Verhältnissen wie in Nicaragua kommt. Dies ist keine Handlungsweise, die auf eine Stabilisierung der Situation in Mittelamerika abzielt, sie erregt zwangsläufig den Unmut der Nachbarregierungen und auch der USA, weil diese darin eine Bestätigung ihrer Behauptungen sehen.

Es drängt sich die Frage auf, wie es nun in dieser mittelamerikanischen Krisenregion weitergehen wird. Die innen- und außenpolitische Situation Nicaraguas ist mehr als fatal, denn die Comandantes agieren politisch reichlich ungeschickt und provozieren, wo es nur möglich ist. In der Gruppe der »Blockfreien« haben sie sich ähnlich unbeliebt gemacht wie in der Contadora-Gruppe, und mit den Nachbarstaaten herrscht kaum ein Dialog.

Die erste große Auslandsreise als Staatspräsident brachte

Comandante Daniel Ortega herbe Enttäuschungen. Er begann seine Bittstellerreise in Moskau, wo er wohl die Zusicherung für weitere Waffenhilfe bekam, aber von einer Wirtschaftshilfe – die Nicaragua vor dem Bankrott retten könnte – war keine Rede. Auch die anderen kommunistischen Staatsoberhäupter klopften ihrem schnauzbärtigen nicaraguanischen Kollegen zwar wohlwollend auf die Schulter, doch die Ostblockstaaten kämpfen selbst mit ihren eigenen Wirtschaftsschwierigkeiten. Die Reise war eine Pleite, wie die Prognosen vor Ortegas Abreise bereits gelautet hatten. Die Sowjets sind weltweit engagiert und derart überfordert, daß sie ihren Satelliten- und Freundesländern wirtschaftlich kaum helfen können. Der Westen ist begreiflicherweise reserviert, weil die von den Sandinisten zugesicherte Demokratie in Nicaragua nicht einmal spurenweise feststellbar ist. Ein Land, in dem keine Pressefreiheit und kein Streikrecht herrschen, wo politischer Pluralismus gewaltsam unterdrückt wird, wo der Staatshaushalt größtenteils nur für das Militär verschwendet wird, zählt bei vielen europäischen Parteien und Regierungen eben nicht zur demokratischen Völkerfamilie, bei der man manchmal ein Auge zudrückt, auch wenn es mit der Zahlungsfähigkeit Schwierigkeiten hat. Andere hingegen wieder – dazu zählen auch die USA – sagen nicht unberechtigt, daß sich Nicaragua dem marxistisch-leninistischen Lager verschworen hat und sie nicht gewillt sind, derartige marxistische Experimente zu finanzieren. Ein Land, das gegen den Kapitalismus schimpft und dieses Gesellschaftssystem verdammt, kann wohl schwerlich erwarten, daß es von diesem Finanz- und Wirtschaftshilfen beziehen kann.

Für die Amerikaner unter der Administration Ronald Reagans ist klar, daß sie in Nicaragua nicht einmal ein liberalisiertes kommunistisches Regime, ähnlich wie in Jugoslawien, dulden wollen. Für Washington ist es zudem erwiesene Tatsache, daß sich Sowjets und Kubaner über den Brückenkopf Nicaragua von der Südflanke anpirschen wollen und dort ein zweites Kuba entstehen würde. Diese strategischen Studien wurden durch zwei sowjetische Diplomaten, die im Westen abgesprungen sind, erhärtet.

Die USA haben aus diesem Grund die Nachbarländer Nicaraguas militärisch aufgerüstet und wirtschaftlich unterstützt. Dabei wurden auch die restlichen mittelamerikanischen Staaten nicht vergessen. Alle anderen Maßnahmen gegen Nicaragua, von der Verminung der Häfen über Direktangriffe, Kreditsperren und Drohungen einer militärischen Invasion bis hin zum totalen Handelsboykott, fanden in der internationalen Weltöffentlichkeit kein Verständnis. Sie wurden schärfstens verurteilt, was Präsident Reagan allerdings wenig zu stören scheint. Die Finanzierung der antisandinistischen Contras stieß im Frühjahr 1985 auf Schwierigkeiten, weil der geforderte Betrag von 14 Millionen Dollar vom Kongreß anfangs nicht bewilligt wurde. Das hat allerdings keine Auswirkungen auf die Existenz und Tätigkeit dieser Guerillabewegungen, weil noch andere verdeckte Finanzierungsmöglichkeiten bleiben, auf die der Kongreß keinen Einfluß hat.

Nach der Moskaureise des »kleinen Diktators im grünen Kampfanzug« – wie Reagan den neuen nicaraguanischen Präsidenten Ortega bezeichnete – machte das US-Repräsentantenhaus eine Kehrtwendung und bewilligte für das laufende und kommende Fiskaljahr insgesamt 38 Millionen Dollar für die Contras. Diese »nichtmilitärische« Hilfe darf nicht für Waffen, Munition oder »Gegenstände« verwendet werden, die ernsthafte Körperverletzungen oder den Tod verursachen können. 248 gegen 184 Stimmen brachten diese plötzliche Wendung im Repräsentantenhaus, die zugleich einen Erfolg für Reagans Nicaragua-Politik bedeutete. Die Sandinisten tobten nach dieser Entscheidung, doch alle Contras jubelten.

Zur gleichen Zeit wurde bekannt, daß drei nicaraguanische Oppositionspolitiker in San Salvador die Schaffung einer gemeinsamen Organisation zur Bekämpfung des sandinistischen Regimes, die »Nicaraguanische Oppositionsunion« (UNO), bekanntgegeben haben. Diese Allianz schlossen die bekannten Politiker Alfonso Robelo, der Vorsitzende der Oppositionspartei im Exil »Demokratische Nicaraguanische Bewegung« (MDN), Adolfo Calero, der Chef der Rebellenbewegung »Demokratische Kraft Nicaraguas« (FDN), und der ehemalige nicaraguanische Botschafter in Washington, Arturo Cruz, Führer der Oppositionsbewegung »Coordinadora democrática« (CDN). Sie erklärten gemeinsam vor der Presse, daß sie die Errichtung einer Demokratie in Nicaragua mit politischem Pluralismus und wirklich freien Wahlen zum Ziele hätten und dafür an allen Fronten kämpfen wollten, aber einer politischen Lösung den Vorrang einräumen, d. h. einen Dialog mit Managua begrüßen würden.

Die USA wenden zur Zeit eine zermürbende Taktik an, wobei letzten Endes eine militärische Invasion in Nicaragua nicht völlig ausgeschlossen werden kann. Ob ein derartiger Gewaltakt klug oder überhaupt notwendig wäre, bezweifeln viele, denn die Sandinisten sind dabei, sich mit ihrem System selbst in immer größere Schwierigkeiten zu bringen. Es scheint eine Frage der Zeit zu sein, wie lange ein Staat derartige Experimente durchhalten kann. Unsere Weltwirtschaftsordnung ist ein Faktum, mit dem wir uns abzufinden haben. Der Westen und der Osten sind auf die Weltmärkte angewiesen, wo sie kaufen und vor allem auch verkaufen müssen. Der Kaffee regelt seine Preise auf internationalen Kaffeebörsen, und da ist das Angebot schon weitaus größer als die Nachfrage. Eigenständige Wege im notwendigen Export zu beschreiten wird auf Dauer für Nicaragua äußerst schwierig sein, weil sich bei den Finanzen auch die politischen Freundschaften aufhören. Jeder will so billig als möglich kaufen und keine überhöhten Sympathiepreise bezahlen. So hat sich Nicaragua wirtschaftlich auf ein dünnes Eis begeben, da es vom amerikanischen Markt abgekoppelt wurde, während Kuba und der Ostblock dafür nicht einspringen können. Diese Länder, die heute Nicaragua und den Sandinisten zumindest mit ihren verbalen Sympathiebeweisen zur Seite stehen, sind meist selbst arm.

Die ganze Mittelamerikaproblematik steht und fällt mit der jeweiligen Person des US-Präsidenten, der allein die Außenpolitik Amerikas festlegt. Ein politisch nahezu ohnmächtiger Präsident Carter agierte wesentlich anders als Präsident Reagan, der dezidiert erklärte, der sowjetischen Aggression in allen Weltteilen entschieden entgegentreten zu wollen.

Die Amerikaner wollen aus ihren Fehlschlägen in Südostasien gelernt haben und stehen auf dem Standpunkt: »Zuschlagen, solange das Eisen heiß ist«, wie der Pentagon-Analytiker Mark Cancian lakonisch bemerkte. Maßgebliche Experten betreiben auch schon das Sandkastenspiel einer militärischen Invasion in Nicaragua, wie z. B. Theodore Moran, Professor an der Georgtown University School of Foreign Service, der die US-Verluste im Falle einer Invasion auf 5000 Tote, 9000 bis 18.000 Verletzte einschätzt, wobei man außerdem noch mit einem Verlust bis zu 200 Flugzeugen und Hubschraubern rechnen müßte. Alles zusammen würde einen US-Schaden von beinahe 11 Milliarden Dollar ergeben. Ein Pentagon-Stratege, Oberst Edward King, kalkulierte, daß eine Nicaragua-Invasion den Einsatz von 125.000 Mann erfordern würde, die mindestens sechs Monate Zeit für eine restlose Besetzung hätten. Für viele Verantwortliche scheint Nicaragua das reinste Rechenexempel zu sein, bei dem man dem Computer alle nur denkbaren Faktoren eingibt. Alle Spekulationen zielen darauf ab, ob sich dieser Einsatz, bis in jede kleinste Einzelheit bereits durchgeplant, für den politischen und militärischen Sicherheitsriegel in vertretbaren Grenzen hält. »Wenn wir diese marxistische Expansion nicht schon in Nicaragua stoppen, fällt uns dieses drohende Problem eines Tages vor unserer unmittelbaren Haustüre in Mexico auf den Kopf – wir haben keine andere Wahl!« kommentierte ein Senator bei einer Pressekonferenz in Washington Reagans Nicaragua-Politik.

Während der Regierungszeit Präsident Reagans wird sich am amerikanischen Kurs bezüglich Nicaragua kaum eine Entspannung ergeben, eher eine Verschärfung. Wenn die USA eine militärische Invasion in Nicaragua, ähnlich wie auf der Insel Grenada, durchführen, gäbe es zwar weltweite Proteste, aber hindern würde sich Reagan sicherlich nicht lassen, obwohl dies ein zweites Vietnam werden könnte. Lösung wäre dies allerdings auch keine, denn es würde nur den Platzwechsel zwischen Sandinisten und Contras bedeuten. Nicaragua ist letzten Endes nichts anderes als eine Kraftprobe zwischen Moskau und Havanna auf der einen Seite und Washington auf der anderen.

In unseren Breiten scheint eine doppelbödige Moral zu herrschen, was die Beurteilung politischer Untaten betrifft. Anders ist es nicht erklärbar, daß man wohl Demonstrationen und Protestkundgebungen gegen die US-Nicaragua-Politik sieht, aber kaum eine gegen die sowjetische Militärinvasion in Afghanistan. Oder sind da die berüchtigten »nützlichen Idioten« am Werk? Sicherlich kann und darf man ein Unrecht nicht mit einem anderen aufrechnen, aber für Analysen und Vergleiche muß man wohl oder übel die Fakten gegenüberstellen.

Nicaragua ist nicht der tragische Einzelfall besonderer Art, sondern es ist ein Beispiel von vielen in der Auseinandersetzung zwischen Ost und West, ein Punkt im Schnittfeld der Großmachtinteressen.

ZEITTAFEL NICARAGUAS

1502	Kolumbus entdeckt die karibische Küste Nicaraguas
1522	Eroberung für die spanische Krone durch G. Gonzales de Avila
1550	Angliederung an das Generalkapitanat Guatemala
1821	Unabhängigkeit von der spanischen Kolonialherrschaft
1821 – 1823	Nicaragua gehört zum mexikanischen Kaiserreich (Augustin I.)
1823 – 1839	Teil der Zentralamerikanischen Föderation
1909 – 1926	Besetzung Nicaraguas durch Truppen der USA
1936 – 1979	Diktatur durch die Familie Somoza
1962 – 1979	Kampf der Sandinisten gegen das Somoza-Regime
1979	Machtübernahme durch eine sandinistische Junta
1981	Ausrufung des wirtschaftlichen und gesellschaftlichen Notstandes, Einschränkung der Freiheitsrechte, Generalmobilmachung

NICARAGUA

Fläche: 130.000 km² lt. UNO-Angaben
   148.000 km² nach anderen Angaben, einschließlich
   9.000 km² Binnengewässer (Seen)
Landwirtschaftliche Nutzung: 7% der Gesamtfläche
Einwohner: 2,900.000 / 22,3 je km² (ohne Binnengewässer)
Bevölkerung: 60–70% Mestizen; 10–15% Schwarze, Mulatten,
   Zambos; 17% Weiße; 4–6% Indianer
Religionen: 95% römisch-katholisch, 3% Prostanten, ca. 200
   Juden
Städte: Hauptstadt Managua (653.000 Einwohner),
   León (89.000), Masaya (52.000), Chinandega (49.000),
   Esteli (29.000), Matagalpa (29.000), Bluefields (19.000),
   Jinotega (15.000)
Verwaltungsgliederung in 16 Departamentos
Sprachen: Spanisch (Staatssprache), Englisch (Verkehrs-
   sprache), Chibcha (Indianersprache)
Außenhandel: 1983 Import: 819 Mill. US-$
          1983 Export: 411 Mill. US-$
Wichtige Ausfuhrgüter: Baumwolle, Kaffee, Fleisch, Bananen,
   Edelhölzer, Edelmetalle
Durchschnittliche Lebenserwartung: 57 Jahre
Analphabeten: 12% (1981)

LITERATURNACHWEIS

Belli H./Trujillo L., Obando y Bravo M., »*Kirche in Nicaragua*«, Mundis-Verlag, München 1984.

Cabestrero T. (Herausgeber), »*Priester für Frieden und Revolution*«, Peter-Hammer-Verlag, Wuppertal 1983.

Chase J., »*Krieg ohne Ende*«, Kindler-Verlag, München 1985.

Gutiérrez G., »*Theologie der Befreiung*«, Kaiser-Verlag, München/Matthias-Grünewald-Verlag, Mainz 1984.

Koch J., »*Wahlen in Nicaragua*«, Mundis-Verlag, München 1984.

Moser E./Gonzáles F./Friedrich P., »*Nicaragua, die verratene Revolution?*«, Herausgeber: Internationale Arbeitsgemeinschaft »Freiheit und Demokratie«, München 1982.

Westphal W., »*Krisenherd Mittelamerika*«, Ullstein-Verlag, Berlin–Frankfurt 1982.

»*Der Fischer Welt Almanach*«, Fischer Taschenbuch Verlag, Frankfurt, verschiedene Jahrgänge.

»*Nicaragua – ein Volk im Familienbesitz*«, Herausgegeben vom »Informationsbüro Nicaragua«, Rowohlt Taschenbuchverlag, Reinbek bei Hamburg 1984.

»*Orientierung*«, Nr. 17 v. 15. 9. 1984 und Nr. 1 v. 15. 1. 1985. Katholische Blätter für weltanschauliche Information, Zürich/Schweiz.

Verschiedene Propagandaschriften des Informationsdienstes der Regierung Nicaraguas, *Centro de Communicacion Internacional,* Managua.

Verschiedene Hefte der Nachrichtenmagazine »*Der Spiegel*«, »*Time*«, »*Newsweek*« sowie der Tageszeitungen »*Washington Post*«, »*The New York Times*«, »*The Miami Herald*« und »*La Prensa*«.

Zeitgeschehen aus erster Hand ... Augenzeugenberichte von den Brennpunkten der Weltpolitik ... Fritz Sitte berichtet aktuell ...

Ich war bei den Kurden

Augenzeuge
eines Lebenskampfes
2. Aufl., 211 Seiten,
8 Bildseiten,
Leinen.

Verfolgt von persischen
und türkischen Polizeieinheiten,
gelang es Fritz Sitte,
heißes Informationsmaterial
über den kurdischen
Überlebenskampf
nach Europa zu bringen.

Die Roten Khmer

Völkermord
im Fernen Osten.
223 Seiten, 16 Bildseiten,
Leinen.

Fritz Sittes abenteuerlicher
Bericht aus Kambodscha deckt Hintergründe
auf und analysiert Pol Pots mörderischen
»Steinzeitkommunismus«.

Verlag Styria